AS ÁGUAS DE OXALÁ

DO AUTOR:

Òrun-Àiyé: o encontro de dois mundos
Jogo de búzios: um encontro com o desconhecido
Mitos yorubás: o outro lado do conhecimento
História dos candomblés do Rio de Janeiro: o encontro africano com a cidade e os personagens que construíram sua história religiosa
Dicionário Yorubá-Português
Dicionário Português-Yorubá

JOSÉ BENISTE

AS ÁGUAS DE OXALÁ

ÀWỌN OMI ÒṢÀLÁ

2ª edição

CIVILIZAÇÃO BRASILEIRA

Rio de Janeiro
2026

Texto revisado segundo o Acordo Ortográfico da Língua Portuguesa de 1990.

Direitos desta edição adquiridos pela
EDITORA CIVILIZAÇÃO BRASILEIRA
Um selo da
EDITORA JOSÉ OLYMPIO LTDA.
Rua Argentina, 171 – 3º andar – São Cristóvão
Rio de Janeiro, RJ – 20921-380
Tel.: (21) 2585-2000.

Atendimento e venda direta ao leitor:
sac@record.com.br

CIP-BRASIL. CATALOGAÇÃO NA PUBLICAÇÃO
SINDICATO NACIONAL DOS EDITORES DE LIVROS, RJ

B415a Beniste, José
As Águas de Oxalá : (Àwọn omi Ọ̀ṣàlá) / José Beniste. - 2. ed. -
Rio de Janeiro : Civilização Brasileira, 2026.

ISBN 978-65-5802-176-6

1. Candomblé. 2. Cultos afro-brasileiros. 3. Iorubá (Povo africano).
I. Título.

24-95234 CDD: 299.673
CDU: 259.4

Meri Gleice Rodrigues de Souza - Bibliotecária - CRB-7/6439

Impresso no Brasil
2026

SUMÁRIO

3ª PARTE

4ª PARTE

5ª PARTE

6ª PARTE

AGRADECIMENTOS

Não poderia deixar de revelar nossos agradecimentos aos integrantes das comunidades religiosas que temos visitado por todo este Brasil, pela maneira atenciosa de nos receber, permitindo observações e entrevistas que contribuíram de forma segura para uma compreensão melhor da religião. Esse comportamento por parte de todos os irmãos e amigos nos faz redobrar a vontade de cada vez mais estudar o candomblé e dar a ele a devida divulgação, por entender que, em seu atual estágio, o que temos a fazer é instruir, e não proibir.

Agradeço à minha esposa, Carol, aos meus filhos e netos, que têm sabido entender a prática dos nossos estudos, os quais, em muitas oportunidades, nos têm afastado do convívio de todos.

Meu muito obrigado também aos alunos dos cursos que ministramos, que sempre nos incentivam a deixar registrados os resultados das pesquisas feitas.

Por fim, meus sinceros agradecimentos aos autores consultados e devidamente destacados no decorrer deste trabalho, cujas obras deverão ser estudadas para uma melhor compreensão dos temas tratados.

Este livro é dedicado a todos vocês.

Arakétu'wúre, f'ara imọra

Povo de Kétu, nos abracemos e nos abençoemos

APRESENTAÇÃO

A estrutura do presente trabalho parte do princípio de que o candomblé ainda tem muita coisa a ser elucidada para que haja uma compreensão de suas atividades como religião. Muitas situações que julgamos esclarecidas e explicadas ainda formam opiniões divergentes acerca do seu verdadeiro significado. E isso pode ser entendido diante da renovação constante de gerações de seus admiradores e estudiosos, que participam, mas desconhecem o seu desenvolvimento. Milhares de pessoas, entre negros, pardos, indígenas e brancos, creem no candomblé, trabalhando para a sua manutenção e grandeza, seja de forma ativa, seja passiva, como simples e importantes participantes. São leigos que assistem às festas pela primeira vez e querem entender seus significados.

Temos a compreensão de que o candomblé só deve ser entendido mediante uma participação intensa. Porém, seria instrutivo que, por um momento, antes de uma festa, algumas palavras pudessem ser ditas, como forma de explicar o que está sendo realizado. Até que isso venha a ocorrer, autores consagram suas ideias e seus conhecimentos em literaturas especializadas, como forma de apoio ao entendimento da religião.

Até meados do século 20, o candomblé não foi favorecido pela literatura que pretendia estudá-lo. Seus autores, além de virem de outros ramos do conhecimento, impuseram conceitos pessoais influenciados pela religião que professavam. Usaram teses equivocadas para explicar o que não conheciam, copiaram-se uns aos outros nos erros mais comuns e não procuraram saber o que o povo de santo pensava, apenas registravam o que achavam que aqueles fiéis deviam pensar e em que deviam crer. Eram autores experientes em outras áreas e influenciaram uma geração que, por sua vez, mais tarde, teve que se desdobrar para realizar uma recomposição. É isto: a literatura sobre o candomblé teve de ser reinterpretada, o que lhe custou tempo precioso. Novos autores surgiram, integrantes do meio religioso, o que promoveu uma maior seriedade aos conceitos emitidos, com algumas exceções.

Nesta obra, dividimos os temas com uma visão da soberania dos candomblés nagôs que deram o modelo de culto às demais etnias que já se encontravam no Brasil. O desenvolvimento religioso se sucede com uma análise espacial de um terreiro, de seus integrantes, uma descrição das festas e de suas divindades, partindo, então, para uma descrição integral da cerimônia marcante dos candomblés de tradição kétu, que dá título a esta obra: a cerimônia das Águas de Oxalá. Ao fim de cada capítulo, apresentamos notas informativas que visam a complementar os assuntos tratados.

OBSERVAÇÕES SOBRE O IDIOMA YORUBÁ

Como em todos os nossos trabalhos, utilizamos as palavras yorubás da forma como se escrevem e devem ser pronunciadas. Nos textos, essas palavras estão devidamente destacadas e não seguem as regras de concordância com o nosso idioma. Por isso damos algumas explicações para garantir o melhor entendimento e a boa leitura dos textos. As demais orientações poderão ser obtidas no capítulo sobre o idioma yorubá.

O sistema tonal é marcado por acentos em cima das vogais, que servem para dar um tom certo às palavras:

Acento agudo – indica uma entonação alta.
Acento grave – indica uma queda de voz.
Sem acento – indica um tom médio ou a voz normal.

Letras que utilizam um ponto embaixo:

> *Ọ* e *Ẹ* – dão um som aberto; sem ele, o som será fechado.
> *Ṣ* – adquire o som de X ou CH; sem o ponto terá o som original da letra S.

O alfabeto é composto de 25 letras, sendo que o C, Q, X, Z e V não são usados na língua yorubá:

> *A B D E Ẹ F G GB H I J K L M N O Ọ P R S Ṣ T U W Y*
>
> Vogais simples – *A E Ẹ I O Ọ U*
> Vogais nasais – *AN ẸN IN ỌN UN*

As vogais *AN* e *ỌN* têm o som de ÔN.

Nas palavras terminadas com vogais nasais antecedidas por M ou N, a regra estabelece que o N da vogal nasal seja suprimido, permanecendo, porém, o som nasal. Para facilitar a pronúncia, colocamos um N entre parênteses, apenas para lembrar o fato.

OBSERVAÇÕES GERAIS

Não existem letras mudas; todas devem ser pronunciadas;

Todas as palavras são oxítonas, ou seja, a última sílaba das palavras é a mais forte;

Todas as palavras terminam com vogais, puras e nasais;

A letra *N* ao lado de uma vogal tem o som normal, como no português. Colocada ao lado de uma consoante, como prefixo de um verbo, forma o gerúndio e tem o som de UM;

A letra *H* não é muda e tem o som áspero do R forte, soando como RR;

A letra *G é* gutural e nunca deve ser pronunciada como a letra J;

A letra *GB* tem que ser pronunciada com as duas letras juntas;

A letra *R* tem um som brando, e nunca terá um som de RR;

A letra *P* tem o som de KP e deve ser pronunciada com o som dessas duas consoantes juntas;

A letra *W* tem o som de U.

1ª PARTE

O INÍCIO: OS AFRICANOS NO BRASIL

A religião afro oriunda dos nagô-yorubás tem se revelado digna de ser estudada, devido a sua importância na cultura brasileira e ao volume de informações à disposição com que contam os analistas, a fim de exporem as ideias e compreenderem a maneira de exercê-la em seu culto nas comunidades religiosas denominadas candomblé no Brasil.

Sua origem, na África, tem raízes nos vários reinos administrados por soberanos líderes de seu povo. A partir de 1870, diversas crises e lutas pelo poder enfraqueceram reinados antes dominadores em detrimento de outros dominados. Esses reinos menores buscaram proclamar sua independência, seguindo o exemplo de *Àfọ̀njá*, o *Kakanfò* (general) da cidade de *Ìlọrin*, e de *Ọpẹlẹ*, o *Bálẹ̀* de *Gbógun*. Com a independência, esses grupos não mais pagavam tributo ao rei, diminuindo sua autoridade e poder. *Àfọ̀njá*, brilhante guerreiro, cujo nome veio, mais tarde, dar o título a um dos mais importantes candomblés do Brasil, teve notável participação em todos os acontecimentos. Ao dar a condição de soldados aos inúmeros muçulmanos escravizados, contribuiu para o fortalecimento desse povo a ponto de vir a destruí-lo. Cidades importantes como *Ọ̀yọ́*, *Èjìgbò* e *Ìlóbú* foram saqueadas e derrotadas, tendo sido seu povo negociado como escravizado para o Brasil.

Os reis do Dahomé, durante as guerras contra os nagô-yorubás, que eram seus vizinhos, mandavam por navios seus prisioneiros para a Bahia, no Brasil. Os escravizados eram embarcados em Wuida, no Dahomé, e em Lagos, na atual Nigéria. Entre os jejes estavam os:

> *Mahi* – que trouxeram o culto a *Sapata, Nàná Buruku* e *Dan – Òṣùmàrè;*
> *Modunbi* – que trouxeram o culto a *Hevioso, Sogbo* e *Badẹ.*

Os destinos no Brasil eram Salvador, na Bahia, e São Luís do Maranhão – sendo enviados para esse último até mesmo membros *Vodun* da família real de Abomey, do reino de Dahomé. Em São Luís foi estabelecido o culto africano por Na Agontimé, mãe do rei Ghezo.* Uma considerável parte de outros *Vodun* do atual Benin, antigo reino de Dahomé, bem como daqueles que adoravam os *Òrìṣà* na atual Nigéria, cruzaram o Atlântico escravizados para se fixarem nas Américas.

A cidade de *Ọ̀yọ́* foi importante pela leva de escravizados que de lá foram trazidos para o Brasil, e que formou o contingente yorubá originando os atuais candomblés da nação Kétu. Na realidade, *Ọ̀yọ́* e *Kétu* são duas cidades yorubás distintas e com tradições particulares.

Ọ̀yọ́ foi fundada por *Ọ̀rànníyn,* visto como o pai de *Ṣàngó.* Revela a história que, ao resolver se vingar dos inimigos de *Odùdúwà,* seguiu até a cidade de *Tápà* e ali se casou com a filha do rei, *Tọrọsi.* Da união nasceu um grande guerreiro, *Olufínràn,* que viria a ser chamado de *Ṣàngó. Ṣàngó,* orientado a retornar e desistir do combate, soube que estava destinado a grandes realizações e que fundaria uma cidade. Assim feito, voltou e chegou próximo a um grande monte, e, tentando subir uma colina, seu cavalo deslizou e quase o derrubou. Todos gritaram "*Ọ́yọ́*", que significa "ele deslizou", "ele escorregou". *Ọ̀rànníyàn* construiu ali a cidade com o nome de *Ọ̀yọ́,* significando "lugar escorregadio".

Sobre a nação Kétu, diz a história que era uma cidade fortificada contra invasões, garantindo proteção a todos os habitantes. Sua construção era

---

* Ver em "Apontamentos sobre o candomblé jeje", item 2, p. 305.

muito bem-feita, com paredes de barro misturado com óleo de dendê em vez de água. Diante disso foi criado um provérbio em forma de enigma para definir as fortificações: *"Ìké Ké'tu? Ke fọ̀ ìlù?"*. Literalmente, "Quem pode endireitar uma corcunda?", querendo dizer: "Quem pode quebrar nossa cidade?". A palavra *kétu é* uma contração dessa frase. Entre o povo yorubá, essa é uma forma de registrar fatos e tradições.

No Brasil, a palavra *kétu* passou a ser usada para definir uma modalidade de candomblé, e não a nação política africana. Em nosso país, esse nome foi usado no sentido de reunião de grupo. Isso pode ser explicado pelas lutas entre os yorubás e o povo de Dahomé. A cidade de Kétu, mais exposta às invasões pela sua localização vizinha à época, teve o seu povo escravizado e vendido aos mercadores negreiros. Assim, entre os integrantes de seu povo que foram trazidos para a Bahia, vieram sacerdotes religiosos. Os que aqui já estavam se juntaram aos que estavam chegando, conhecedores mais profundos da religião de *Òrìṣà*. A palavra *kétu* ganhou, então, entre os descendentes africanos, o sentido de reunião, reencontro entre todos, e passou a definir a modalidade de culto a ser seguida.

Definindo melhor, podemos afirmar que aportaram no Brasil, a partir de 1790, aproximadamente, em levas sucessivas, vindo entre eles sacerdotes e gente conhecedora de suas tradições vivas, sem outras influências, em contraste com aqueles que aqui já estavam confundidos com a cultura dominante. Essa é uma das razões principais de eles imporem seu modelo religioso, tudo devidamente absorvido – inclusive muitas de suas divindades, que foram usadas sob outras denominações, o que proporcionou condições para que todas as modalidades de candomblés tivessem uma forma de culto quase idêntica. Esse assunto será revisto mais adiante.

Integrantes dos grupos yorubás, através de seus líderes primordiais, conseguiram agrupar uma série de cultos e divindades individuais, oriundos de suas etnias e provenientes de diferentes regiões, que podem ser assim relacionadas:

Ọ̀ṣàlúfọ́n	de *Ifọ́n*
Ṣàngó	de *Ọ̀yọ́*
Ògún	de *Èkìti*
Ọ̀ṣun	de *Ìjẹ̀ṣà*
Ọbàtálá	de *Ifẹ́*
Inlẹ̀	de *Ìlóbú*
Yemọjá	de *Ẹ̀gbá*
Lógun Ẹ̀dẹ	de *Iléṣà*
Ọ̀ṣàgiyán	de *Èjìgbò*

Chegaram também muitos prisioneiros capturados durante as guerras feitas por Dahomé contra os reinados de Kétu e Savé, e com eles quem cultuasse *Ọ̀ṣọ́ọ̀sì* e *Ọmọlu*.

As divindades estavam ligadas às tradições e à história de seus heróis e de sua cultura, que foram levadas para outras regiões por meio das migrações realizadas. A aceitação do culto, em muitos casos, implicava a mudança de nome ou o acréscimo do nome da cidade ao da divindade, como um complemento indicador dessa fusão de crenças. Isso fez com que fossem consideradas, em muitos casos, uma nova divindade, surgindo, então, aquilo que ficou definido no Brasil como "qualidade de santo", ou seja, uma subdivisão da mesma divindade, ou até mesmo uma nova divindade criada.*

Assim, através do processo de escravização, os negros daquelas regiões trouxeram suas tradições que aqui foram agrupadas num só local, centralizando o culto aos *Òrìṣà* para uma prática comum a todos,** tornando-se diferente das práticas em território africano. No decorrer

* Em *A História da África Negra I*, Joseph Zerbo faz referência à veneração de personagens tornados deuses e merecedores de culto. "Ognola (segunda metade do século 18) construiu as fortificações de Benin e mandou vir de *Ifẹ́* um mestre fundidor que foi venerado como um semideus depois de sua morte" (p. 205). A esse respeito, ver também o capítulo sobre "Multiplicidade dos *Òrìṣà*" na obra deste autor, *Ọrun-Àiyé* (Bertrand Brasil, 1997), p. 93.

** Costumou-se afirmar que os africanos se tornaram escravizados a partir do momento de sua captura pelos traficantes. Na realidade, já eram escravizados, na própria África, pelos povos mais fortes, em virtude de sua captura em guerras.

dos anos de vivência brasileira, novas divindades foram trazidas ou lembradas por negros livres viajantes entre Brasil e África, dando personalidade ao culto que se definiu como candomblé da nação Kétu – por ter sido iniciado por antigos integrantes do reino de *Ọ̀yọ́*. Por essa razão, o candomblé possui a proeminência do *Òrìṣà Ṣàngó* em seus ritos. Kétu lembra o antigo reino yorubá, que se tornou símbolo dos antigos africanos e seus descendentes. O fato é lembrado com este cântico, no momento das grandes festividades aos *Òrìṣà*, que exorta a união de todos, e pode ser considerado o hino nacional do candomblé kétu:

F'ará imọ́ra Olúwo	Usamos o corpo para nos abraçar
F'ara imọ́ra	Nós nos abraçamos
Arakétu 'wúre	O povo de Kétu pede bênçãos
F'ara imọ́ra	E se abraça

Pode ser entendido, assim, que é impossível e desnecessária uma comparação entre o que é realizado na África e o que é realizado no Brasil. Não há como compararmos as modalidades de prática devido à fusão de costumes e, mais ainda, devido às diferenças culturais ocorridas. Embora existam centenas de divindades entre os yorubás, no máximo duas dezenas foram mantidas no Brasil, não contabilizando suas variantes denominadas "qualidades", que se perdem em número, em razão de uma imaginação fértil que confunde títulos e expressões com novos seres divinos.

Por unanimidade, acima de todas as divindades está o Ser Supremo denominado de *Olódùmarè* ou *Ọlọ́run*, tendo os *Òrìṣà* como seus intermediários, com funções de administrar os problemas da Terra e dos seres humanos. O distanciamento O faz ser esquecido. Para Ele não são erguidos templos nem criadas imagens ou feitos sacrifícios, dando-se a prática do culto exclusivamente aos *Òrìṣà*. Isso talvez possa ser um reflexo da estrutura social do protocolo yorubá, que considera incorreto que uma pessoa jovem se dirija a uma pessoa mais velha em busca de um favor especial. Por isso, após o término de qualquer ato religioso, cânticos ou pedidos aos *Òrìṣà*, as pessoas terminam dizendo, "*Kí Olódùmarè gbà á*", "Que *Olódùmarè* aceite isso", ou simplesmente "*Àṣẹ*," que corresponde a "Que Deus permita que isso ocorra". Os diferentes nomes dados ao Ser Supremo referem-se a títulos de exaltação a seus atributos como criador de todas as coisas (ver o capítulo "O panteão das divindades", p. 100).

TRANSFORMAÇÃO E ADAPTAÇÕES DOS CULTOS AFRO

O sincretismo valeu como poderosa arma para os negros manterem suas tradições. Sem ele, provavelmente, nem mesmo teriam podido manter os traços religiosos que ainda hoje se conservam. A assimilação santo-*Òrìṣà* era aparente e, inicialmente, serviu para encobrir a verdadeira devoção aos *Òrìṣà,* pois, como os cânticos eram entoados em língua nativa dos escravizados, ninguém os entendia. Essa aceitação não interferiu nos ritos de forma direta a ponto de reverter ou modificar o que deveria ser feito. Mas não há dúvidas de que esse expediente levou muitos negros a abandonarem suas crenças, dedicando-se a aceitar a evangelização. Assim, foram criadas confrarias de negros que participavam como ajudantes, mesários da ordem. Surgem então as missas aos santos, uma prática baiana que antecedia as festividades dos *Òrìṣà* com eles identificados. Esse procedimento deve ser entendido como uma aparente aceitação católica, como forma de resistência e preservação das religiões africanas de maneira inteligente e que passou despercebida no transcorrer dos séculos.

O sincretismo é entendido como a combinação de dois ou mais sistemas religiosos, para fazer surgir outra forma religiosa, mais forte. A religião de umbanda é um exemplo em que são mescladas culturas distintas, afro-indígena-católica-espírita, que se conciliam fortemente a ponto de formar um culto único e indissolúvel. Por outro lado, o sistema peca pela ausência de unidade ritualística quando um de seus elementos de formação se sobrepõe aos demais, advindo daí expressões complementares, tais como umbanda de mesa, umbanda traçada, umbanda esotérica ou umbandomblé para definirem o modo de exercê-la. Isso não ocorreu com o candomblé. Os santos católicos não interferem de forma direta a ponto de reverter ou modificar o que deveria ser feito. Em nossa obra *História dos candomblés do Rio de Janeiro*, um capítulo especial examina os cem anos da umbanda com todos os acontecimentos registrados de 1900 a 2000.

A assimilação santo-*Òrìṣà* foi o ponto forte para o sincretismo afro--católico. Tudo indica que foram as estampas ou imagens dos santos com algumas de suas histórias que revelaram características dos *Òrìṣà*. O início desse processo é difícil de ser determinado. Foram situações diversas que o destacaram a partir da vinda dos negros escravizados para as Américas. Impedidos de professar a sua fé, eles foram introduzidos compulsoriamente no catolicismo, mas não abandonaram sua religião original, disfarçando-a, com o pretexto de usar os santos católicos como fachada para realizar seus cultos. Era a imposição da cultura dominante, hoje não mais justificada, por não se entender nem aceitar os diferentes ritos como culturas dominadas. A assimilação Santo-*Òrìṣà* propiciou, de uma forma ou de outra, a manutenção de tradições que se perderiam, caso não fossem constantemente lembradas. O desconhecimento do idioma falado pelos negros foi outro fator importante para a manutenção das práticas religiosas. Cantavam em frente ao altar dos santos, mas o diálogo era com o *Òrìṣà*.

O candomblé soube resistir às tentativas de interferência em seu culto religioso, principalmente pela manutenção de sua língua nativa nos cânticos e nas rezas. Os idiomas falados nessas comunidades podem ser assim relacionados:

Candomblé kétu e *Ẹ̀fọ̀n*	*yorubá*
Candomblé congo e angola	*kimbundo, ambundo* e *kikongo*
Candomblé jeje e nagô-vodun	*fọn, ewe, mahi* e *yorubá*

Sem querer nos estender sobre o assunto, podemos concluir que o sincretismo pode ser visto sob três aspectos:

1) Sincretismo regional na África em razão de guerras e migrações;
2) Sincretismo nacional que se deu entre as diversas etnias negras já no Brasil;
3) Sincretismo das religiões afro, indígena, católica e espírita.

No primeiro caso, o sincretismo já chegou ao Brasil pronto, por assim dizer – ele já havia ocorrido na África. As constantes lutas entre jejes, nagôs e hausás juntaram povos e costumes. A proximidade de povos e reinos como os de Kétu e Jeje Mahi, na fronteira da atual Nigéria com o atual Benin, provocou uma fusão de crenças, costumes e linguagem com assimilação de divindades que tiveram suas denominações modificadas do nagô para o jeje, conforme será exposto no capítulo referente aos candomblés jejes. Essa fusão iniciada na África fez surgir no Brasil o que se denominou cultura jeje-nagô, e, mais tarde, uma forma de candomblé denominada nagô-vodun.

O segundo caso tem como aspecto curioso o fato de ter sido levado adiante apesar dos esforços contrários do governo. Este, por sua vez, temia o perigo de uma união religiosa que levasse à união política e social, dada a esmagadora maioria da população negra que, em determinada época, chegou a ser quase três vezes maior que a população branca. O governo (políticos, senhores de engenho e clero) procurou sempre fomentar rivalidades entre as diversas nações negras, de modo a evitar tal união. Mesmo assim, algumas nações deixaram de existir na lembrança negra ou foram absorvidas pelas que se mantiveram.

Como exemplo desse sincretismo entre nações africanas, podem ser citados os grupos bantos, os primeiros a aqui aportarem. Entre eles estão angolas, congos, cabindas, que tiveram sua identidade religiosa esquecida, e que viria a ser revivida, em parte, quando da chegada dos nagôs a partir de 1790 até 1850. Sendo estes os últimos a aqui chegarem, puderam manter vivas suas formas religiosas, adaptando-as à nova terra.

A partir daí, esses negros bantos passaram a adotar o modelo nagô em seus rituais, juntamente com outros de suas tradições, então relembradas. Formou-se uma modalidade de prática religiosa por assimilação devido ao contato cultural a que estavam sujeitos pelo trabalho conjunto enquanto escravizados. (Ver o capítulo referente aos candomblés angola.)

O terceiro caso da nossa análise, o sincretismo afro-indígena-católico-espírita, possui diversos fatores condicionantes assim distribuídos:

- A imposição do governo, incluindo os senhores dos engenhos, políticos e a Igreja Católica;
- A adaptação da semana yorubá de quatro dias à semana gregoriana de sete dias;
- A distribuição das celebrações religiosas no decorrer do ano ocidental.

Essa questão da imposição do poder dominante já foi exaustivamente examinada por inúmeros autores. Podemos dizer, apenas, que o costume tornou-se tão arraigado, que, mesmo hoje, cessada a causa, o efeito permanece. A partir da segunda metade do século 19, como veremos a seguir, a liberdade religiosa começa a ser exercida, podendo ser eliminada, inicialmente, a capa que foram obrigados a usar durante tanto tempo para preservar a religião contra as investidas de inimigos velados. Na prática, no entanto, mesmo com algum aparato legal e discussão social a respeito, o livre exercício do candomblé (e de outras religiões de matriz africana) não se estabeleceu.

A LIBERDADE RELIGIOSA NO BRASIL

A evolução dos acontecimentos pode ser, assim, acompanhada a partir da chegada dos escravizados africanos, embora grande parte do processo sincrético já tenha sido iniciado entre os indígenas, os nativos da terra. Ao aqui chegarem, os escravizados eram obrigados a receber o batismo cristão e tinham os membros de sua linhagem separados para a quebra da unidade familiar. Esse método não foi seguido na América do Norte, por julgarem os senhores que, unidos, os escravizados produziriam mais no trabalho.

Com a reverência obrigatória no Brasil, não restava alternativa senão a aceitação definitiva, ou, pelo menos, a dissimulação por meio de um sincretismo forjado. As medidas oficiais começaram a surgir a partir da discussão da Assembleia Constituinte de 1823, cujo projeto nos seus artigos 14, 15 e 16, a respeito da liberdade religiosa, dizia:

> Art. 14 – A Liberdade Religiosa no Brasil será estendida às comunidades cristãs, todos os que professarem podem gozar dos direitos políticos do Império.
>
> Art. 15 – As outras religiões, além da cristã, são apenas toleradas, e a sua profissão sobre o exercício dos direitos políticos.

> Art. 16 – Celebrar em casa ou em edifício que tenha alguma forma exterior, ou publicamente em qualquer lugar, o culto de outra religião que não seja a do Estado.

Essa previsão, no entanto, foi rechaçada, e na Constituição do Império de 1824 a redação que prevaleceu foi a do artigo 5º:

> Art. 5º – A religião católica apostólica romana é a religião oficial do Império (Estado confessional). Todas as outras religiões serão permitidas em culto doméstico, ou, de forma particular, em casas para isso destinadas, sem forma alguma exterior do Templo.

Em 1831, o Império do Brasil passava a ter o seu primeiro Código Criminal que, em seu artigo 276, considerava ofensa à religião:

> Celebrar em casa ou em edifício que tenha alguma forma exterior de templo, ou publicamente em qualquer lugar, o culto de outra religião que não seja a do Estado.

Em caso de descumprimento dessa norma, era da alçada do chefe da polícia a aplicação da pena, que consistia na demolição do prédio e multa de 12$000, valor da época. Essa determinação perdurou por quase sessenta anos.

O estado de pobreza extrema não permitiu aos escravizados e ex-escravizados darem-se ao luxo de possuir uma casa especial destinada a seus cultos. Por isso mesmo, procuravam realizá-los na calada da noite, no recesso das senzalas após o estafante trabalho a que eram submetidos. No decorrer do tempo, praticavam seus cultos nos fundos das casas e sempre de forma modesta. E foi dessa forma que os primeiros candomblés, tanto os do Rio de Janeiro como os de Salvador, se instalaram como cultos domésticos.

Devido a isso é que, anteriormente, não eram realizadas nos candomblés cerimônias de casamento, batismo e enterro, pois, como registra Nina

Rodrigues, em *Os africanos no Brasil,* de 1908: "O casamento, os atos de nascimento, o enterro são regulados por leis do país, que não toleram a intervenção dos padres negros. Apenas persiste o culto aos mortos e, com ele, práticas e cerimônias africanas..."*

A partir de 1889, com a Proclamação da República, um dos mais importantes decretos foi o que determinava a separação da Igreja e do Estado: o decreto 119-A, de 7 de janeiro de 1890, consagrava a plena liberdade de cultos. Nas diferentes reformas constitucionais de 1891, 1926 e 1934, a matéria religiosa foi mantida. O quarto parágrafo do artigo 113 desta última estabelecia o seguinte:

> Art. 113 - (...)
> § 4º - É inviolável a liberdade de consciência e de crença, e garantido o livre exercício dos cultos religiosos, desde que não contravenham a ordem pública e os bons costumes. As associações religiosas adquirem personalidade jurídica nos termos da lei civil.

Havia ainda o Código Penal, que tratava dos crimes contra o livre exercício dos cultos. Mas, como já ocorrera no Império e mesmo na República, esses atos normativos não impediram que autoridades policiais invadissem os locais em que se celebravam os cultos africanos, agredindo as pessoas e levando-as à prisão. Havia, na realidade, um desconhecimento do que significava "inviolável a liberdade de consciência e de crença", aliado a pressões e interesses pessoais. No Rio de Janeiro, foi criada a lei que colocava os grupos religiosos sob a jurisdição do Departamento de Tóxicos e Mistificações da Polícia, sendo obrigados a se registrarem nas delegacias de polícia, enquadrando-os, em termos sociais, como atividades marginais que requeriam controles punitivos mais do que reguladores. Era a Lei dos Alvarás.

Para dissimular suas práticas, os grupos de terreiros registravam suas casas com denominações de santos católicos, a fim de não atraírem a

* Rodrigues, Nina. *Os africanos no Brasil.* São Paulo: Editora Nacional, 1908.

atenção da polícia, atuando discretamente, a portas fechadas. Em 1946, a lei foi extinta, o que motivou a adoção de denominações em diferentes idiomas africanos, de acordo com a origem étnica do grupo. Em 1886, Rodolfo Martins de Andrade, Joaquim Vieira e Eugenia Anna dos Santos organizam, no Rio de Janeiro, um terreiro de candomblé, que somente viria a ser registrado em 1946, sob a denominação de Centro Cruz Santa do Rio de Janeiro, posteriormente acrescido da denominação africana *Àṣẹ Òpó Àfọ̀njá*. Em 1913, Cyppriano Manoel Abedé funda o seu terreiro em 23 de abril, para coincidir com as festas em louvor a São Jorge, em razão de ser iniciado para *Ògún*, com a denominação simples de Culto Africano. Em Salvador, o Candomblé da Casa Branca existe desde 1830, mas o seu registro é datado de 25 de julho de 1943, com a denominação de Sociedade Beneficente e Recreativa São Jorge do Engenho Velho, posteriormente complementado como *Ilé Àṣẹ Ìyá Nasò Ọká*, como reverência ao título de sua fundadora.

À medida que o tempo avança, o interesse e a participação de intelectuais nos grupos religiosos se acentuam, tornando essas comunidades mais respeitadas. Esses indivíduos são, então, admitidos na categoria de *Ogans*,* assistindo seus dirigentes nas decisões, quando necessário. Em julho de 1951 é aprovada a Lei nº 1.390, que transforma em contravenção penal a prática de preconceito de raça ou cor e, mais tarde, em 1988, a Lei nº 77.716 transforma o preconceito em crime inafiançável.

* O *Ogan* é uma pessoa escolhida diretamente pelo *Òrìṣà* para exercer a função. Após ser iniciado é denominado *Ogan* confirmado, passando a ter direito à sua cadeira. A palavra vem do yorubá *Ọgá*, significando mestre e senhor.

RELIGIÃO E SEITA

A distribuição das festas dos *Òrìṣà* segundo sua similitude com os santos católicos foi o que mais fortemente contribuiu para a permanência desse tipo de sincretismo. Com efeito, a reverência às divindades africanas já era feita em terras africanas em função de fatores diversos, tais como fases climáticas, semeadura, colheita, guerra, paz, iniciações, ancestralidade, tradições etc., com as determinações dadas por meio dos jogos divinatórios. No Brasil, a obrigatoriedade de se conformar com a vida do campo ou das regiões determinadas pelo homem branco foi uma violenta perda de todos os referenciais. Os valores referentes às divindades tiveram de ser novamente criados, ou adotados de imediato, pelo menos aparentemente, da religião dominante. E isso foi feito, parte por imposição, como já vimos, e parte por imitação para alcançar poder e prestígio.

Essa prática deu aos negros africanos e brasileiros o referencial necessário e, com isso, as festas de suas divindades passaram a ser celebradas na mesma época das celebrações dos santos católicos com que foram assimilados. O fato é que o efeito se transformou em causa, impedindo, durante muito tempo, a ascensão sociocultural à categoria de verdadeira religião, fazendo com que o candomblé fosse entendido como seita. Embora atualmente muitos desses costumes tenham sido abolidos, seus praticantes ainda costumam se definir como praticantes de uma seita e não religião, ignorando o sentido depreciativo da palavra.

Pela importância do tema, podemos nos estender um pouco sobre o conceito de religião entre os integrantes do candomblé do grupo yorubá, que definem a prática religiosa como um conjunto de crenças (*Ìgbàgbọ́*), obrigações (*Orò*) e práticas (*Ìlò*), por meio das quais se reconhece o mundo divino (*Ọ̀run*), cumprem-se seus preceitos (*Rúbọ*) e pedem seus favores (*Àṣẹ*). Como todas as religiões se baseiam na crença de divindades subalternas (denominadas *Òrìṣà*), na fé em um Ser Supremo (chamado *Ọlọ́run*), na existência e sobrevivência da alma (o conceito de *Ẹmí kẹ́hìn*), na reencarnação (*Àtúnwá*), no mérito *(Ìwà)* e no demérito (*Ẹnikẹni*) das ações humanas. São verdades encontradas em qualquer religião.

O exercício dos atos da religião (*Ẹ̀sìn*) é determinado pelo culto (*Ìbọrìṣà*). Para expressar suas convicções, criaram-se os símbolos e as insígnias (*Àmì[ri]*) como objeto de crença, aliados a cânticos (*Orin*) e danças (*Ijó*) como forma de demonstrar seus sentimentos. Esses símbolos, por analogia, sintetizam histórias das divindades cultuadas e seus atributos, juntamente com outros elementos extraídos da natureza. Relacionamos alguns deles:

Òkúta Òrìṣà – pedras colhidas e devidamente selecionadas para compor os assentamentos das divindades, mediante banhos de ervas, sacrifícios e cânticos que irão produzir a energia necessária.

Ìko – é a palha da costa, um tipo de ráfia extraída de uma palmeira africana, chamada *Igi Ọ̀gọ̀rọ̀*, que, entre diversas finalidades, é utilizada na confecção do capuz, denominado de *Fìlà,* que cobre o corpo de *Ọmọlu* para esconder suas doenças da pele.

Ọ̀fà – é a representação do arco e flecha, feito em metal, indicando funções caçadoras das divindades que o têm como símbolo, como *Òṣọ̀ọ̀sì, Lógun* e *Iyewa.*

Ìrùkéré – literalmente, cauda pequena, é um pequeno cetro com pelos do rabo do touro ou do boi em uma das pontas, utilizado por *Yánsàn,* que o agita para afastar os maus espíritos desencarnados.

Outro modelo, denominado de *Ìrùẹṣin,* feito do rabo do cavalo, é mais comprido, e utilizado por *Ọ̀ṣọ́ọ̀sì* para afastar os maus espíritos das florestas.

Idá ou *Adá* – alfanje feito de metal, usado pelas divindades com características guerreiras, como *Ògún* e *Yánsàn.*

Oṣé – símbolo de *Ṣàngó,* representação de um machado com corte duplo, numa indicação das diferentes e imprevisíveis direções que os raios tomam no espaço.

Bílálà – pequeno chicote feito de tiras de couro com que *Ibúalámọ* bate em seu corpo, mostrando as peles de couro que são de animais selvagens, e não de animais domésticos com que está paramentado.

Iba – miniaturas de pequenos símbolos, como pente, colher, coração, peixe, facão, ave etc. presos numa corrente dourada ou de ouro, que faz parte do assentamento de *Ọ̀ṣun,* como forma de ativar suas energias.

Esses e outros símbolos, reunidos sob uma ideia religiosa, constituem o rito (*Orò*), que, por sua vez, se agrupa numa série de cerimônias, constituindo a liturgia do grupo. Essas práticas religiosas podem ser assim resumidas:

Igbẹ̀rẹ̀ – iniciação	*Sàsányìn* – maceração de ervas
Bọri – oferenda à cabeça	*Orò ọdún* – obrigação anual
Ìpẹ̀tẹ̀ – festa de *Ọ̀ṣum*	*Ọdún'je* – obrigação de sete anos
Ìpàdé – cerimônia de *Èṣù*	*Olúbájẹ* – festa de *Ọmọlu* e *Nàná*
Lórògún – encerramento	*Pana* – quebra de *kizilas*
Wẹ̀'wé – banho de ervas	*Rúbọ Òrìṣà* – oferendas

A partir de um ponto fixo estabelecido, o templo (*Ilé Àṣẹ*) é o espaço mágico sagrado, destinado ao desenvolvimento das atividades religiosas, onde o exercício do culto é ministrado pelo seu dirigente (*Bàbálórìṣà*) e seus seguidores que formam a sociedade (*Ẹgbẹ́*). A hierarquia é composta de cargos específicos, alguns aqui relacionados:*

CARGO	FUNÇÃO
Bàbálórìṣà	Dirigente masculino
Ìyálórìṣà	Dirigente feminino
Ègbọ́nmi	Iniciado com mais de 7 anos
Ìyá kékeré	Mãe-pequena
Ìyá Ẹfun	A que faz a pintura de *Ìyàwó*
Ìyágbasè	Responsável pela cozinha
Ajíbọ́na	Mãe-criadeira
Bàbálọ́sányin	Colhedor de folhas
Ẹkẹdi	Auxiliar
Aṣògún	Responsável pelos sacrifícios
Ìyàwó	Iniciada, iniciado
Abíyán	Iniciante

* A definição de todos os cargos do candomblé está devidamente analisada na obra deste autor intitulada *Ọ̀run-Àiyé: o encontro de dois mundos*. 3ª. ed. Rio de Janeiro: Bertrand Brasil, 1997, pág. 238.

O LEGADO ÉTICO YORUBÁ: CONCEITO ỌMỌLÚWABÍ

Para os yorubá e, por extensão lógica, para os seguidores dos candomblés kétu, a moralidade é fruto da religião. Não há como separá-las. O que é chamado de tabu teve sua origem nas coisas aprovadas ou desaprovadas por Deus – *Olódùmarè.* As palavras *Èwọ̀* ou *Kizila** são utilizadas para definir aquilo que é proibido. Tudo tem relação com o sistema de educação yorubá, iniciado quando a criança está no ventre materno. Mãe e filho tomam parte nesse aprendizado.

Houve uma época em que se convencionou que ser educado era ser europeizado. A sociedade yorubá era vista como *Ará Oko*, gente da roça, pessoas analfabetas, ignorantes. Sua cultura e educação eram vistas como primitivas e pagãs. Os princípios da educação yorubá são baseados sobre a concepção *Ọmọlúiwàbí*, ou seja, um bom caráter em todos os sentidos da vida, o que inclui o respeito aos mais velhos, lealdade aos pais e à tradição local, honestidade, assistência aos necessitados e um desejo irresistível pelo trabalho. É um processo de vida longa, em que a sociedade inteira é a escola.

---

* *Kizila* vem do kimbundo, *Kijila*, é a forma mais usual para definir as coisas proibidas em todos os candomblés.

Tudo se inicia no útero materno, quando a gravidez indica uma nova vida. A mulher é orientada a respeito de como comer, como dormir e como agir nessa fase. Todas as precauções são tomadas de maneira que nada afete a criança. Portanto, ela é sempre saudada:

Ìyá arúgbó	Venerável mãe
Ẹ kú ìkúnra o	Saudações pelo esforço da gravidez
Orí yíò wálẹ̀ láyọ̀ o	A cabeça [da criança] virá intacta
A ó gòóhun ìyá	Nós ouviremos o choro da mãe
A ó gbòóhun ọmọ o	Nós ouviremos o choro do bebê

O nascimento da criança é saudado com entusiasmo:

Ìyá íkókó	Mãe do pequeno ser
Bárikà o	Parabéns
Ọlọ́run yíò ba wa wò ó	Deus cuidará e olhará ele
Ọlọ́run yíò ṣe lọ́mọ	Deus fará uma verdadeira criança
Ọlọ́run yíò ka kún wa	Possa Deus colocá-lo entre nós

A importância da criança talvez seja a base do amor e da afeição com que ela é tratada:

> *"Ọmọ ni yíò jogún ẹwa lọ́dọ̀ wa."*
> É a criança que herdará nossa beleza.

O batismo é tão espiritual quanto educativo. A pessoa é orientada a honrar seu nome e evitar qualquer coisa que o manche:

> *"Orúkọ li a fún ọ yíò mọ́ ọ lóri."*
> O nome que lhe damos será fixado em sua cabeça. (Em outras palavras, "você terá êxito sabendo como conduzir o seu nome".)

O nome dado a uma criança é significativo, mostrando a posição e as circunstâncias de seu nascimento. O elo com a família é preservado, porque a mãe constantemente irá lembrá-lo, por meio de *Oríki* da família, sua nobre ascendência, motivando-a para ideais nobres. Alguns destes nomes com seus significados:

Àdùnní	aquela que tem doçura
Ayọ̀délé	a alegria chegou em casa
Temiláyọ	a felicidade é minha
Modúpẹ́	eu agradeço [a Deus]
Adénire	aquele que veio para ter sorte
Molayọ	aquele que tem toda a felicidade
Ajani	aquele que luta para ter vitórias
Afọlábi	nascido com honra
Ọmọlajà	a criança separou a briga [quando os pais estavam brigados]
Olùṣina	o Senhor abriu o caminho [uma criança há muito esperada]

O relacionamento entre mãe e filho é uma constante fonte de treinamento. Desde o primeiro dia, o choro da criança é devidamente interpretado. Quando banhado, as partes de seu corpo são esticadas, ele é jogado para cima e segurado, a fim de desenvolver desde cedo sua coragem. A criança é embalada e amada, o calor da maternidade é constante. O impacto psicológico de carregar o bebê junto às costas é parte disso, uma característica africana e já copiada por outros povos:

> *"Àwọn ọmọde fẹ́ràn ìfarakanra pẹ̀kípẹ̀kí ti nwá lati inú pípọ̀n wọn sẹ́yìn."*
> Os bebês gostam de ser levados nas costas da mãe por causa do contato físico.
>
> *"Àwọn kan yóò ti tòò gbé lọ."*
> Alguns dormem tranquilos.
>
> *"Àwọn kan máa nfi irun, etí, tàbí ẹ̀gbà ọrùn ìyá wọn ṣeré."*
> Outros brincam com o cabelo, com as orelhas ou com o colar da mãe.

A criança é ensinada a observar o seu meio, conhecer nomes das plantas e árvores, dos pássaros e de outros animais. Nada constrange mais um yorubá do que dizer que sua criança é *Àbíìkọ́,* quer dizer, uma criança que nasceu e não aprendeu, ou *"O kàwé ni, o ò ka ọgbọn", isto é,* "você é instruído, mas não é educado". Uma combinação de métodos, portanto, é empregada para moldar a pessoa num *Ọmọlúwàbí.* A sociedade inteira é sua escola; moralidade não é somente ensinada, é vivida. Coragem não é ensinada, é demonstrada. Persistência e devoção para com a obrigação também são exibidas. O número de certificados conquistados mede o sucesso de uma pessoa, mas não o seu valor. São marcas de condecoração, mas não revelam uma pessoa como *Ọmọlúwàbí.*

Essa educação teórica e prática é introduzida através de uma combinação de preceitos e tradição oral, representada por textos de folclore, provérbios, poemas, mitos e canções tradicionais. Por exemplo, a uma criança é ensinado:

Ìṣẹ́ kò gbékún	Choro não é resposta para a pobreza
Ebí jàre ọ̀lẹ	O homem indolente é o único responsável pela sua fome
Apá lara, ìgbọ̀nwọ́ ni ìyèkan	Seus braços são seus parentes, os cotovelos são seus amigos (para movimentá-los)

O conceito de hospitalidade é lembrado neste provérbio:

> *"Iyán ogún ọdún a máa jó ni lọ́wọ́."*
> Um pedaço de inhame de vinte anos atrás ainda pode ser tocado, ainda tem seu o valor. (Isso quer dizer que um ato de hospitalidade pode ter sua retribuição vinte anos mais tarde.)

Em tudo, ensina-se a respeitar os mais velhos, as autoridades e a seguir os costumes e as tradições. Assim, admite-se que:

> *"Àìfàgbà fẹ́níkan, kò jẹ́ ayé é ó gún."*
> Faltar com respeito à autoridade é a origem dos conflitos no mundo.

Essa combinação de métodos define o sistema e esclarece, proporcionando uma base para o ritual e para a crença religiosa. E, dessa forma, leva a criança a honrar o passado e a educação antes de iniciar uma tarefa, com as palavras:

Mo juba	Meus respeitos
Mo júbà Àkọ́da	Meus respeitos ao primeiro ser criado
Mo juba Aṣẹ̀dá	Meus respeitos à criação
Ibàa pẹ́tẹ́ ọwọ́	Respeito à palma das mãos
Ibàa pẹ́tẹ́ ẹsẹ̀	Respeito à sola dos pés
Ibàa àtẹ́lẹsẹ̀	Respeito à sola dos pés
Ti ò gbọdọ̀ hù irun	Que não pode crescer cabelos
Ewúrẹ́ wọlé kò júbà	A cabra que entra em casa não dá respeito
Ni wón bá mú un so	É atada embaixo de um poste
Agutàn wọlé kò júbà	A ovelha que entra em casa não dá respeito
Ni wón bá mú un so	É atada embaixo de um poste
Agbà to bá wọlé	Uma pessoa idosa que entra em casa
Ti kò juba	Que não se dá o respeito
Ó di mímú so bí ẹran	É atada embaixo de um poste como animal
Mo júbà,	Eu demonstro respeito
Ki nmá baà dẹni mímú so o	Por isso não sou atado embaixo de um poste

APONTAMENTOS À 1ª PARTE

1. Sincretismo é uma palavra originária do grego e significa a união das diversas cidades de Creta contra seus adversários comuns vindos do estrangeiro. Passou a significar, progressivamente, conciliação, aproximação das diversas seitas que tentaram reunir em um só corpo de doutrina um conjunto de crenças divergentes. Pode ter, ainda, sentido pejorativo quando usada para qualificar uma doutrina ou uma ideologia que recebe o seu conteúdo de diversas fontes, sem as assimilar ou digerir convenientemente. (Birou, Alain. *Vocabulaire Pratique des Sciences Sociales*. Paris: Éd. Ouvrières, 1966.)
2. A política do Conde dos Arcos permitiu a organização dos negros escravizados em "nações" no Rio de Janeiro. Na Bahia, a criação de confrarias separadas por etnias já em período próximo à abolição da escravidão permitiu aos escravizados libertos ou não libertos praticar juntos, em locais fora da igreja, o culto às suas divindades.
3. A participação de membros do candomblé como integrantes de ordens católicas também foi uma forma de dissimular sua religião evitando perseguições. Menininha do Gantois, Aninha, Abédé, João da Gomeia, entre tantos outros, agiram dessa forma. Em outros casos, usavam o nome de santos católicos para denominar os terreiros, assimilando o santo com o *Òrìṣà* patrono da casa.
4. Quando Menininha do Gantois disse certa vez que era católica, revelava aí a tradição das mulheres em saber dissimular o que na verdade praticavam. Verger define: "Foram elas que tiveram papel decisivo na preservação

das religiões africanas trazidas pelo tráfico escravo." (Verger, Pierre. *Os libertos.* Salvador: Corrupio, 1992a, p. 87.)

5. Os diversos povos yorubás aqui chegados centralizaram suas tradições no que viria a ser denominado candomblé kétu. O culto *Ìjẹ̀ṣà* tentou ser independente durante boa parte da história, ao contrário do culto *Ẹ̀fọ̀n*, que ainda consegue ser mantido.
6. Outra citação sobre o nome da cidade de *Ọ̀yọ́* revela que *Ọ̀ọ́yọ́ Ọrọmukọ*, outro filho de *Odùdúwà*, muito doente, tomou caldo quente feito de uma erva *ọọyọ*, o que lhe valeu o título de *Olọyọ*, que ele conservou e que foi dado à cidade em que era rei, *Ọ̀yọ́*.
7. Na cultura yorubá, a questão de parentesco biológico entre divindades e personagens históricas, como pai, mãe e irmão, é mais um conceito de importância do que tempo de vida.
8. Verger declarou: "Não pude levar minha investigação mais adiante devido à falta de tempo e por não ter condições de fazer a esse grande orixá oferendas dignas dele." Verger, Pierre. *Notas sobre o culto aos Orixás e Voduns*. São Paulo: Edusp, 2000, p. 425.)
9. Usamos a expressão nagô-yorubá como ênfase às origens.

2ª PARTE

O TERREIRO DE CANDOMBLÉ

É o espaço religioso onde são revividas as coisas sagradas e estabelecidos os contatos diretos com as divindades. O local não é escolhido para ser edificado, mas sim "descoberto". Algumas circunstâncias podem tornar um lugar pleno de significados a ponto de justificar a sua construção. E vamos nos deter nesse aspecto.

O mundo sagrado é um mundo independente. O homem nada entende ou realiza sem sentir ou estar localizado a partir de uma definição pessoal. Quando alguém diz a outro "estou do seu lado", ele não está pensando na proximidade ou numa determinada distância. Pessoas juntas podem estar distantes umas das outras, da mesma forma que a distância pode aproximar e unir, lado a lado, as pessoas. Assim é o espaço religioso.

Há lugares em que todos podem transitar; há outros, porém, onde só alguns podem permanecer. São os locais sagrados e preparados para tal fim. Um bosque, uma árvore, um monte de terra podem vir a ser plenos de significados, locais dos quais só se deve aproximar com cuidado e respeito. Isso se dá com base no mito da fundação do mundo nagô, com a terra primordial, a ave encantada que a espalhou por determinado espaço, onde o poder criador de *Ọ̀ṣàlá* se manifestou e tornou possível traçar as coordenadas do mundo. Esse ponto foi denominado *Ilé Ifẹ̀* e veio a ser o centro do mundo no qual se desenvolveram reinos, povos, culturas e existências.

Para viver no mundo é preciso fundá-lo, e isso é feito através de preceitos no solo que se irá habitar. Cada um constrói o seu mundo. E como se chega até ele? Uma pedra retirada das águas, o encontro com um desconhecido que indicou um caminho, uma árvore especial, sonhos que podem tornar o lugar repleto de significados a ponto de justificar a edificação de um templo, uma comunidade ou um povo.*

Muitos templos de candomblé começam assim. Há sempre uma história para justificá-lo, e, quando isso acontece, o reconhecimento pelo agradecimento é dado. Não é a sua dirigente que escolhe o espaço onde irá instalar suas dependências, mas sim o espaço que a escolhe através de seu *Òrìṣà*. Nada é feito sem sua anuência, essa é a regra e o motivo de oferendas feitas ao chão. Na realidade, está se considerando o respeito ao local, invariavelmente morada de espíritos, os *Onílẹ̀*, os Senhores da Terra, e a eles devem ser feitas as reverências. Nos ritos de oferendas e sacrifícios, os primeiros líquidos são destinados à terra:

Onílẹ̀ mo juba	Senhores da Terra, meus respeitos
Ìbà Òrìṣà	Saudamos os *Òrìṣà*
Ìbà Onílẹ̀.	Também saudamos os Senhores da Terra

Um templo é o símbolo do espaço sagrado, e suas portas separam esse espaço, que é inviolável, do espaço profano. O lugar principal transforma-se num centro de força, no centro do mundo. No alto, o *Ọ̀run,* embaixo, o *Àiyé,* e à volta o mundo circundante com seus atributos, suas vegetações, o poço encantado, seus animais e seus demais habitantes. Um poste central, por onde circulam as diferentes formas de danças votivas, revela o elemento que une os dois espaços.

É nesse ambiente que se produz a intimidade com as divindades, e onde se protege e garante a vida e o bem-estar de um povo. É a mistura entre divindades, seres vivos e seres sobrenaturais, cada um delimitado

* Ver em "Apontamentos à 2ª parte", item 1, um exemplo de posse de terra para a edificação de uma casa de candomblé.

em seu plano de trabalho, separados por sistemas de culto. Todo espaço destinado ao culto de um *Òrìṣà* representa a "face da divindade". Essa é a razão de denominar esses locais de *Ojúbọ*.*

O planejamento de um terreiro tem suas normas fixadas inicialmente nos assentamentos de determinados *Òrìṣà* – entre eles *Èṣù* –, e a instalação de seu barracão para o desenvolvimento dos rituais públicos. Com o crescimento da quantidade de seus adeptos, vai tomando novas formas, numa tarefa longa, a fim de superar os custos financeiros. Daí um terreiro dificilmente ser exatamente da forma como começou. Dar de comer ao chão e à cumeeira são momentos básicos que serão vistos a seguir.

* A palavra vem de *Ojú ìbọ*. *Ojú* significa "olhos" ou "face", e é sempre utilizada quando se deseja dar um significado de alguma coisa a ser destacada; *ìbọ*, "adoração", "culto", vem de *bọ*, dando o significado de *Ojúbọ*: local principal de adoração ou reverência.

ESTRUTURA ESPACIAL DE UM CANDOMBLÉ

Considerando que o espaço consagrado a um candomblé abrigará todo o universo mágico-religioso com preceitos definitivos, a sede deverá ser própria, espaçosa, isolada, com fonte de água natural, terra e plantações. Tudo se constitui numa verdadeira comunidade, *Ẹgbẹ́*, onde vivem pessoas e outras vão regularmente. Fica situada, na maioria das vezes, em lugares afastados do centro urbano, não só pelo contato íntimo com a natureza, mas pela conveniência do silêncio em determinadas obrigações, como também o de não incomodar os que não professam o culto, devido aos cânticos e toques dos atabaques.

Dispõe de dois espaços distintos, com características bem diferentes: o espaço urbano onde ficam as construções de uso público e privado, incluindo as dependências que visam a "assentar" os *Òrìṣà*, e o espaço virgem onde estão algumas plantações, árvores e a fonte de água natural. A disposição interna de cada espaço apresenta algumas variações de acordo com as casas e com a natureza de algumas divindades. De uma forma geral, tudo obedece a um posicionamento que visa a facilitar o fluxo dos trabalhos.

Os *Òrìṣà* são a razão de ser de uma casa de candomblé, e possuem seus espaços, onde são instalados com os símbolos de seus cultos devidamente preparados para transmitir suas energias, seu *Àṣẹ̀*, em benefício da comunidade. Essas dependências são denominadas de *Ilé Òrìṣà,* quarto de santo, podendo ser instaladas no espaço interno ou do lado de fora da construção principal, conforme a natureza de cada um, assim definidos:

Òrìṣà Inú (internos) – *Òṣàlá, Ṣàngó, Yánsàn, Ọ̀ṣun, Yemọjá, Iyewa, Ọbà*
Òrìṣà Òde (externos) – *Èṣù, Ọ̀ṣọ́ọ̀sì, Ògún, Ọmọlu, Nàná, Òṣùmàrè, Ọ̀sányìn, Lógun, Ìrókò*

Há alguns critérios com relação à "feitura" de certas divindades, que, embora sejam assentadas, não passam por esse processo.

Òrìṣà que não são feitos: *Ọ̀rúnmìlà, Baáyànni, Dàdá, Òṣòrọ̀ngà, Odùdúwà* (este é substituído por *Ògún* ou *Ògiyán*), *Ògún Ṣorókè* (dono da porteira dos candomblés jejes), *Ajé Ṣàlúgà, Ibéji, Ọ̀rànmíyàn, Baru* ou *Igbaru* (em certos candomblés possuem feitura ou são substituídos por outra qualidade de *Ṣàngó*), *Akajapriku, Apáọ̀ká, Yemòwo.*

Alguns *Òrìṣà* possuem um limite para a feitura: *Ọ̀sányìn, Lógunẹ̀dẹ* e *Òṣùmàrè* são feitos apenas um em cada candomblé. Caso existam *Ẹkẹdi* ou *Ogan* desses *Òrìṣà,* eles poderão ser aceitos, pois serão apenas assentados. Em relação a *Òṣùmàrè,* algumas casas de candomblé não seguem esse princípio de limitar a apenas uma feitura, tendo como justificativa para isso o enredo desse *Òrìṣà* com a cobra e sua dualidade, sendo visto como tendo tanto características masculinas quanto femininas.

Esses quartos de santo, de construção simples, com um só compartimento, são destinados ao culto de cada *Òrìṣà,* à entrega de oferendas e de sacrifícios. No seu interior estão os símbolos das divindades, pedras, conchas, contas coloridas, insígnias e elementos de iniciação das pessoas do candomblé, quartinhas com água, comidas, mas nada figurativo do que seja o *Òrìṣà,* nada semelhante ao santo católico. Para entrar e sair desses cômodos, há um rito a ser seguido: antes de entrar, a pessoa deve bater três vezes à porta, pedindo licença. Deve entrar de frente e sair de costas, inclusive se a pessoa estiver manifestada com o seu *Òrìṣà,* ela sai olhando para os assentamentos.

Cada *Òrìṣà* possui seus assentamentos, denominados *Ìdí Òrìṣà*. Esses assentamentos têm por objetivo fixar uma parte da energia do *Òrìṣà* dentro de certos objetos que se estabelecem durante a iniciação, e que podem ser pedras, ferros, búzios e outros elementos, que ligarão o *Òrìṣà*, força viva da natureza, com a cabeça da *Ìyàwó*.* Tal assentamento servirá para captar essa energia e torná-la sempre presente dentro do candomblé.

Quando não houver uma pessoa iniciada para determinado *Òrìṣà*, é feito um assentamento coletivo. Em outros casos, o *Òrìṣà* assentado pode ser de herança de alguém falecido, e que o jogo de búzios determinou que permanecesse no candomblé e não fosse despachado.

Os assentamentos são centros de força do candomblé, devidamente alimentados com obrigações para a manutenção do *Àṣẹ*. A palavra *Àṣẹ* possui diferentes interpretações, mas todas se interligam por força do que representam. Como fluido mágico que não tem forma, não tem medida, mas é sentido, e que dá vida a tudo que existe. Em sua ação de criar e recriar, se desgasta e precisa ser revivido com preceitos, ervas e cânticos, com rituais diversos que permitirão a relação constante com o plano divino. O próprio ser humano representa o *Àṣẹ* de Vida.**

Como dissemos, o candomblé utiliza-se do sistema de troca – comida pela energia: "Eu te dou um *Àmàlà*, você abre o meu caminho e me dá fartura e tranquilidade para o cumprimento de minha missão." O *Òrìṣà* se alimenta da essência e pode dividi-la com todos. As partes dos animais que são cozinhadas são postas aos pés do *Òrìṣà*, para que no dia seguinte sejam divididas entre os membros do candomblé. Sentados no chão, sobre esteiras, e em silêncio, absorvem a energia do *Òrìṣà*, que passa para todos. Esse ritual é conhecido como *Lẹ̀hìn*, que significa "o que vem depois". Depois de tudo, é feito o carrego para a fertilização da terra. Nada se perde.

---

* Para facilitar a leitura, sempre que se mencionar "a *Ìyàwo*", leia-se também "o *Ìyàwo*".

** Uma ampla definição sobre o assunto pode ser encontrada na obra deste autor, *Ọ̀run-Àiyé: o encontro de dois mundos*. Rio de Janeiro: Bertrand Brasil, 1997, p. 276.

O *Ilé Ìbọ́ Akú,** literalmente casa de adoração aos mortos, é uma dependência externa construída para centralizar o culto aos ancestrais da religião, denominados *Ésà.* Da mesma forma como *Èṣù* é reverenciado antes de qualquer cerimônia, os ancestrais também recebem uma forma de culto especial, feita somente pelos homens graduados da casa. A porta de entrada é cortada no sentido da largura, significando a vida que se partiu. Diante de cada ancestral representado por laços e tiras de tecido branco, são feitas saudações e apresentadas as oferendas brancas, vela, dinheiro, mingau de creme de arroz com mel bem ralinho, farinha de *àkàsà, obì, àbàrà, àkàrà.* Depois de tudo feito, todos vão pedir a bênção à *Ìyálórìṣà.***

O *Baluwẹ̀* é uma dependência montada enquanto é realizada a festa das Águas de *Òṣàlá,* e posteriormente desmontada. É a prisão onde este *Òrìṣà* fica e o local dos banhos de purificação, de que falaremos na seção correspondente.

O *Igbó é* a mata onde estão algumas plantas e árvores, como o *Igi Ọ̀pẹ̀,* o dendezeiro, de extrema necessidade em todos os rituais; *Òkikà,* a cajazeira; e *Apáọ̀ká,* a jaqueira, que são devidamente paramentadas por serem a morada de divindades. Outras plantas importantes, como o *Pèrègún,* nativo; *Alékèsi,* aroeira; *Ọgbọ́,* rama-de-leite; *Ọ̀dúndụn,* saião, entre outras.

Outros locais são o *Hunkọ,* mais conhecido como Ronco ou Camarinha, onde se realiza o recolhimento e a iniciação de *Ìyàwó. Ilé Ìdáná* é a cozinha onde são preparadas as oferendas e os animais sacrificados. A composição dos utensílios obedece a uma determinação especial. Fogo a carvão e panelas de barro dispensam os aparelhos elétricos. A maior parte da preparação é inteiramente manual, feita sob rezas apropriadas.

Em cada setor, em cada dependência, há um conjunto de postos que são distribuídos entre os membros do candomblé, formando um corpo

---

* *Kú,* morrer; *Ìkú,* morte; *Akú,* mortos; *Òkú,* cadáver; *Òkú ọ̀run,* espírito dos mortos.

** Para facilitar a leitura, sempre que se mencionar "a *Ìyálórìṣà*", leia-se também "o *Bàbálórìṣà*".

de pessoas que trabalham diretamente ligadas ao pai ou à mãe de santo, conforme vimos anteriormente.

O local principal e maior é denominado barracão, uma expressão antiga, mas ainda perfeitamente usada. O barracão domina todas as áreas construídas, e lá são realizadas as festas públicas e algumas reservadas. Lá são colocados os atabaques para os toques que motivarão danças e posteriores manifestações de divindades, além das cadeiras que entronizam seus donos, somente ocupadas por eles, sendo a mais destacada e imponente a da *Ìyálórìṣà*. Seu posicionamento é estratégico, de frente para a porta de entrada, para o acompanhamento de tudo que ocorre num dia de festa. Outras cadeiras são recomendadas aos convidados especiais. O barracão tem sua construção identificada com um conjunto de ritos de segurança e fortalecimento para a realização dos cerimoniais. No centro é aberto um buraco em que são colocadas oferendas, comidas secas, elementos dos animais sacrificados, e depois ele é lacrado em definitivo, ficando assim "plantado" o *Àṣẹ* da casa. A cumeeira leva os preceitos idênticos aos que leva o *Orí*, a cabeça, de uma *Ìyàwó, Ẹfun, Osùn, Wàji, Orógbó, Obì,* pombo etc. Dar comida ao chão e à cumeeira são os elementos de segurança e sucesso do candomblé e de todos os que fazem parte da comunidade. O uso de um alguidar com um *Àkàsà* desfeito em água é sempre posicionado na entrada do barracão, com uma quartinha com água, para despachar a rua quando as pessoas forem chegando.

Entre esses sistemas de segurança e proteção à comunidade é colocado na parte superior das portas o *Màrìwò*, o símbolo do pacto de *Ògún* com os homens. É a denominação da folha nova da palmeira do dendezeiro, devidamente preparada. O *Màrìwò* só pode ser desfiado por homem e devidamente sentado, em silêncio, conforme o cântico:

Tíríntírintíntírin	Bem fininho
Màrìwò	O *Màrìwò*
Jókó sán yà le	Sentado, cortamos e separamos...
Màrìwò	O *Màrìwò*

Nos ritos de *Sàsáyìn,* o seu poder é exaltado:

Kí l'ó foníṣẹ	O que nos dá mensagem
Màrìwò	É o *Màrìwò*

Em alguns candomblés, o barracão possui um pilar de madeira ou alvenaria onde se apoia a cumeeira, e na parte de baixo é plantado o *Àṣẹ.* Em alguns casos, é uma pequena coluna sem qualquer função estrutural. É em torno desse poste central que dançam as filhas de santo* durante as festas públicas e privadas. Dançam no sentido contrário aos ponteiros do relógio e no mesmo sentido da rotação da Terra. Esse poste central, que alguns denominam de *Òpá Ṣóró,* o cajado de *Òṣàlúfọ́n,* não possui finalidade decorativa. Na realidade, é a representação material do elemento de ligação do *Àiyé,* o mundo dos vivos, com o *Ọ̀run,* o mundo divino, relacionando-se com o mito da união entre o Céu, *Ọbàlálá,* e a Terra, *Odùdúwà.* Nos ritos de saudação cumpridos pelos iniciados do candomblé ao ingressar no salão, esse poste central constitui um dos pontos onde devem ser feitas reverências especiais, com a pessoa tocando com os dedos o chão e, logo em seguida, a própria fronte. No candomblé do Engenho Velho, em Salvador, na Bahia, no alto do poste central existe uma imponente coroa, insígnia da realeza de *Ṣàngó,* patrono do candomblé, com um diâmetro aproximado de 1,75 m.

É nesse local e com um ambiente festivo que se forma a roda do candomblé, pelos filhos do terreiro. As mulheres se destacam pela beleza das vestimentas chamadas de "baianas", uma denominação que ficou marcada em todas as modalidades de culto. Ela tem origem no período colonial brasileiro, quando os senhores das casas-grandes exigiam que todas as suas escravizadas se vestissem com apuro para realçar seu poder e sua riqueza. Eram vestimentas de origem francesa, que sofreram modificações no decorrer do tempo. Uma dessas alterações ficou por conta

* Para facilitar a leitura, sempre que se mencionar "a(s) filha(s) de santo", leia-se também "o(s) filho(s) de santo".

da substituição dos aros de metal que faziam a roda da saia por anáguas devidamente engomadas, e que elas sabiam muito bem como fazer a goma. Outras foram feitas em função do clima quente e por tradições pessoais, como a forma do pano de cabeça, o uso do pano da costa, de brincos, pulseiras e demais acessórios que enriqueceram a coreografia religiosa, o ato religioso.

Todo o conjunto de obras construídas num candomblé é de cor branca, com um mastro alto e uma bandeira branca tremulando, indicando que ali está uma casa de *Òrìṣà*. Nos candomblés kétu, a bandeira é a representação de *Òṣàlá,* e trocada uma vez por ano durante a cerimônia das Águas de *Òṣàlá*. Nos candomblés de angola, a bandeira no mastro representa a divindade Tempo (*Kitembo*). Em ambos os casos, foi um hábito adotado em fins do século 19 pelos antigos moradores do Morro da Saúde, próximo ao porto do Rio de Janeiro. Era uma comunidade solidária afro-negro-baiana, que ajudava aqueles que estavam chegando em busca de melhor vida na capital do Império. Dessas casas se viam os navios chegando e, como sinal, hasteavam uma bandeira branca avisando que tinha gente chegando e que ali estava uma comunidade solidária para ajudá-los. Alguns candomblés importantes surgiram nessa área do Rio, através desse procedimento.*

---

* Ver, deste autor, *História dos candomblés do Rio de Janeiro*. Rio de Janeiro: Civilização Brasileira, 2025.

ÌGBÁ: A UTILIZAÇÃO DA CABAÇA RITUALÍSTICA

A cabaça é um fruto vegetal com larga utilização no candomblé. É o fruto da cabaceira (*Cucurbita lagenaria L.*) e, basicamente, tem uma forma arredondada e um pescoço – curto ou longo –, podendo tomar outras formas, dando-lhe assim condições de ter diversas utilizações. Depois de extraída, torna-se seca e sólida. Contém algumas sementes em seu interior. Quando cortada, deve-se retirar a polpa, deixando-a secar, para ser usada como utensílio. Inteira, é denominada cabaça; cortada, é cuia ou coité, e as maiores são denominadas cumbucas.

Nos ritos de candomblé, sua utilização é ampla, tomando nomes diferentes de acordo com o seu uso, ou pela forma como é cortada. A cabaça inteira é denominada *Àkèrègbè,* e a cortada em forma de cuia toma o nome de *Ìgbá*.

Cortada em forma de prato é o *Ìgbájẹ̀,* ou seja, o recipiente para a comida. Cortada acima do meio, forma uma vasilha com tampa, tomando o nome de *Ìgbáṣẹ,* ou cuia do *Àṣẹ,* e é utilizada para colocar os símbolos do poder após a obrigação de sete anos de uma *Ìyàwó,* como tesoura, navalha, búzios, contas, folhas etc., que permitirão à pessoa ter o seu próprio candomblé.

Cabaças minúsculas são colocadas no *Ṣàṣàrà* de *Ọmọlu,* como depósito dos seus remédios. No *Ọ́gọ́* de *Èṣù,* uma representação do falo masculino, as cabaças representam os testículos. Usa-se uma das partes da cabaça cortada ao meio, colocada na cabeça das pessoas a serem iniciadas e que não podem ser raspadas por serem *Àbìkú*, para nela serem feitas as obrigações necessárias.

Com o corte ao comprido, torna-se uma vasilha com um cabo, chamada de cuia do *Ìpàdé*, e serve para colher o material de oferecimento ou para colher as águas do banho de folhas maceradas. Inteira e revestida de uma rede de malha será o *Agbè*, instrumento musical usado pelos *Ogans* durante os toques e cânticos.

Uma cabaça com o pescoço comprido em forma de chocalho é agitada com as suas sementes, fazendo assim o som do *Ṣẹ́ré*, forma reduzida de *Ṣẹ̀kẹ̀rẹ̀*, instrumento de *Ṣàngó* por excelência. A cabaça inteira e em tamanho grande substitui, nos ritos de *Àṣẹ̀ṣẹ̀*, a cabeça de uma pessoa que morreu e que, por alguns fatores, não é possível realizar as obrigações necessárias de tirar o *Òṣu*. Por fim, pode ser lembrado que a cabaça cortada em forma de vasilha com tampa é conhecida como *Igbádù*, a cabaça da existência, e contém os símbolos dos quatro principais *Odù*: *Éjì Ogbè*, *Ọ̀yẹkú Méjì*, *Ìwòri Méjì* e *Òdí Méjì*.

A SEMANA NUMA CASA DE CANDOMBLÉ

A semana para o povo yorubá era composta de quatro dias, pois foi nesse espaço de tempo que o mundo foi criado. Segundo as narrativas tradicionais, o quinto dia foi reservado para reverenciar o Ser Supremo, *Ọlọ́run*, e para descansar. Quando o Ser Supremo já estava satisfeito com o trabalho feito, enviou *Ọ̀ṣàlá* de volta para equipar e enfeitar a Terra. Com ele foi *Ọ̀rúnmìlà*, como seu conselheiro, para auxiliar da melhor forma na colocação dos atributos no mundo recém-criado.

Para cada dia da semana – *Ọjọ́ ọ̀ṣẹ̀* – é designado um *Ọ̀rìṣà* regente, identificado com a tarefa a ser exercida pela humanidade.

PRIMEIRO DIA – ỌJỌ́ AWO

Consagrado ao exercício da sabedoria pelo poder de *Ọ̀rúnmìlà*, na revelação dos fatos pertinentes ao destino das pessoas, suas aflições, seus desejos e a condução de sua vida com retidão. Para isso, o primeiro dia é sempre destinado à prática da consulta divinatória – *Awo* – por meio dos búzios ou do *Ifá*.

SEGUNDO DIA – ỌJỌ́ ÒGÚN

Dedicado à tarefa da luta pela sobrevivência e conquista de posições consagradas pela sociedade. É o trabalho diário para o sustento familiar, desbravando as batalhas que a vida apresenta, superando-as com dignidade na busca das realizações que lhes foram destinadas.

TERCEIRO DIA – ỌJỌ́ JÁKÚTA

O terceiro dia exalta a justiça a que todos estão sujeitos quando infringem as leis do Ser Supremo. *Jàkúta é* a denominação de um antigo *Òrìṣà,* anterior a *Ṣàngó,* cujo nome significa "o atirador de pedras", numa alusão aos meteoritos que caem do espaço, atingindo pessoas, casas e comunidades, como forma de punição divina por erros cometidos. Por isso é cognominado o Justiceiro de *Olódùmarè.*

QUARTO DIA – ỌJỌ́ ỌBÀTÁLÁ

Reverencia *Òṣàlá,* a quem foi incumbida a criação da Terra. Nesse dia é reverenciado o princípio criador e formalizador das ideias. Determina um comportamento digno, boa conduta e caráter íntegro às pessoas.*

O contato cultural entre negros e brancos exigiu uma revisão na ordenação dos dias da semana, sendo aceito o sistema ocidental de sete dias.** No Brasil foram designadas divindades tutelares para cada dia a fim de definir o tempo sagrado:

Segunda-feira – *Èṣù, Ọmọlu*
Terça-feira – *Nàná, Òṣùmàrè*
Quarta-feira – *Ṣàngó, Yánsàn*
Quinta-feira – *Ọ̀ṣọ́ọ̀sì, Ògún*
Sexta-feira – *Òṣàlá*
Sábado – *Yemọjá, Ọṣun*
Domingo – Todas

* O primeiro dia após o quarto dia da semana yorubá é denominado de *Ọjọ́ Ọjà Ifẹ́*, "dia do mercado de *Ifẹ́*".

** Ver em "Apontamentos à 2ª parte", item 10, p. 92, as atuais denominações em yorubá dos dias da semana.

Os dias específicos para determinados rituais foram convencionados conforme especificado abaixo, podendo haver variações de acordo com a natureza de certas divindades e as tradições seguidas por determinadas casas:

Segunda-feira – obrigação para *Èṣù* na maioria dos casos, com trabalhos de sacudimento e outros serviços espirituais.

Quarta-feira – oferecimento do *Àmàlà* e de oferendas votivas; ritos de *Bọri*; nos ritos de iniciação, determina a entrada para as obrigações, a fim de que os dezesseis ou dezessete dias de recolhimento tenham o seu término num sábado, para a festa pública do Nome de *Ìyàwó* (celebração do fim de período de reclusão de *Ìyàwó*). Em alguns casos, não há essa obrigatoriedade de o nome ser dado num sábado.

Sexta-feira – neste dia, o candomblé paralisa suas atividades, por ser consagrado a *Òṣàlá*. Essa tradição vem de resquícios do sincretismo, pelo fato de Jesus ter morrido neste dia da semana, daí a expressão Sexta-Feira Santa. Nos candomblés jejes, uma pessoa recolhida para iniciação fica virada, manifestada, sempre, só desvirando às sextas-feiras.

Sábado – de madrugada, ritos de sacrifício; à noite, as festas públicas.

CALENDÁRIO ANUAL DAS FESTIVIDADES

As datas que determinam as festas aos *Òrìṣà* seguem um calendário tradicional preestabelecido, mas não deixando de ser influenciado pelas datas festivas dos santos da Igreja. Mesmo nesses casos, quando a identificação santo-*Òrìṣà* sofre diferentes interpretações, as datas variam. Em outros casos, as festas costumam ser relacionadas com a data da iniciação de sua dirigente ou de alguém importante do grupo.

Nas casas de candomblé mais tradicionais, há um calendário próprio que se inicia a partir das Águas de *Òṣàlá,** em agosto, em Salvador, e em setembro, no Rio de Janeiro. São três domingos sucessivos, e, a partir daí, seguem as festas para *Ògún, Ọ̀ṣọ́ọ̀sì, Olubajẹ, Àyaba, Ìpẹ̀tẹ̀* de *Ọ̀ṣun* e *Ṣàngó. Àyaba* significa a festa das rainhas, que engloba todos os *Òrìṣà* femininos. Em outros casos, as festas são assim determinadas:

Ọ̀ṣọ́ọ̀sì	No dia de Corpus Christi e no dia de São Jorge, 23 de abril
Ṣàngó	São Pedro, 29 de junho, e que se estende por doze dias
Ọ̀ṣun	Nossa Senhora da Conceição, 8 de dezembro
Yánsàn	Santa Bárbara, 4 de dezembro

* Ver análise das festividades na 4ª Parte desta obra.

Ọmọlu	São Bento, 16 de abril; São Roque, 16 de agosto; e São Lázaro, 17 de dezembro
Ògún	São Jorge, 23 de abril; e, na Bahia, Santo Antônio, 13 de junho
Yemọjá	Nossa Senhora dos Navegantes, 2 de fevereiro; e Nossa Senhora da Assunção, 15 de agosto

A data de 2 de fevereiro é conhecida como o presente à *Yemọjá* e revive o mito yorubá no qual ela oferece dezesseis *Àkàsà* para *Òṣàlá*. O mito revela que *Òṣàlá* vai fazer uma viagem visitando várias cidades. Em todas elas, são preparadas comidas especiais para ele. *Èṣù*, entretanto, fingindo ser *Òṣàlá*, vai na frente e come tudo. Quando *Òṣàlá* chega às cidades, não encontra comida para ele. *Èṣù* já havia comido tudo. Acontece que *Yemọjá*, ciente do acontecido, havia guardado para ele dezesseis *Àkàsà* escondidos dentro de uma talha. Por isso ela é considerada a dona da talha. E assim todos cantam:

Íyá'le mi	Mãe da minha casa
Károdò	Que movimenta as águas do rio
Là bùre	Fazendo-o correr
Károdò	Dando-nos bênçãos e sorte

CERIMÔNIAS QUE ANTECEDEM UMA FESTA DE CANDOMBLÉ

A festa pública de candomblé é o clímax de rituais diversos anteriormente realizados e que ocuparam grande número de pessoas, cada uma consciente de suas tarefas identificadas com o cargo que possuem, e restritos às pessoas devidamente iniciadas para as diferentes funções. Se bem que o mais importante *já* tenha sido realizado, a festa a acontecer no salão principal é o momento público, ao qual qualquer pessoa pode comparecer. Ela pode ser, assim, dividida:

1) Jogo de búzios – consultas para saber o desejo do *Òrìṣà.*
2) Obrigação aos ancestrais.
3) *Èṣù* – oferendas e sacrifícios.
4) *Bọri* – dar comida à cabeça.
5) *Òrìṣà* – sacrifícios.
6) Preparo das oferendas.
7) *Ìpàdé.*
8) *Ìyànlé* – oferecimento aos *Òrìṣà* das oferendas preparadas.
9) *Ṣiré Òrìṣà* – toque festivo.
10) *Lẹ́hìn* – posterior repasto comunitário.
11) *Ẹru pin* – carrego das obrigações feitas.

O candomblé é uma religião que tem relação muito estreita com as divindades que sustentam a crença, a ponto de permitir um diálogo sobre seus desejos e para ouvir suas determinações. Se a festa é para determinado *Òrìṣà*, é bom saber quais são as suas recomendações, pois é ele que dirige a casa através de seu porta-voz, o *Bàbálórìṣà* ou a *Ìyálórìṣà*. Nada se faz sem antes ouvi-lo. O processo se dá através do jogo de búzios, iniciando assim as determinações a serem cumpridas: se a festa será com oferendas de comidas secas ou sacrifícios; bichos de quatro patas ou simplesmente aves. Os traços da personalidade de cada *Òrìṣà* se confundem com as características humanas, chegando mesmo a determiná-las, conforme sua natureza vaidosa, guerreira, calma, forte, temperamental ou maternal. Daí seus oferecimentos serem diversificados. Em todas as etapas do ritual, há o acompanhamento de outras modalidades de jogos, como o do *Obì* e do *Orógbó,* a fim de se verificar se o andamento está fiel ao que foi predeterminado, ou se há necessidade de acrescer alguma coisa. Todas as modalidades de jogos divinatórios são descritas em obra deste autor.*

Depois dos ancestrais, *Èṣù* é o primeiro *Òrìṣà* a ser homenageado, a fim de abrir os caminhos e conduzir as oferendas. Todo o ritual é feito em sua casa, sendo o animal apresentado com algumas palavras, informando a finalidade do oferecimento, juntamente com pedidos. Inicialmente, é saudado com palmas batidas com as costas das mãos. Com a água da quartinha derrama-se um pouco d'água no chão em três lugares diferentes. Bate-se três vezes a palma da mão direita sobre o punho esquerdo, depois de tocar os dedos da mão direita cada vez nos lugares com água, chamando o *Èṣù* que será homenageado:

Èṣù mo pè
Èṣù mo pè

---

* Beniste, José. *Jogo de búzios: um encontro com o desconhecido*. Rio de Janeiro: Bertrand Brasil, 2000.

Pèlé towó
Pèlé towó mọ́
Aìkú Bàbá wa

Kò jù oye mi
Kò tutu

A seguir, canta-se:

Èṣù a lẹ a ba lẹ
Èṣù àgba
Táni pe mọ̀mọ̀ ṣorò
A Èṣù àgba

Èṣù ta mi lọ́rẹ́
Mo jù gangan lọ̀dó
Èṣù ta mi lọ́rẹ́
Mo jù gangan lódó

Alá pala nkọ́
Èṣù dì mi kayọde
De lè Èṣù

A sequência de preceitos segue as mesmas regras dos demais *Òrìṣà*. Algumas casas* não utilizam o sal no tempero, e a cantiga do dendê é modificada:

Akapo feṣu
Ọdara ko ba la ọ
Akapo feṣu
Ọdara ko ba lọ

* Alega-se que a ausência do sal é para não batizar *Èṣù*, evitando que ele se torne mais poderoso do que já é.

Se o sacrifício foi de um animal de quatro patas, obrigatoriamente será realizada a cerimônia do *Ìpàdé,* na tarde do mesmo dia em que será realizada a festa. Quando o sacrifício é de um animal de duas patas, um galo, por exemplo, não será necessário realizar o *Ìpàdé.* Nesse caso, o ritual é feito no mesmo dia da festa. Coloca-se uma quartinha com água no meio do barracão e canta-se para *Èṣù.* Em seguida, a *Ìyá morò* despacha a quartinha sob este cântico:

Bara já bọ́ tán	*Èṣù* terminou de comer
Bara ba nlọ	*Èṣù* vai embora
Bara já bọ́ tán	*Èṣù* terminou de comer
Bara ilé	*Èṣù* vai para casa

Para a festa de um *Òrìṣà,* podemos tomar como modelo *Ọ̀ṣọ́ọ̀sì,* que se realiza sempre na data católica de Corpus Christi.

Na quarta-feira à noite, colocam-se todos os assentamentos de *Ọ̀ṣọ́ọ̀sì* no chão, em frente ao *Pẹ̀pẹ́lẹ́,* prateleiras onde são acomodadas as vasilhas.

Também se dá comida ao *Ìbọ,* definido como local onde estão assentados os ancestrais, representados por tiras de panos brancos e por louças. Acende-se uma vela, e diante de cada um é feito o jogo do *Obì,* com saudações e citações de seus nomes.

Na madrugada de quinta-feira, às 4 horas da manhã, todos se levantam e vão ao quarto de *Ọ̀ṣọ́ọ̀sì.* Ajoelhados, saúdam o *Òrìṣà* utilizando os *Oge,* um par de chifres que se batem um no outro, falando os nomes de pessoas ilustres. E é feita a reza de *Ọ̀ṣọ́ọ̀sì:*

Kan forí Òrìṣà
Ipaako
Ọdẹ Àrólé o
Àrólé oní san bo
Olowo o
Ọdẹ Àrólé o

Mais tarde, é feito o sacrifício a *Èṣù,* sendo que o bicho de pena, um galo, é passado pelo corpo de todos. Todos os rituais de sacrifícios têm a responsabilidade do *Àṣògún* e seus auxiliares.

A seguir, são realizados os sacrifícios ao *Òrìṣà:* um porco lhe é oferecido, sendo apresentado num passeio, amarrado a uma corda, com um *Ogan* simulando atirar flechas no animal. Como complemento, o *Ìboṣè* são os bichos de pena, galinha-d'angola, pato etc. O corpo dos animais mortos fica do lado de dentro, enquanto a cabeça fica do lado de fora, por ser *kizila.*

Esse é um momento em que o *Òrìṣà* tem que assistir ao que é feito. Para isso, se manifesta em um de seus filhos e é levado até o barracão, com toques para a sua dança ritual, sendo-lhe prestada uma rápida homenagem.

Outro oferecimento a seguir é o de uma cabeça de boi completa, juntamente com todos os miúdos do animal, que não é sacrificado no terreiro (ritual particular de algumas casas).

Logo, com o animal de quatro patas devidamente limpo e destrinchado, é retornado num alguidar, com as partes separadas, uma a uma, com exceção da cabeça, mostrando que ninguém se cortou e que estão todos inteiros. O tecido, *Aṣọ Rere,* cobre tudo, num ritual denominado de *Ṣorò Jinjin Ṣorò.*

A partir desse momento, as atividades se intensificarão, com o preparo das comidas secas e dos animais, para o oferecimento ao *Òrìṣà.* As partes do animal consideradas *Àṣẹ* são separadas, e as demais farão parte da comida a ser servida a todos os integrantes da casa e aos visitantes, num repasto comunitário de integração homem-divindade, pois essa é a representatividade dos ritos de sacrifício, quando todos celebram a vida através da alimentação comunitária.

A próxima atividade, às 15 horas, é o ritual do *Ìpàdé,* ou *Pàdé,* que significa "o encontro", e onde são reverenciados *Èṣù;* os *Ésà,* ancestrais; os *Òrìṣà; Egúngún;* e as *Ìyámi.* É uma cerimônia muito importante, por isso presidida sempre pela própria dirigente, com a presença obrigatória de todos dentro do barracão. Esse ritual será devidamente descrito no capítulo sobre as Águas de *Òṣàlá*. Ao final, é dado o toque de *Ọ̀ṣọ́ọ̀sì*, o *Agẹ̀rẹ̀*, com todos tomando bênçãos uns aos outros.

Na sequência dos trabalhos, são apresentadas as comidas votivas a *Ọ̀ṣọ́ọ̀sì* pela *Ìyábàsè*, a responsável pela cozinha e suas auxiliares, e depositadas no quarto devidamente preparado com flores e tudo muito bem-arrumado. Lá elas ficarão até o dia seguinte, quando serão despachadas no carrego.

OS RITUAIS DE SACRIFÍCIO

Os ritos de sacrifício animal são destinados aos *Òrìṣà* e a outras formas de espíritos. *Ọlọ́run* ou *Olódùmarè,* o Ser Supremo, não solicita sacrifício com derramamento de sangue nem oferendas, pois Ele está acima das contingências, por ser o Senhor das Essências, sem figurações, porque Infinito não pode ser traçado por símbolos formais. A comunicação homem-Deus é feita por pensamento, e a palavra por excelência é *Àṣẹ,* que significa "que assim seja", ou "que Deus permita que isto aconteça", sendo os *Òrìṣà* seus intermediários e encaminhadores dos pedidos.

No sistema religioso afro-brasileiro, não é *Ọlọ́run* quem opera nos fenômenos da natureza para o bom andamento da vida dos seres humanos. São os seus ministros, os *Òrìṣà;* por esse motivo, é a eles que são destinadas as oferendas. Cabe a *Ọlọ́run* referendar tudo o que é pedido ou não, dando devido *Àṣẹ* a quem merecer.

Os reinos animal, vegetal e mineral estão à disposição do ser humano. Eles liberam energias que são dirigidas ao destino especificado, segundo os desejos e os objetivos. Esse processo, que os menos esclarecidos costumam chamar de feitiçaria, é denominado magia. Cada *Òrìṣà* possui determinado animal, vegetal, mineral e comidas, e tudo libera energia. É uma alquimia que depende de muita habilidade, como a do *Asógún,* que sabe exatamente como segurar uma faca; como a da *Ìyágbàsè,* que conhece os ingredientes do prato; e como a da *Ìyálórìṣà,* que sabe o *Orò* determinado, que conhece as regiões do corpo humano onde estão localizados os centros de força em que atuam os *Òrìṣà* e o que eles representam por ocasião dos oferecimentos. Convém lembrar que certas partes do corpo humano são tocadas e utilizadas por ocasião de determinados ritos: o *Bọri,* por exemplo.

Todo ser humano possui um corpo físico, o *Ara,* e um corpo metafísico, denominado *Ẹnikéjì,* que pode ser literalmente traduzido como "a segunda pessoa". A magia dos trabalhos que se realizam no corpo físico tem por objetivo penetrar o mundo metafísico, alcançar a matriz para modificar ou restabelecer o equilíbrio da cópia, através das energias mineral, vegetal e animal. Orientado pela intenção, o desejo atinge o alvo, liberando as propriedades necessárias.

Kò má ìkú	nada de morte
Kò má'run	nada de doenças
Kò má sẹ̀jọ́	nada de problemas
Kò má ṣ'òfo	nada de perdas
Kò má èpè	nada de maldades
Àarín dede wa	entre todos nós

O sangue é o elemento por excelência, considerado indispensável, pois, se a vida do animal está no sangue, por essa razão é o primeiro elemento a ser oferecido às divindades, sendo colocado em cima dos assentamentos, que representam o próprio *Òrìṣà.* Recebendo a vida, preservam a da pessoa, estabelecendo uma troca. Os animais são selecionados por sua natureza, força, tranquilidade e pelo calor de seu corpo, de acordo com a necessidade do momento.* O alimento é a base da sobrevivência e será por meio dessa forma de compreensão que haverá posterior repasto comunitário entre todos os membros do candomblé com o *Òrìṣà.* Tudo é feito mediante rezas, pedidos e promessas, numa comunhão mágico-religiosa.

* O pombo é considerado o animal com o sangue mais quente, e os animais de quatro patas são considerados os com o sangue mais frio. O pato representa a água; a galinha-d'angola, o fogo; o galo, a terra; e o pombo, o ar. (Ver a obra *Ọrun-Àiyé: o encontro de dois mundos,* deste autor, p. 305.)

Àgo bó ni jẹ	Fazemos o pedido ao animal
Alá foríkan	Batemos cabeça agradecendo
Alá foríkan gbogbo o	Vai morrer para nos alimentar

A cabeça do animal é oferecida em troca da cabeça da pessoa. Trata-se, portanto, de um ritual de troca:

Orí ẹran e gbà, ẹ máṣe gba orìì mi
Receba a cabeça do animal, deixe a minha em paz.

Após o sacrifício, a cabeça do animal, desamarrada, é colocada em cima do assentamento.

Ma dede	Exatamente
Ma de kirima	Cobrimos o assentamento
Orí ndi	Com a cabeça, ela não está mais amarrada

É o jogo que diz o que o *Òrìṣà* deseja, os animais e os oferecimentos. As demais orientações são estabelecidas pela dirigente, baseadas nas experiências anteriores. Para todo animal de quatro patas são feitos sacrifícios de aves para cada pata do animal; a isso se dá o nome de *Ìbọ̀sẹ̀*, que significa "cobrir os pés", ou seja, "calçar as patas" do animal. Determinado o número de animais, estabelece-se a ordem dos oferecimentos:

1º Animal de quatro patas;
2º Calçar o animal de quatro patas;
3º Oferecimentos de galinha ou galo;
4º Pato;
5º Galinha-d'angola;
6º Pombo;
7º *Ìgbín* (caramujo).

Além do sangue, da cabeça e das patas, outras partes dos animais são tratadas de forma especial: *Ẹ̀dọ̀,* o fígado; *Fúkùfúkù,* pulmões; *Iwe,* a moela; *Ọkàn,* coração; *Iwe Inú,* rins. São consideradas partes vitais e oferecidas às divindades em um ritual denominado de*Ìyànlé.* As partes restantes, dependendo do tipo de sacrifício, são preparadas para serem servidas aos praticantes, numa manifestação comunitária em que a vida é celebrada em ritual de festa e confraternização.

MÚSICA E DANÇA: OS OGANS

Para cada *Òrìṣà* há um conjunto de pessoas encarregadas de seu culto e que são responsáveis pela organização das festas. Elas decidem a ornamentação, a comida a ser servida ao público, os convites, as roupas e a coleta de dinheiro para as despesas.

Toque de candomblé é o mesmo que festa, pois se refere às batidas dos atabaques, que possuem uma variedade significativa de ritmos identificados com a necessidade do momento. Sem música não há cerimônia. São mais de quinze ritmos diferentes, acompanhados de cânticos ou não. Esses toques têm o poder de entrar em sintonia com os *Òrìṣà*, pois fornecem elementos como gestos e movimentos do corpo que entram em afinidade de forma irresistível.

O ritual das danças tem apoio nos mitos que cercam cada *Òrìṣà* reverenciado, quando palavras e movimentos se associam, celebrando histórias, proezas, habilidades e poderes. A maioria das danças é de normas fixadas, e deve ser feita corretamente. Essa exatidão desejada é mais do que uma questão de forma, é algo sagrado. Por esse motivo, nunca um *Òrìṣà* dança sozinho. Tem sempre alguém ao seu lado para acompanhá-lo, sem que haja a necessidade de também estar manifestado. Essa pode ser a tarefa de uma *Ẹkẹdi*.

Para a realização da festa, que será movimentada por cânticos e danças, são necessárias as presenças dos *Ogans,** que tocam os instrumentos musicais, os quais, de marcarem o ritmo, são os responsáveis pela vinda dos *Òrìṣà* com cânticos apropriados. Nos candomblés existem os cânticos que são entoados com os *Òrìṣà* manifestados, e outros, não. Conhecê-los requer anos de estudo por parte de seus responsáveis, pois as cantigas são mensagens para determinados objetivos, e entendê-las faz parte do aprendizado. Este cântico de *Ọ̀ṣọ́ọ̀sì* pode servir de exemplo:

Mo mbọ̀ 'ṣẹ	Eu estou vindo para trabalhar
Iṣẹ l'óko	No trabalho da roça, da fazenda
Mo bọ̀ ya	Eu estou vindo, com licença
Ya bọ̀ ya	No caminho

Os cânticos buscam um envolvimento com as coisas divinas. Muitos desconhecem o significado literal das mensagens, pois são entoadas em língua africana. Mas isso não impede que se saiba o momento exato de cantá-las e para quem elas são dirigidas. É isso que vale, não devendo ser considerados os erros no cantar pela dificuldade do conhecimento do idioma ou pela forma incorreta como foi ensinado. Na composição dos versos, a forma, em muitos casos, não obedece às normas gramaticais. Isso quer dizer que a linguagem poética é organizada em função da beleza da música. Por outro lado, é rica em analogias:

Ọ̀ṣun odò'là	*Ọ̀ṣun*, senhora do rio da riqueza
Ẹ mọ̀'na d'oyin	Você conhece o caminho da doçura
Ọ̀ṣun odò'là	Senhora do rio da riqueza e fartura
Ìyágbà	Senhora rainha
Ẹ mọ̀'na d'oyin	Que conhece o caminho da doçura

* O *Ogan* é uma pessoa escolhida diretamente pelo *Òrìṣà* para exercer a função. Após ser iniciado, é denominado *Ogan* confirmado, passando a ter direito à sua cadeira. A palavra vem do yorubá *Ọgá,* significando mestre e senhor.

Os atabaques são tocados por *Ogans* confirmados da casa ou por visitantes importantes, merecedores de homenagens especiais. Por exemplo, ao chegarem, os atabaques devem ser percutidos de forma especial, e em seguida os *Ogans* devem ser conduzidos para locais privilegiados. Alguns atabaques são muito antigos e, por isso, investidos de uma importância ritual enorme. São instrumentos sagrados, que passam por rituais de iniciação e recebem obrigações como verdadeiras divindades.* São devidamente paramentados com *Ọ̀jà* da cor do *Òrìṣà* homenageado ou na cor branca. É através do ritmo dos atabaques que os *Òrìṣà* chegam à Terra, daí a sua importância. São em número de três, e, de acordo com a nação seguida pelo candomblé, tomam nomes diferentes, do maior para o de menor tamanho, cada um com som diferenciado, de acordo com o tipo de toque ou com o tipo de som que queiram dar, percutidos com as mãos ou com varetas de madeira.

NAÇÃO DO CANDOMBLÉ	KÉTU	JEJE
Atabaque maior	*Ílù*	*Hun*
Atabaque médio	*Ílù ọtún*	*Hunpi*
Atabaque menor	*Ílù òsì*	*Lẹ*
Varetas	*Àtòrì*	*Agidavi*
Campânula de metal	*Àgògo*	*Gán***

O maior dos três atabaques utilizados é o mais destacado, não só pelo seu tamanho, mas pelo que ele realiza. Ele é o solista, marcando os passos da dança com repiques e floreios. Só os mais experientes podem tocá-lo, e, na escala do aprendizado, ele é o último a ser percutido por quem deseja aprender a tocar, porque deve conhecer os momentos para os repiques que

* Geralmente, quando a *Ìyálórìṣà* entra para obrigações, são feitas oferendas para os atabaques. Da mesma forma que a cuia do *Ìpàdé* representa a cabeça de todos os participantes, e a cabaça em que se tocam os ritmos do *Àṣèṣè* representa a cabeça do morto, há uma relação entre o *Orí* da *Ìyálórìṣà* e os atabaques.

** *Hunpi* e *Lẹ* são, respectivamente, as formas reduzidas de *Hunpevi* e *Ọmẹlẹ*. *Gán* significa ferro.

permitirão que o *Òrìṣà,* dançando, realize as variações nos movimentos que lembrarão as ondulações das águas de *Ọ̀ṣun,* as lutas e a agilidade de *Ògún* e de *Ṣàngó,* o ato da caça de *Ọ̀ṣọ́ọ̀sì,* o ninar da criança de *Nàná,* a extensão e beleza do arco-íris de *Òṣùmàrè,* o balançar das folhas ao dançar com uma perna só por *Ọ̀sányìn* ou o pilar do inhame por *Òṣàgiyán.* Os atributos míticos dos *Òrìṣà* são revelados dessa forma.

É ele, ainda, que "dobra o couro", avisando da chegada de visitantes ilustres, mudando o ritmo do momento para um bater descompassado. E todo esse reconhecimento é demonstrado quando ele é o primeiro a ser saudado por ocasião da reverência obrigatória aos atabaques. Os dois, o intermediário e o menor, fazem o fundo, sem maiores variações. É por eles que se começa o aprendizado e o desenvolvimento do dom natural de tocar e memorizar. Qual a primeira cantiga a ser cantada, a segunda e a terceira. Os cânticos possuem roteiro. Não os seguir motivará reprimenda da *Ìyálòrìṣà,* apenas com um olhar significativo, ou até mesmo agindo ao extremo, impedindo a continuação do cântico.

Todos os terreiros têm seus *Ogans,* que estão familiarizados com os costumes da casa, podendo, porém, permitir que outros visitantes venham a tocar. Essa troca de experiência e conhecimentos se revela de muita importância. Essa é a grande tarefa que consiste em memorizar um número cada vez maior de cantigas, o que creditará ao *Ogan* maior respeito. Esse aprendizado pode ser promovido, também, por meio de visitas a outras casas de candomblé.

OGAN SUSPENSO E CONFIRMADO

Durante uma festa é possível que uma pessoa venha a ser escolhida para ser *Ogan* ou *Ẹkẹdi*, dois cargos de pessoas que não viram com qualquer divindade e que somente galgam um posto no candomblé mediante a escolha direta de um *Òrìṣà* manifestado. Se o *Òrìṣà* for *Yánsàn*, ele será um *Ogan* de *Yánsàn*, independente do *Òrìṣà* que possua. *Yánsàn* o pegará pelo braço e dará um breve passeio pelo salão, apresentando-o a todos, com o cântico:

Ji olóyè lóloyè	Suspendemos o titular
A ta tarọ̀de	Aquele que terá a riqueza do título
A ta tarọ̀de	
A ta tarọ̀de	

Uma cadeirinha será formada com os braços por dois *Ogans* mais velhos, que o conduzirão a outra cadeira, e ele será ali depositado após três tentativas obrigatórias. A partir daí será considerado um *Ogan* suspenso, merecedor de honrarias, até que seja iniciado e tenha o seu *Òrìṣà* assentado. Se for *Ògún*, fará as obrigações juntamente com as obrigações do *Òrìṣà* que o apontou.

Tanto uma *Ẹkẹdi* como um *Ogan* passam pelo ritual de *Bọ́lọ́na*, para verificar a sua condição de ter apenas o santo assentado, ou, se houver alguma reação, ser recolhido como *Adóṣu.** Em outras palavras, a intenção *é contrária* ao ritual feito para as pessoas que são *Adóṣu*, ou seja, provar que não se manifestam com *Òrìṣà* em nenhuma hipótese. Isso tem o objetivo de evitar que, num futuro, venham a se aventurar como pais de santo, sendo esse o momento de comprovação. Como não há manifestação, os *Ogans* não necessitam das mesmas obrigações que uma *Ìyàwó* – por exemplo, não precisam cortar os cabelos e raspar a cabeça.

Alguns *Ogans*, devido ao conhecimento que adquirem de alguns ritos, passam a se aventurar como zeladores de santo, fazendo coisas para as quais não foram destinados. Nomes famosos assim agiram, cabendo uma reflexão sobre a validade de seus atos.** Alguns dirigentes de antigos candomblés definiam indevidamente os *Ogans* e *Ẹkẹdis* como *Àbíkú*, a fim de enfatizar o ato de não poderem ser raspados. Na realidade, sob o ponto de vista iniciático, os *Ogans* se tornam fiéis à casa que os iniciou pelo fato de não poderem mais sair dela, ou seja, por não poderem ser novamente confirmados em outra casa, no caso de insatisfação. Trata-se de uma situação contrária à dos *Adóṣù*, que têm a liberdade de mudar de candomblé diante de alguma divergência e fazer suas obrigações com outros zeladores de santo, conforme seu desejo. Aos *Ogans* é dado apenas o direito de se afastar diante de alguma discordância ou de serem homenageados por outros candomblés, com algum título de reconhecimento pela sua competência religiosa.

Seu recolhimento tem uma duração menor do que o de uma *Ìyàwó*, o que requer ritos menos complexos. Em sua apresentação pública, virá usando uma faixa com a definição de *Ogan* de *Yánsàn*. Será conduzido pelo próprio *Òrìṣà* que o escolheu, que dirá o seu novo nome, pelo qual passará a ser conhecido. Terá sua cadeira exclusiva, será chamado de Pai

* O *Adóṣù* é o equivalente à *Ìyàwó*, por ela usar o *Oṣù* e ser raspada. Há casos, porém, na iniciação de um *Ogan*, de ele usar o *Oṣù, o* que amplia a relação, ao nosso ver.

** *Ogan* Caboclo, Cristóvão do Pantanal, Vicente do Matatu, Roque de Doun, Álvaro Pé-Grande são alguns nomes mais conhecidos.

e todos lhe tomarão a bênção. Passará a usar um boné branco, *Fìlà* ou *Àkẹtẹ̀*, símbolo de sua posição, embora muitos não tenham o hábito de usá-lo. Terá um *Oyé* especificando sua real função e será sempre uma pessoa a quem todos poderão recorrer para sugestões e ajuda, de acordo com sua competência e dignidade moral. Relacionamos alguns desses títulos que definem suas reais funções:

Alágbè	*Aṣógún*	*Ojú Ọba*	*Asọ́gbá*
Apọgan	*Apọ́tún*	*Ẹlẹ̀mọ̀sọ́*	*Ojú Ọdẹ*
Bàbá Ẹ́gbẹ́	*Sọbalojú*	*Aràmẹ́fà*	*Balógun*
Àjímúdà	*Àfikọdẹ*	*Sárépẹ̀gbẹ́*	*Balẹ̀*

Esses são alguns dos títulos que a pessoa pode vir a receber, havendo entre eles os *Ọ̀tún* e os *Òsì*, ou seja, as segundas e terceiras pessoas, auxiliares imediatos do titular, e que poderão vir a sucedê-lo. Todos os títulos são definitivos, não havendo a hipótese de sua perda. No candomblé do *Àṣẹ Òpó Àfọ̀njá*, existem os títulos dos *Ọba* de *Ṣàngó*, criados inicialmente em número de doze, para cuidar do culto a *Ṣàngó*. A palavra *Ọba*, que significa rei, tem aí a conotação de ministros de *Ṣàngó*.

Nos candomblés jejes, existem os cargos equivalentes, como os de *Pejigan, Bajigan, Huntọgan, Gainpe, Oganvi*. Nos candomblés de angola, são denominados *Tata Kambui, Tata Utala, Tata Kambondo, Kinsaba, Kivonda* ou *Kixikaramgome Pokó*, entre outros.

O grupo dos tocadores de atabaque é dirigido pelo *Alágbè*, que se ocupa de tocar o maior de todos, comandando o ritmo e impondo uma variedade enorme de toques e efeitos, como um autêntico regente. Os outros acompanham suas determinações, com o *Àgògo* fazendo a marcação, sem qualquer forma de diálogo que não seja através do ritmo. A ele compete homenagear o *Òrìṣà* quando este se manifesta. No candomblé se diz que o *Ogan* vai "dar rum ao santo", ou seja, vai homenageá-lo com cantigas que ressaltam seus atributos. A expressão vem do yorubá *Dáhùn*, responder com cânticos à presença do *Òrìṣà*.

É uma possível expressão dos candomblés jejes, em razão de os próprios *voduns* cantarem seus cânticos junto aos atabaques. Quando isso acontece, os *Ogans* respondem com outros cânticos. Esse ato de responder justificou a expressão *Dáhùn*.*

Os cânticos possuem a parte cantada pelo *Alágbè*, que é o solista, e a parte cantada pelo coro, composto pelas pessoas que dançam na roda – às vezes cantigas suaves como as de *Ọ̀ṣun*, outras mais vibrantes como as de *Ṣàngó* ou *Yánsàn*. Todos os momentos do candomblé têm relação com a musicalidade sagrada. Para os *Òrìṣà*, se canta para chamá-los, para reverenciá-los, e canta-se também para subir, ou seja, para sua despedida.

Os atabaques podem receber denominações diversas, sendo que alguns não tiveram sobrevivência no Brasil. Entre eles, estão:

Àdàmọ̀n	*Àyé*	*Dùndun*	*Gbẹ̀du*
Àgẹ̀rẹ̀	*Bata*	*Bata Koto*	*Émélé*
Igbá	*Apínti*	*Bẹ̀mbẹ̀*	*Gánan*
Ìgbìn	*Kìribo tó*	*Kósó*	*Kotole*
Kọ̀nnọ̀ngo	*Ògìdì*	*Sákárá*	*Sámí*
Síkí	*Kìribọ́ tó*	*Ṣẹ̀kẹ̀rẹ̀*	

Àràn e *Kẹrẹgidi* são tambores dedicados *a Ifá*. O tambor *Bàtá* possui três tamanhos: *Iya*, *Akọgbe* e *Omele*. *Àyọ̀n* é a denominação da divindade do tambor.

Alguns toques feitos nos candomblés têm seus nomes sugeridos pelo próprio ritmo e podem ser assim definidos:

> *Àgẹ̀rẹ̀* – toque para *Ọ̀ṣọ́ọ̀sì* e *Logún*. É cadenciado e exige certa elegância na condução dos passos.

---

* *Dáhùn* pronuncia-se "Darrun", pois a letra H é áspera, como o som do R forte, soando como RR. Por isso é que nos candomblés se diz "dar rum ao santo".

Opanijẹ – toque para *Ọmọlu, Nàná* e *Yemọjá.** Movimento das mãos para um lado e para o outro, com uma pequena pausa.

Ìjẹ̀ṣà – é tocado com as mãos diretamente no couro, um ritmo calmo e balanceado. Pega grande parte dos *Òrìṣà* e, em especial, *Ọ̀ṣun.*

Àlúja – toque característico para *Ṣàngó,* que exige movimentos enérgicos e rápidos. É o toque que mais exige variações do atabaque maior.

Ìlù – específico para *Yánsàn.* Um dos toques mais rápidos do candomblé, em que todos os três atabaques trabalham com muita atenção, pela velocidade das batidas.

Ìgbìn – toque de *Òṣàlá,* e um dos mais lentos do candomblé, pela própria natureza do *Òrìṣà.*

Os demais são assim denominados:

Tonibọbẹ	*Bàtá*	*Jíká*	*Adahun*
Agabi	*Satọ*	*Ẹgọ*	*Vamunha*
	Bravun	*Aderẹ*	

Nos candomblés da nação de Angola, os atabaques são denominados de *Ngoma* e são percutidos com as mãos. Somente no ritual fúnebre do *Sihun* são usadas varetas, por influência jeje.** Os toques são denominados de cabula, congo e barravento.

---

* Nas palavras terminadas com uma vogal nasal e antecedidas por M ou N, suprime-se o N da vogal nasal, permanecendo, porém, o som nasal. Por esse motivo, a palavra *Yemọjá* é lida com o som nasal, "Yemọnja", em razão de ser uma palavra composta, *Ye – ọmọ(n) – ẹjá. Nàná* escreve-se dessa forma, porém, é pronunciada como "Nànán".

** *Ngoma* significa "tambor" no idioma kimbundo. Alguns costumam denominar de *Ngombe*, que significa "boi".

O COMPORTAMENTO DOS VISITANTES

As pessoas leigas que vão pela primeira vez a um candomblé costumam fazer perguntas sobre aquilo que estão vendo e procuram saber como devem se comportar. Este relato pode ser uma oportunidade para explicar e sugerir certos hábitos que as pessoas do candomblé gostam de ver respeitados. Essa exigência pode variar de casa para casa, de acordo com o grau de rigidez às normas estabelecidas.

O traje para se frequentar um candomblé no dia de festa é informal. Vestidos simples e leves para as mulheres, devido ao calor do local, e, para os homens, esporte simples, mas nunca bermuda. A cor das roupas deve ser de preferência branca, evitando-se as cores preto, marrom e roxo. Se chegar antes de o candomblé começar, alguém sempre irá lhe oferecer um lugar para sentar. Não tomar a iniciativa de ocupar as cadeiras próximas à da *Ìyálórìṣà*, pois elas têm dono, a não ser que seja convidado a sentar-se nelas. Se desejar cumprimentá-la, aguarde um momento oportuno, pois sua iniciativa poderá estar interrompendo um forte poder de concentração.

Procurar chegar sempre cedo para um acompanhamento de todos os momentos da festa, que são bastante significativos. Chegando tarde, perderá sua apoteose e todo o seu colorido. Caso o candomblé já tenha começado, não ficar na porta, pois ela tem muita importância no decorrer da cerimônia. Não se dirigir aos atabaques, nem os tocar com os dedos, como fazem alguns visitantes. Eles pertencem a outros candomblés, em visita à casa, e, dessa forma, estão sendo homenageados.

Durante a cerimônia, alguns movimentos são efetuados por todos, mas o assistente eventual não tem o compromisso de proceder como todos, embora em certos momentos seja necessário. Por exemplo: o "senta-levanta" que ocorre quando a *Ìyálórìsà* entra no salão para iniciar a festa, quando se ergue da cadeira por qualquer motivo, quando dança, e, o mais importante, quando se canta para o *Òrìṣà* patrono da casa ou para o próprio *Òrìṣà* da pessoa. Em todos esses momentos, a pessoa deve se levantar, assim como quando os *Òrìṣà* retornam paramentados, em sinal de respeito. Não fumar, não falar em voz alta, ter um comportamento discreto. Algumas perguntas cabem no momento dos acontecimentos, mas devem ser limitadas, pois a oportunidade para um aprendizado mais amplo não é aquela. Nem pedir para visitar os quartos de santo. Espere ser convidado.

Em toda festa há a distribuição de comidas que podem ser comidas de santo ou, como se diz, comidas de branco. É a celebração da vida, mas que pode ser recusada sem constrangimento. Numa festa nada se paga; porém, se desejar, pode oferecer uma importância aos tocadores de atabaque. Para isso, basta passar uma cédula em torno da cabeça do *Òrìṣà* manifestado e depositá-la num prato colocado no chão, junto aos atabaques.

A CONDUTA DOS INTEGRANTES DO CANDOMBLÉ

O candomblé é complexo em suas regras de comportamento, que só são devidamente entendidas com uma participação constante de todas as suas atividades. É comum dizer que nada se pergunta, tudo se aprende vendo e ouvindo. Mas algumas explicações darão uma ideia melhor desse conjunto de regras.

Um terreiro tem a responsabilidade direta e incontestável da *Ìyálórìṣà,* também conhecida como *Ìyáláṣẹ* ou zeladora.* O respeito a ela é absoluto. Toda pessoa iniciada, não importando sua hierarquia, é denominada de *Adóṣù,* ou seja, é aquela que levou o *Oṣù,* a marca que distingue uma pessoa iniciada no candomblé kétu. É uma pequena massa cônica colocada no alto da cabeça raspada, composta de elementos diversos, utilizados na iniciação: folhas, sangue, comidas etc. Quando a pessoa morre, há o ritual de tirada do *Oṣù,* um ato simbólico e de muito fundamento. No candomblé jeje, não é usado o *Oṣù,* por isso, quando alguém morre, não é feito exatamente esse ritual.

Ìyàwó é a denominação de uma pessoa iniciada. É o primeiro grau de um caminho de promoções. Perderá esse título e ganhará outro a partir da

---

* Na África, a denominação do sacerdote é *Àwòrò,* e a do iniciado é *Ẹlẹ́gùn.* A palavra *Àwòrò* tem o seguinte significado: *A,* "aquele"; *wò,* "que olha"; *orò,* "o ritual".

obrigação de sete anos, que poderá ser feita a qualquer tempo, mas sempre sete anos após a feitura. (Ver o capítulo *Ìbẹ̀rẹ̀:* o ritual de iniciação.)

Ao entrar para o candomblé, a pessoa deve ter a consciência de que fará parte de uma nova família, com regras de conduta. É a família de santo, *Arailé Òrìṣà,* que se diferencia da família biológica, pois há uma interferência dos *Òrìṣà,* que, pela sua natureza, determinam posições, cargos, alimentação, conduta, o que fazer e o que não fazer – as chamadas proibições ou *kizilas.* A raiz de origem de cada casa, suas tradições pessoais, podem determinar variações. O que um terreiro faz poderá não ser feito em outro.

Todas as determinações de conduta devem ser seguidas, sob a observação dos mais velhos, que possuem um código de acompanhamento que facilita o aprendizado. Vamos enumerar algumas dessas regras, não constituindo a sequência numerada como grau de importância:

1. Ao chegar ao terreiro, não conversar com ninguém; tomar banho de folhas, que geralmente já está preparado; trocar de roupa, ir ao quarto do *Òrìṣà* patrono do terreiro e bater cabeça. Em seguida ir bater cabeça para o seu *Òrìṣà.* Se for um *Òrìṣà Ọkùnrin,* masculino, fazer o *Dòbálẹ̀;* se for *Obìnrin,* feminino, fazer o *Yinká.* Em seguida, tomar a bênção à *Ìyálórìṣà,* descobrindo antes a cabeça. Depois, tomar a bênção aos demais mais velhos. Para não constranger as pessoas, ao chegar, e não podendo conversar com ninguém, caminhar ligeiramente curvado, para que saibam que você está numa tarefa especial.

2. Durante a roda de candomblé, ao ouvir um cântico do seu *Òrìṣà,* descobrir a cabeça e ir tomar a bênção à *Ìyálórìṣà,* à mãe-pequena e à sua mãe-criadeira. Os mais velhos vão na frente, podendo usar batas e sandálias de salto. Não se usa o *Ọjà* na cintura, mas sim à altura do peito.

3. Iniciadas com menos de sete anos se sentam em esteira nos ritos de *Ìpàdé;* antes da obrigação de três anos, andar descalça; *Ogan*

não se ajoelha no *Ìpàdé* e, no *Bọri*, todos devem permanecer de pé, sendo as danças individuais. Contas atravessadas em homem indicam que ele tem um *Òrìṣà* masculino ou é *Ogan*.

4. A *Ẹkẹdi* pode se vestir com roupas civis, ou usar saia e bata.
5. Manter a cabeça coberta: nos ritos de *Àṣèṣè*, no *Ìpàdé*, servindo o *Olúbájẹ*, ao dançar na roda do candomblé, na procissão de *Ìyámase* e nos trabalhos internos do candomblé. Descobrir a cabeça: ao tomar a bênção à *Ìyálórìṣà*, na roda de *Ṣàngó*, e ao trazer a comida do *Ipẹ̀tẹ̀* na cabeça.
6. Nas cerimônias públicas no barracão, é feita uma sequência de cânticos e danças, denominada *Ṣiré*.* O pano da costa, *Aṣọ Oke*, é fundamental para uma pessoa dançar na roda do candomblé, se assim o desejar, ou se a casa o permitir. É uma peça eminentemente feminina.
7. As danças tomam um caráter mais profundo quando os *Òrìṣà* já estão se aproximando na cabeça das pessoas da roda. Ao chegarem, ocorrendo a manifestação, algumas medidas são tomadas: descobrir a cabeça, amarrar um pano da costa no peito; para os homens, tirar os sapatos e meias, joias e, às vezes, a camisa, substituída por um *Ọ̀jà* amarrado no peito e preso por trás. São medidas prévias, como primeiras homenagens, para, depois, serem conduzidos a uma dependência interna, onde vestirão suas roupas de gala, com as cores que lhes são identificadas.
8. As roupas dos *Òrìṣà* são usadas de forma que respeitem a condição masculina. Por exemplo: *Òrìṣà* feminino em homem, usa bombacha, *Ṣòkòtò*. *Ọ̀jà* de peito com laço atrás é para *Òrìṣà* masculino; na frente é para *Òrìṣà* feminino.
9. Nos rituais de sacrifício ou comidas oferecidas aos *Òrìṣà*, só se pode comer depois dos oferecimentos ou depois do *Ọ̀sẹ̀*. Se

* Em tradução literal, *ṣi*, fazer; *eré*, brincadeira. São os cânticos alegres dos *Òrìṣà*.

vai receber *Àṣẹ̀*, ou seja, o sangue de um oferecimento animal, comer antes quebra a força.

10. A intervenção das pessoas nos rituais se processa através dos cargos que possuem e do *Òrìṣà* que carregam, sob diferentes maneiras:

    Yánsàn – é a dona da esteira, é ela quem arruma a cama do *Bọrí*, carrega o estandarte de *Òṣàlá* nas Águas e participa, indiretamente, dos ritos dos ancestrais e *Egúngún*.

    Yemọjá e *Nàná* – trazem a cabra e seguram os bichos de pena nas festas de *Òṣàlá*.

    Ọya e *Ọ̀ṣun* – trazem o animal nas festas de *Ṣàngó*.

Nas casas já estruturadas pelo tempo de vivência, certos cargos são de responsabilidade de filhos de determinados *Òrìṣà*, cujos atributos se identificam com o que se pretende.* O critério para a escolha se baseia neste princípio, embora não seja regra geral adotada por todos:

Ìyá Ẹfun – filhos de *Òṣàlá*.
Ìyá Mórò – filhos de *Ọmọ̀lu*.
Aṣógún – filhos de *Ògún*.
Para determinados despachos – filhos de *Ògún*.
Trabalhos de *Èṣù* – filhos de *Ògún*, *Ọbalúwáiyé* e *Ọdẹ*.

11. No candomblé, a precedência e o respeito são mais visíveis e determinantes pela idade de iniciação do que pelo status que possui.

12. No candomblé se aprende praticando. Durante anos vai-se juntando o quebra-cabeça, e só depois de certa idade a pessoa

* Sobre o assunto, ver: Santos, Maria Stella de Azevedo. *Meu tempo é agora*. São Paulo: Oduduwa, 1993.

começa a ver e juntar as peças para entender o seu conjunto. Não se pode pretender saber de assuntos que estão acima de sua condição hierárquica.

13. No candomblé não se faz barulho e não se fala alto. Anda-se em silêncio. Pisa-se e não se ouvem os passos.

14. A obrigação de sete anos, denominada no candomblé de *Ọdúje,* faz da *Ìyàwó* uma *Ẹ̀gbónmi,* que é um cargo que indica precisamente isto: o tempo de feitura, independente de um *Oyè* que venha a ter. Nos candomblés jejes, a pessoa iniciada é denominada *Vodunsi.*

15. Quando uma pessoa se inicia num candomblé, passa a ter a marca do seu terreiro, a marca do seu *Àṣẹ,* conforme se aprofunda e participa de suas atividades. Não é, porém, um fato determinante, isto é, não quer dizer que aquilo que aprendeu não possa ser modificado. Isso ocorre, principalmente, no momento em que a pessoa vai abrir a sua própria casa, ou quando assume um candomblé devido ao falecimento da *Ìyálórìṣà.* Suas ideias mais reservadas são postas em prática.

RELAÇÕES DE SEXO E CASAMENTO

Algumas restrições sobre a intimidade entre filhos de santo podem ser assim definidas: a partir do momento em que todos são participantes de uma família de santo, as regras de conduta se estabelecem da mesma forma como em uma família biológica, havendo proibição de casamento ou relacionamento íntimo entre pais e filhos e entre irmãos.

Considerando que todos os membros de um candomblé sejam filhos de santo, isto é, sejam iniciados, eles poderão ser:

1. *Irmãos de santo* – são todos aqueles que foram iniciados pela mesma *Ìyálórìṣà*;
2. *Irmãos de Àṣẹ* – são todos aqueles que foram iniciados num mesmo candomblé, mas por *Ìyálórìṣà* diferentes. Isso ocorre quando a *Ìyálórìṣà* falece e é substituída por outra ou quando *a Ìyálórìṣà* está impedida de iniciar pessoas que sejam seus próprios parentes próximos, como irmãos carnais, marido ou mulher, pais e filhos, que devem ser iniciados por outra pessoa. Os filhos da primeira serão irmãos de *Àṣẹ* dos filhos a serem iniciados pela segunda;
3. *Irmãos de esteira* – são os iniciados com *Òrìṣà* de fundamentos similares, e que, por força disso, podem ser recolhidos juntos, excetuando os de sexos diferentes;

4. *Irmãos de barco* – são os que fazem parte de um mesmo grupo de iniciados.

A questão de legitimidade, de poder ou não poder fazer, determina normas à *Ìyálórìṣà*. Ela não pode iniciar seus pais, seus irmãos, o marido e filhos, como também não pode torná-los irmãos de santo, segundo critério da maioria dos candomblés. Esses familiares poderão ser iniciados na casa, porém pelas mãos de outra pessoa.

Há casos que podem servir de modelo. Um casal em que o marido ou a mulher já seja iniciado na casa, e o outro alimenta o mesmo desejo de também participar, ou se for suspenso *Ogan*. Nessa situação, a *Ìyálórìṣà* orientará a iniciação, mas dará a uma filha mais velha, ou a uma irmã de santo sua, a incumbência de fazer as obrigações.* Isso fará com que os dois não se tornem irmãos de santo. Esse processo é muito utilizado para manter todos num mesmo candomblé. Serão todos filhos de direito, mas não de fato. Serão irmãos de *Àṣẹ* e não irmãos de santo. Esse recurso também se aplica a mães, pais, filhos carnais e entre homossexuais, para que não se perca o critério do respeito e da seriedade.

* Tal procedimento fará com que se afirme que nem todos os irmãos de um mesmo barco são irmãos de santo ou irmãos de esteira.

APONTAMENTOS À 2ª PARTE

1. Essa questão de escolha do terreno pode ser explicada através da experiência vivida pelos integrantes do *Àṣẹ Òpó Àfọ̀njá* do Rio de Janeiro. Uma comitiva de baianos, vinda ao Rio de Janeiro em 1886, liderada por *Bamgboṣe*, *Ọba Saniya* e *Ọba Biyi*, fundou o que viria a ser o embrião do futuro terreiro no bairro da Gamboa. Seus sucessores, após ficarem em pequenos cômodos de diversos pontos da cidade, instalaram-se definitivamente em Coelho da Rocha. Revela um antigo *Ogan* da casa: "No ano de 1944, as obrigações estavam sendo feitas num barraco de sapê localizado na rua Cecília, em Coelho da Rocha, que pertencia a uma antiga filha de Mãe Aninha. Consultando *Ṣàngó*, recebeu a resposta de que não pretendia voltar mais à cidade, para a rua Bela, pois já tinha a sua roça. Ninguém sabia dessa roça. Foi *Ọmọlu* que, pegando uma estaca, saiu porta afora, com todos acompanhando. Ele parou em um terreno próximo e, fincando a estaca, disse ser ali a roça. Era a atual rua Florisbela, 1029." (Augras, Monique; Santos, João Batista dos. "Uma casa de Xangô no Rio de Janeiro", *Dédalo*, São Paulo, v. 24, p. 43-62, 1985, p. 55.)
2. Segundo citação da época, tocava-se macumba nas casas de samba e samba nas casas de macumba, porque ambos não eram tolerados. O samba foi o primeiro a ser aceito e, assim, quando das festas, tocava-se macumba com violão, pandeiro e reco-reco. O fato pode revelar a razão de, ao final das festas de candomblé em alguns terreiros, ser hábito realizar cânticos de samba de roda.

3. Seita – comunidade fechada sem fundamento teológico.
4. O contato cultural com outros povos determinou a aceitação da semana de sete dias entre o povo yorubá, sob duas formas:

Segunda-feira	*Ọjọ́ Ajé*	Dia do sucesso financeiro
Terça-feira	*Ọjọ́ Ìṣégun*	Dia da vitória
Quarta-feira	*Ọjọ́ Rírú*	Dia da confusão
Quinta-feira	*Ọjọ́bọ̀*	Dia das novas criações
Sexta-feira	*Ọjọ́ Etì*	Dia dos problemas
Sábado	*Ọjọ́ Àbámẹ́ta*	Dia das três resoluções
Domingo	*Ọjọ́ Àikú* ou *Ọjọ́ Ìsinmí*	Dia da imortalidade ou dia do descanso

As denominações para cada dia estão relacionadas com os hábitos tradicionais do povo yorubá e têm conexões com suas divindades. Outra forma usual é a seguinte:

Ọjọ́ kínní ọ̀sẹ̀	Primeiro dia da semana
Ọjọ́ kéji ọ̀sẹ̀	Segundo dia da semana
Ọjọ́ kéta ọ̀sẹ̀	Terceiro dia da semana
Ọjọ́ kérin ọ̀sẹ̀	Quarto dia da semana
Ọjọ́ kárún ọ̀sẹ̀	Quinto dia da semana
Sàtide	Sábado
Sọ́ndè	Domingo

5. Garcia Cortez, em *El Santo: secretos de la religion Lucumi* (Nova York: Black Mind Inc., 1971, p. 93), revela as origens dos santos africanos e os mandamentos da religião *Lucumi* (yorubá), e aqui tomamos a liberdade de traduzir um trecho:

> Como os homens não conheciam as leis, *Olofin* um dia chamou a todos ao pé de uma montanha dizendo-lhes, aos grandes e pequenos, aos

pobres e ricos, às mulheres e aos homens, se quiserem compartilhar comigo as aldeias que tenho no céu:
não roubarás nada dos outros
não matarás a quem não tenha lhe causado dano, nem os animais que não necessites para teu sustento
não comerás carne de ser humano
viverás em paz com teus irmãos
não desejarás nada de teus amigos, nem mulher; o que desejares deverás obter pelo teu esforço
não amaldiçoarás o meu nome
respeitarás pai e mãe
não pedirás mais do que posso dar-te e te conformarás com teu destino no mundo
não temerás a morte, nem tampouco a buscarás por suas próprias mãos
transmitirás meus mandamentos a teus filhos e filhos de teus filhos
e por último, que minhas leis sejam respeitadas, se não o fizeres conhecerás meu castigo.

6. Em Cuba, os yorubás são denominados de Lucumi.
7. *Ọ̀rúmìlà* – o presente, o passado e o futuro pertencem à sabedoria. Os *Odù* são os signos que respondem a todas as perguntas que lhes forem feitas. Surgem através de diferentes modalidades de jogos divinatórios.
8. *Onje Gbígbẹ̀*, comida seca, é a maneira de diferenciação das oferendas que indicam ausência de sangue animal.
9. Na interpretação do candomblé, *oboró* indica um santo masculino, e *iyaba*, um santo feminino. A forma correta seria *Òrìṣà Okunrin*, masculino, e *Òrìṣà Obinrin*, feminino.
10. Segundo alguns critérios, a distribuição dos *Òrìṣà* segundo os dias da semana seria: Segunda-feira – *Èṣù* e *Ọmọlu*; Terça-feira – *Ògún*, *Nàná* e *Ọ̀ṣùmàrè*; Quarta-feira – *Ṣàngó* e *Yánsàn*; Quinta-feira – *Ọ̀ṣóọ̀si*; Sexta-feira – *Ọ̀ṣàlá*; Sábado – *Yemọjá* e *Ọ̀ṣun*; e Domingo – todos os *Òrìṣà*.

11. A indumentária utilizada nos candomblés tem o nome de "baiana". É uma variação bastante modificada das vestimentas utilizadas pelas escravizadas dos senhores das casas-grandes no período colonial brasileiro. É o uniforme oficial das mulheres, embora algumas casas venham se utilizando de vestimentas muito coloridas que lembram as roupas africanas.
12. O apuro no vestir das negras escravizadas e o seu porte altivo provocaram o interesse dos brancos, o que viria a resultar num intenso cruzamento de raças. Andavam sempre com um dos ombros desnudos pelo decote exagerado. A fim de impedir o inevitável, foi criada uma portaria real em 3 de outubro de 1636, proibindo as mulheres escravizadas de usarem vestidos de seda, com rendas ou não, com ou sem enfeites, para "não causar uma baixa de moral nas capitanias e perverter os homens brancos". (Amaral, José A. do. *Resumo cronológico e noticioso da Província da Bahia desde o seu descobrimento em 1500.* 2ª ed. Salvador: Imprensa Oficial do Estado, 1922.)

3ª PARTE

O INÍCIO DE UMA FESTA DE CANDOMBLÉ

A festa tem início com a entrada da *Ìyálórìṣà,* que se senta em sua cadeira juntamente com as pessoas que têm cargos na casa e os convidados de honra. Forma-se a roda, obedecendo-se à hierarquia: os mais velhos na frente. No chão são espalhadas folhas de aroeira ou são-gonçalinho, a critério da casa, ou de outra planta também apropriada. O toque se inicia com *Ògún,* quando então todos vão salvar a porta, tomar a bênção à *Ìyálórìṣà* e salvar os atabaques, mensageiros da vinda dos *Òrìṣà.* Conforme os padrões do candomblé, este é o primeiro cântico, que, pela sua tradução, revela o porquê:

Ògún wá jó	*Ògún* vem dançar
Ẹ Màrìwò	Com o *Màrìwò*
Àkòró wá jó	[Título de *Ògún*]
Ẹ Màrìwò	Com o *Màrìwò*
Ògún pa lépa'na	*Ògún* limpa os caminhos
Ògún wá jó	Ele vem dançar
Ẹ Màrìwò	Com o *Màrìwò*
Ẹ máa tu ẹiyẹ	Fazendo o sacrifício com o pássaro*

* Refere-se aos sacrifícios realizados.

A wá ṣiré Ògún o	Vamos à festa de *Ògún*
Ẹ rù jòjò	Levando nossas roupas finas
A wá ṣiré Ògún o	Vamos à festa de *Ògún*
Ẹ rù jòjò	Levando nossas roupas finas
Ẹ rù jẹ̀jẹ́	Levando com tranquilidade

A partir daí segue um conjunto de cantigas, um mínimo de três, máximo de sete, para cada *Òrìṣà*, numa ordenação predefinida de *Ògún* a *Òṣàlá*. No modelo de festa que tem a proeminência de *Òṣóòsì*, o *Àṣẹ Òpô ÀJònjá* costuma cantar uma roda de *Ọtin* e *Onílẹ̀*:*

Nilé wá bàtá ni o
Nilé wa bàtá ni mo yọ
E aàgògo o
Nilé wá bàtá ni mo yọ

Ẹ run onílẹ̀ fala ro
Ẹ run onílẹ̀ fala ro
Ọdẹ ki ti fẹ́ wa fala ro
Ẹ run onílẹ̀ fala ro

Oló banban
Ọba e, díde o
Ọba e a e e
Ọba e, díde o
Ọba e a e e
Ọba e

Ìyá Òrìṣà gé o mi ro o
Ẹ Ọtin wá mi ro

---

* *Ọtin* é um caçador que usa uma bolsa de couro e uma lança quando acompanha *Ògún*. *Onílẹ̀*, representação da ancestralidade, significa, literalmente, "Os Senhores da Terra".

Òrìṣà bẹ̀ ọ
Ni ka wo ṣabi
Òrìṣà bẹ̀ ọ
Ni ka wo ṣabi

A sequência de cantigas ao *Òrìṣà* é denominada de *Ṣiré* no Brasil. Tem a finalidade de homenagear as divindades e invocá-las. A chegada de cada uma delas é feita em meio a saudações e palmas. Os toques e cânticos tomam novos ritmos, sendo cada *Òrìṣà* reverenciado com alguns cânticos e, em seguida, conduzido para os aposentos internos pelas *Ẹkẹdis,* e devidamente vestido com suas roupas de gala, com cores e insígnias que indicam o seu poder e domínio junto à natureza. Sendo imateriais, os *Òrìṣà* somente podem se manifestar através de seus filhos já iniciados. Ao serem manifestados, esses filhos se tornam o próprio *Òrìṣà* e, por isso, são devidamente paramentados com suas insígnias, roupas e cores. É nesse intervalo que os visitantes ilustres são devidamente recepcionados, com comidas que variam de acordo com as preferências e os tabus do *Òrìṣà* homenageado.

O PANTEÃO DAS DIVINDADES

A apresentação dos *Ọ̀rìṣà* num dia de festa é o momento de gala, quando todos são recebidos de pé e trazem em suas mãos a representação de seus atributos e temperamentos. O cântico que os traz para o barracão diz bem como será feita a homenagem individual para cada um:

Ẹ wá mbọ	Vocês vêm retornando
K'ẹ wá jó	Para dançar
O duro	Fiquem de pé (aguardem)
K'ẹ́wà l'ọ́nà e	Vocês são belos e perfeitos

Nesse momento faz-se uma sequência de cânticos para a entrega de flores e abraços, numa manifestação íntima de encerramento desta parte de apresentação, com uma saudação à nação Kétu, conforme vimos anteriormente.

A partir daí, todos os *Ọ̀rìṣà* que estão em terra são saudados individualmente, com cânticos e danças que representam narrativas de seus feitos mitológicos e as glórias de seus triunfos. Alguns são seres primordiais, outros são vistos como ancestrais divinizados dos clãs africanos. Eles estão longe de se parecerem com os santos católicos que um sincretismo arcaico insiste em manter. Ao contrário, revelam características humanas, como emoções, vontades e tendências diversas,* que os aproximam bastante das pessoas que os têm como patronos.

Cada traço da personalidade é associado a um elemento da natureza e de sua cultura. O *Àṣẹ* das forças da natureza é parte do *Òrìṣà,* porque o seu culto é exatamente dirigido a estes poderes: nascimento, vida e morte, saúde, doenças, chuva, orvalho, mata, rio etc. Representam os quatro grandes elementos: fogo, ar, terra e água, e os três estados físicos dos corpos: sólido, líquido e gasoso. Representam ainda os três reinos: mineral, vegetal e animal, além dos princípios masculino e feminino, também presentes em sua representatividade. Tudo isso revela o poder vital, a energia, a grande força de todas as coisas existentes e que é denominada de *Àṣẹ*.

Todas essas características estão encerradas em citações especiais transmitidas através de formas literárias denominadas *Oríkì,* pelas quais são relembrados os potenciais das divindades em recitações pessoais, como motivo de sua exaltação. Os *Oríkì* são também destinados à família, ao clã, à ancestralidade. Ao contrário do nome, *Orúkọ,* que é um símbolo linguístico pelo qual uma pessoa lembra sua individualidade, o *Oríkì* registra e enfatiza marcas de experiências a serem repassadas a seus sucessores.** Nesta obra, apresentaremos trechos de algumas dessas citações.

Na África Ocidental, são cultuadas mais de duas centenas de *Òrìṣà,* incluindo ancestrais tribais. Entretanto, com a vinda dos escravizados ao Brasil, grande parte das tradições foi perdida ou esquecida propositadamente, em razão das diferenças culturais que não justificavam o culto a alguns deles. Hoje, o número de *Òrìṣà* não atinge dezesseis, não se considerando divisões e subdivisões da mesma divindade, com

---

* Ver "Tendências que os oferecem", em *Jogo de búzios: um encontro com o desconhecido,* Rio de Janeiro: Bertrand Brasil, 2000, p. 163, deste autor.

** Há os *Oríkì* das plantas, minerais, animais e do corpo humano, reverenciando as funções de seus órgãos. (Ver Beniste, José. *Ọrun-Àiyé,* p. 126.)

nomes correlatos ou cognomes. Por esse motivo, em alguns casos, a relação que veremos a seguir não deve ser considerada como regra geral, podendo sofrer variações de acordo com outras denominações da mesma divindade.

OLÓDÙMARÈ: O SER SUPREMO

Olódùmarè é a suprema divindade criadora de tudo e de todas as coisas, inclusive dos *Òrìṣà,* que têm a incumbência de dirigir os seres humanos e administrar os vários setores da natureza, servindo de intermediários entre os seres humanos e Ele. O conceito de *Àṣẹ* está perfeitamente identificado com o Seu poder, pois sua enunciação objetiva pedir a Sua sanção às solicitações feitas. Embora certas oferendas acompanhadas de cânticos e orações sejam dirigidas aos *Òrìṣà,* aos ancestrais e às demais divindades, a aprovação dos pedidos está sujeita aos desejos de *Olódùmarè.* Pode-se admitir, todavia, que os cultos sempre crescentes às divindades intermediárias – os *Òrìṣà* – vêm tendo um efeito prejudicial sobre o culto a *Olódùmarè,* sendo um fator de esquecimento à Sua grandeza.

Todos os Seus atributos são exaltados em forma de títulos que vieram a confundir os primeiros historiadores, que acharam tratar-se de vários deuses. Alguns podem ser lembrados para um melhor entendimento:

Ẹlẹ́dá – O Senhor da Criação – Que exalta a responsabilidade por toda a criação, e que Ele existe por Si mesmo.

Aláyè – O Senhor da Vida – Lembra a condição de eternidade e poder sobre a vida.

Ẹlẹ́mí – O Senhor do *Ẹmí* – O que dá o poder da respiração e a tira quando julga necessário.

Ọlọ́jọ́ Òní – O Senhor do Dia de Hoje – Significa que Deus está presente em todos os acontecimentos diários.

Ọlọ́run – O Rei do Céu – Sua habitação é o céu, com majestade única e incomparável.

Ọba Adàkẹ́dàjọ́ – O Senhor da Justiça – Aquele que se senta em silêncio e aplica a justiça, pois os atos humanos não escapam à Sua atenção e ao Seu julgamento.

Ọlọ́run Alágbára – O Onipotente – Aquele que põe e dispõe conforme o Seu desejo.

Olúmọ̀nọkàn – O Onisciente – Aquele que conhece todos os corações, que tudo vê e tudo ouve.

Atẹ́rẹkáiyé – Transcendente – Aquele que cobre o mundo e faz todos sentirem Sua presença.

Ọba Mimọ – O Rei Puro – Aquele que é sagrado e enfatizado mais pela Sua benevolência do que pela Sua severidade.

Ọlọ́run Olóore – O Deus Compassivo – Aquele que olha por todos com bondade e misericórdia.

É evidente que a superioridade de *Olódùmarè* não impede a aproximação direta a Ele. Um exemplo é um cântico a ser proferido diariamente, criado no curso Brasil-Nigéria de língua yorubá, que este autor dirige, para aprimoramento de pronúncia entre os alunos:

Ọlọ́jọ́ Oní mo júbà o	Senhor deste dia, meus respeitos
Ọlọ́jọ́ Oní mo júbà o	Senhor deste dia, eu O saúdo
Ẹ jẹ́ mi jiṣẹ̀	Deixe-me cumprir a missão
Ẹ jẹ́ mi jiṣẹ̀	Deixe-me cumprir a missão
Ti Olódùmarè rán mi	Da qual Deus me encarregou
Bi Ẹlẹ́mí kò gbà á	Se o Senhor desta vida não a impedir
Bi Ẹlẹ́mí kò gbà á	Se o Senhor desta vida não a impedir
Olódùmarè Àṣẹ	Deus nos dê Sua aprovação
Olódùmarè Àṣẹ	Deus nos dê Sua aprovação
Olódùmarè a rán rere	Possa Deus mandar Sua bênção
Sí i o	Para o nosso trabalho

ÈṢÙ

Este *Òrìṣà* em nada se assemelha ao diabo católico, pois não está em oposição a Deus. Foi assim identificado por ser astucioso, provocador, indecente, ao se apresentar para dançar com demonstrações de sexualidade. É o fiscalizador do *Àṣẹ*, das coisas que são feitas e do comportamento humano. Recebe as oferendas em primeiro lugar a fim de exercer suas funções de mensageiro e assegurar que tudo correrá bem. Raramente se manifesta, e, quando isso ocorre, os demais *Òrìṣà* podem vir a ser retirados do barracão, ficando apenas *Ògún*. Em outras casas, ele não é feito, sendo substituído por *Ògún*.

Da mesma forma que todo *Òrìṣà* tem suas folhas, também tem o seu *Èṣù* que o serve na medida em que é agradado, e que adquire um nome de acordo com a função que vai exercer:*Ọ̀dàrà*; *Akẹ́san*; *Lálúu*; *Ijẹ̀lú*; *Igbaragbo*; *Yangí*; *Barakétu*, da porteira; *Lọ́na*, dos caminhos; *Èṣù Iná*, reverenciado no *Ìpàdé*.

Na África, nos limites das cidades se faz o assento de *Èṣù*. Ao se entrar na cidade são colocados dinheiro, frutas ou animais. É um assento coletivo, *Odí Ìlù*, e o das casas de família, *Odí Ilé*.

Todo *Òrìṣà* possui o seu *Bara,* conjunto de 21 búzios postos em um recipiente denominado *Kòlòbó.* Ele acompanha os assentamentos dos *Òrìṣà.*

Título – *Òjìṣẹ,* mensageiro; *Ẹlẹ́bọ,* transportador de oferendas; *Ẹlẹ́gbára,* dono do poder; *Ọlọ́na,* dono dos caminhos

Elemento – comunicação

Símbolo – *Ọ́gọ́*, um bastão com cabaças, representando o sexo masculino; *Ọ̀bẹ faŕá* – tridente de três ou sete pontas

Contas – preta e vermelha

Roupas – preta e vermelha

Saudação – *Láaròyè Èṣù!*, o bem falante e comunicador

Sacrifícios – bode, cabrito, galo, galinha-d'angola, pato

Oferendas – farofa com dendê, *àkàsà, àkàrà, obì*, feijão, inhame, água, aguardente

Folhas – bananeira, folha-da-fortuna, tiririca, carrapateira, unha-de-gato, malmequer-bravo, picão-da-praia

Kizila – *Àdín* (óleo do coquinho do dendê)

ORÍKÌ

Ọlọ́pa Olódùmarè láilái	Fiscal de *Olódùmarè* desde tempos imemoriais
Ọ̀ṣẹ́tùrá ni orúkọ bàbá mọ̀ ọ́	*Ọ̀ṣẹ́tùrá* é o nome com que o Pai o chama
A kìí l'ọwọ́ lài ti Èṣù Kúrò	Aquele que tem dá sua parte a *Èṣù* rapidamente
Taní o gbà ẹbọ?	Quem recebe o sacrifício?
Èṣù ni yóo gbà ẹbọ wa	*Èṣù* é quem recebe o nosso sacrifício
Èṣù gbe ẹni ṣe ẹbọ l'ore o	*Èṣù* sustenta quem faz o sacrifício corretamente
Oroko ni ọ́jọ́ ẹbọ le	Ele se afasta rapidamente quando o sacrifício é impróprio
Èṣù Ọ̀dàrà ló ni ìkórita meta	*Èṣù Ọ̀dàrà* faz uso da encruzilhada
Je a mú Àṣẹ bọ ìkórita o	Permita que voltemos da encruzilhada com *Àṣẹ*
Ọlọ́run máa jẹ́ ki a ri ìjà Èṣù o	*Ọlọ́run* nos proteja da ira de *Èṣù*

ÒGÚN

Divindade guerreira e desbravadora dos caminhos na luta pela sobrevivência. Na África seu culto é restrito aos homens, porém, no Brasil, não há essa diferenciação. É o senhor dos metais e das ferramentas por ele criadas para a caça, o plantio* e outras atividades onde a arte sobressai. Por isso é visto como a divindade da tecnologia. Diz-se que *Ọ̀ṣàlá* criou o ser humano físico, mas foi *Ògún* quem o aprimorou pela ação da circuncisão, um hábito do povo yorubá. No movimento de suas danças, revela ação de luta, de abrir novos caminhos e desbravar os matagais.

Quando, numa iniciação coletiva, houver uma pessoa desse *Òrìṣà,* ela certamente será a *Dofona* do barco de *Ìyáwó.* O *Àṣògún* é o seu sacerdote por excelência. É um *Òrìṣà Ọlọ́dẹ,* do exterior. Seu assentamento fica do lado de fora, próximo à casa de *Ọ̀ṣọ́ọ̀sì* e junto a uma árvore, podendo ser o *Akòko.* Consiste em pequenas representações, feitas de ferro, dos instrumentos dos caçadores, escultores, médicos, ferreiros e de todos aqueles que se utilizam de ferramentas de metal, como espadas, flechas, facas, serrotes etc. Por ser irmão de *Ọ̀ṣọ́ọ̀sì,* seu assentamento, em alguns casos, possui um arco e flecha. Por ser o dono dos metais, nos ritos de

---

* Foi aqui no Brasil que *Ògún* perdeu sua condição de patrono dos agricultores, já no período da escravatura, pois os escravizados não tinham interesse pessoal na abundância e na qualidade das colheitas. Sendo assim, não procuravam sua proteção para esse domínio. Foi substituído por *Ọ̀ṣọ́ọ̀sì,* pois seu culto era muito mais popular em Kétu, local de origem dos escravizados libertos que criaram os primeiros candomblés no Brasil.

sacrifício seu nome é sempre invocado para todos os *Òrìṣà*, com exceção de *Ọmọlu* e *Nàná*, que têm cânticos próprios. (Ver, mais adiante, os cânticos entoados nos ritos de sacrifício das Águas de *Òṣàlá*.)

Possui diferentes denominações ou cognomes, de acordo com os atributos que tem: *Ògún Alágbẹ̀de*, o senhor da forja dos metais, veste azul-marinho e usa o *Màrìwò; Ògún Wari*, como companheiro de *Ọ̀ṣùn*, dono dos metais amarelos; *Ṣorókè*, guardião dos terreiros jejes; *Ògúnjà*, o dono do *Baluwẹ̀* de *Òṣàlá; Ògún Méjè* ou *Méjèje* teria sua origem na frase *"Ògún Méjèméjè lóde Ìré"*, *Ògún* está nas sete partes de *Ìrẹ́*. Trata-se de uma referência aos sete vilarejos que existiam em volta da cidade de *Ìré* e que impediam que aquela cidade fosse conquistada. *Ògún* conseguiu derrotá-los e ocupou a cidade, sendo intitulado *Ògún Onírè*, o Senhor de *Ìré:*

Ògún dé arére	*Ògún* chegou, silêncio!
Írè Írè Ògún' jà	Estava lutando em *Írè*
Àkòró dé arére	Ele chegou, silêncio!
Írè Írè Ògún njà o	Ele estava lutando em *Írè*
Ògún pa	*Ògún* mata
Lele pa	Corre atrás para matar
Àkòró pa	Ele mata ou aflige as pessoas
Njá're	Lutando em defesa de *Ìrè*

Título – *Bàbá Irin*, o senhor dos metais; *Asiwajú*, o que vem na frente; *Ọ̀sìnmálẹ́*, o chefe entre as divindades*

Elemento – metais

Símbolo – *Adá* ou *Idà*, alfanje; *Àkòró*, pequena coroa; *Màrìwò*, franja da folha do dendezeiro, conforme o cântico:

* Ver em *Mitos yorubás* (Bertrand Brasil, 2006), deste autor, um amplo estudo sobre os títulos de *Ògún*.

Àkòró ò láṣọ	[título de *Ògún*] não tem roupa
Màrìwò láṣọ Ògún o	O *Màrìwò* é a roupa de *Ògún*
Ògún gbá g'àdá e	*Ògún* golpeia e corta com o alfange
Àkóró gbá g'àdá	Ele golpeia e corta

Contas – verde e azul-rei

Roupas – Usa duas tiras de pano (*Ọ̀jà*) cruzadas sobre o peito, uma na cintura e um calçolão (*Ṣòkòtò*)

Saudação – *Ògún ye! Ògún* é vida; *Pátak'ori,* é importante

Sacrifício – galo, bode, pato, cachorro (na África)

Oferendas – inhame, milho, *àkàsà, èkuru, ọ̀lẹ̀lẹ̀, amia*

Folhas – aroeira, nativo, cajazeira, vassourinha, cipó-chumbo

Kizila – manga-espada, assovio, siri

ORÍKÍ

Ògún Alákàiyé Ọṣìnmọlẹ̀	Senhor do mundo e líder dos *Òrìsá*
Ògún olú irin	O senhor dos metais
Ògún aláda méjì	O dono dos dois facões
Ọlọ́nà ọ̀là	Dono do caminho da prosperidade
Ògún gbénàgbénà igi lónjẹ	Controla os entalhadores e se alimenta de madeira
Ẹdun olú irin	Dono de todos os instrumentos de ferro
Ògún má dí ọ̀ná fún mi	Não feche os caminhos para mim

ỌṢỌ́Ọ̀SÌ

Divindade da caça, merecedora de uma reverência pessoal quando seu nome é citado. Seu culto desapareceu na África quando a cidade de Kétu foi destruída; aqui no Brasil, foi preservado quando vieram importantes sacerdotisas no período da escravatura. É um *Òrìṣà* real e por isso chamado de *Alákétu*, mas não usa coroa como *Ṣàngó*.

É ligado à terra e às matas. Sua dança *é* denominada *Agẹ̀rẹ̀*, e, quando ele se apresenta dançando, simula pontaria com os dedos, como se estivesse atirando com arco e flecha. Estão associados a ele outros *Òrìṣà* caçadores, como *Inlẹ̀*, *Lógun Ẹ̀dẹ* e *Ọtin*. Quando vai caçar com *Ògún*, é *Ọtin*; quando vai com *Ọ̀ṣun*, ele é *Ibúalámọ*.

Lógun Ẹ̀dẹ é filho de *Iyepọ̀ndá* e *Ibúalámọ*, divindades pertencentes a duas naturezas: os rios e as matas. Essa é a razão de a memória coletiva do candomblé dizer que ele vive seis meses na mata, se alimentando de carne de caça, e seis meses nos rios, se alimentando de peixes, dando-lhe, assim, um caráter bissexual. Sua feitura é mais complexa por atender a dois fundamentos. Usa as insígnias de seus pais e é assentado em louça. Extremamente popular, especialmente nos candomblés *Ẹ̀ fọn*.

Ibúalámọ, também conhecido por *Inlẹ̀* ou *Erinlẹ̀*, o caçador de elefantes, usa roupa de couro, dois pequenos chicotes de três pontas, *Bílálà*, braceletes nos braços e pulseiras no pulso, do mesmo metal de seus assentamentos. Seu sacerdote é denominado *Ọdẹsi*.

Título – *Ọba Igbó,* rei da floresta; *Ọlọ́dẹ,* senhor da caça; *Alákétu,* o senhor do candomblé de Kétu

Elemento – florestas

Símbolo – *Ọ̀fà,* arco e flecha; dois alforjes de couro; e o *Ìrùẹṣin,* um cetro feito de longos fios da cauda do touro ou cavalo presos num pedaço de couro, e que, quando agitado, serve para controlar os espíritos das matas. É um símbolo de realeza, ainda usado pelos reis tribais da Nigéria. *Oge,* par de chifres que se batem um no outro para invocá-lo. O som é denominado *Olùgbóhùn,* o senhor ouve a minha voz.

Contas – azul-claro e verde-claro

Roupas – azul ou verde-claro, usando o *brakaja,* cruzado no peito, e saia longa ou *Ṣòkòtò*

Saudação – *Oke Aro!* Referência a um local primordial que os descendentes de *Odúduwà* ocuparam antes de fundar a cidade de Kétu

Sacrifício – porco, bode, tatu, cágado, galo, pombo, galinha-d'angola

Oferendas – *Aṣọṣọ,* milho cozido com coco, inhame, *àbàrà, ẹ̀kọ, obì, orógbó*

Folhas – bredo, capeba, pega-pinto, bétis-cheiroso, carrapicho, nativo

Kizila – mel, tangerina, cabeça dos animais, roupa xadrez

ORÍKÌ

Ọmọ iyá Ògún Onírè	Irmão de *Ògún*
Ọ̀ṣọ́ọ̀sì ki nwọ igbó	Ele não entra na mata
Ki igbó má mì tìtì	Sem que ela se agite
O fi ọ̀fà kan ṣoṣo	Ele usou somente uma flecha
pa igba ẹranko	para matar duzentos animais
Ó ta ọ̀fà sí iná	Ele atirou uma flecha contra o fogo
Iná kú pira	O fogo se apagou completamente
Má gbàgbé mi o	Não se esqueça de mim
Ọ̀ṣọ́ọ̀sì gbà mi o	Ajude-me

ỌSÁNYÌN

Representa o poder e o encanto das ervas litúrgicas e medicinais. Elas não são uma virtude mágica, mas sim o poder da natureza. A junção das folhas para produzir os efeitos desejados é um de seus grandes *Àṣẹ̀*, como também conhecer seus *Ọfọ̀*, as rezas de encantamento que são feitas nos rituais de *Sàsànyìn*, quando é decantado o poder de cada folha. Trata-se de um dos pontos de maior significação nos ritos do candomblé, principalmente nos momentos posteriores aos ritos de sacrifício. É isso que o faz intervir em todos os momentos dos mais diferentes rituais.

Embora todos os *Òrìṣà* tenham suas folhas, devido a uma estratégia de *Yánsàn*, todas elas pertencem a *Ọ̀sányìn*.

Sua representação em ferro é uma árvore com galhos, tendo ao alto um pássaro pousado, que é o seu mensageiro e que possui ligação com as *Ìyámi*. Em sua dança, há um momento em que se pula numa perna só, pois *Ọ̀sányìn* é uma árvore e só tem uma perna. A sua importância é tão grande que pode ser medida pela frase "sem folha não há *Òrìṣà*", pois todos os instrumentos litúrgicos, colares de contas, banhos de iniciação e outros ritos preliminares são feitos com ervas. Esses banhos são definidos como *Àgbo* e *Omi Èro*, o banho que acalma. *Olóòsanyin* é a denominação de seu sacerdote, encarregado da colheita das ervas.

Geralmente, cada casa de candomblé tem o direito de ter um iniciado para este *Òrìṣà*, e outro apenas assentado. Não tem qualidades, ou seja, *Ọ̀sányìn* é um só, embora sejam conhecidos alguns de seus nomes. Costuma ter sua obrigação separada das demais divindades quando existe algum filho deste *Òrìṣà* na casa. Do contrário, come com *Ọmọlu* ou *Ṣàngó. Arọni é* o seu companheiro nas matas, e *Aziza* e *Agẹ* são seus equivalentes na nação Jeje.

Título – *Bàbá Ewé,* o Senhor das Folhas
Elemento – matas, florestas e locais onde florescem plantas, folhas e raízes
Símbolo – *Ọmọ odó,* o braço do pilão
Contas – branco rajado de verde, amarelo e marrom
Roupas – verdes, com um *Ọ̀jà* atravessado no peito e calçolão
Saudação – *Ewé o asà!* Que as folhas me ajudem, me protejam
Sacrifício – bode, galo, carneiro, preá, galinha-d'angola, pombo
Oferendas – milho vermelho, feijão, arroz
Folhas – erva-tostão, peregun verde, chapéu-de-couro, trevo, manjerona
Kizila – peixe de pele, raízes

ORÍKÌ

Ewé gbogbo kìkì oògùn	Aquele que transforma todas as folhas em remédios
Ọmọ awo ni ṣe oògùn	As crianças do culto é que fazem o remédio
Ẹ̀lẹ́ṣẹ̀ kan ju ẹlẹ́ṣẹ̀ méjì lọ	Com uma perna só, ele é mais poderoso do que quem tem duas pernas
A ké pè nígba ọ̀rọ̀ kò sunwọ̀n	Aquele que é chamado quando nada vai bem
Aláṣẹ ewé	O dono do poder das folhas

ÒṢÙMÀRÈ

É da família de *Ọmolu e Nàná,* e sua representação é o arco-íris, revelando o traço de união entre o céu e a terra, visto como uma serpente celestial. Quando dança, revela esse aspecto apontando com o dedo, ora para cima, ora para baixo, como revelam os cânticos:

Òṣùmàrè	O arco-íris
Lókèrè lókèrè	Está distante
E lóke re	Lá no alto
Òṣùmàrè	O arco-íris
Ó gbé jí rọ̀	Ele se ergue e faz cair
Ó gbé jí rọ̀	A chuva fertilizante

Tem a representação de uma serpente e, em suas danças, utiliza duas cobras de metal nas mãos, denominadas *Dan*. Como as cobras são macho e fêmea, essa dualidade é repassada para seus filhos, dando-lhes características bissexuais sem que isso seja uma regra geral. Dirige as forças que produzem o movimento e representa o princípio da continuidade, da mobilidade e da riqueza, demonstrado na figura de uma serpente mordendo sua própria cauda. Essa ligação de mobilidade e riqueza é para explicar que ninguém fica rico parado. É cultuado no mesmo local de culto a *Ọbalúwáiyé,* pois são da mesma família. Nos candomblés jejes, toma o nome de *Besẹn,* a cobra macho, sendo o primeiro *Vodun* da nação, e *Frekuen,* a cobra fêmea. Apresenta-se sob sete formas diferentes, como as cores do arco-íris. Outros componentes da família são *Akotokuen*, *Aidowedo*, *Danjiku*, *Dangbala* e *Dangbe*. O seu toque é denominado *Bravun*. (Ver o capítulo "Candomblé jeje".)

Elemento – água e terra
Símbolo – *Ejò* ou *Dan*, cobras de metal; *Ìbàjá*, colar feito de búzios no formato de escamas de cobra, usado cruzado no peito; contas com sete cores; e o *Lágídígbà*, contas feitas de chifre de búfalo
Contas – verde rajado de amarelo, e amarelo rajado de preto
Roupas – tons de azul, verde-claro e branco, com *Ọ̀jà* amarrado no peito
Saudação – *Aho gbogbo yi*
Sacrifício – bode, galo, cabra, tatu, ganso
Oferendas – *Ọmọlókun,* feijão-fradinho com ovos cortados, milho branco, inhame, coco, mel, *àkàrà*
Folhas – taioba, chapéu-de-couro, saião, mutamba, parietária
Kizilas – carneiro, siri, maçã, carambola

ORÍKÌ

Ilẹ̀ níbi nbọ́ òjo	Ele faz a chuva cair na terra
A pọ̀ bi ọ̀run	Ele é grande como o céu
Oṣúmàrè yọ lójú ọ̀run	O arco-íris surgiu no céu

ỌMỌLU

Também chamado de *Ọbalúwáiyé,* é o dono da terra, e sempre aparece ligado às coisas quentes, pois as moléstias que provocam a febre estão a ele associadas. Daí a expressão quando uma pessoa fica doente: *"Ilẹ̀ nbá a"*, ou seja, "a terra quente o pegou". Por ser considerado a própria doença, seu nome não é pronunciado em vão. Antigamente, à simples citação de seu nome, as pessoas tocavam os dedos no chão e os levavam à cabeça, no mais profundo respeito. Há a tendência de seus filhos terem o dom de curar as pessoas.

Ao se dizer que *Ọmọlu* é um santo perigoso, está se falando no sentido de ele ser entendido como o *Òrìṣà* das doenças transmissíveis. Por isso, quando ele se manifesta dançando e vai passando pelo salão, entende-se que está recolhendo as enfermidades, e, ao abraçá-lo, as pessoas o fazem com muita delicadeza:

Ọmọlu pè	*Ọmọlu* intitulado
Olóore	Benfeitor
A wúre	Rogamos bênçãos
Kú ààbọ	Seja bem-vindo

Por pertencer à família de *Nàná* e *Òṣùmàrè,* algumas casas os reúnem num só cômodo, do lado externo. Estritamente reservado, o que é dele é somente dele. As doenças da pele, como a varíola, que lhe está associada, representam os seus poderes de marcar as pessoas sem o uso da faca. Essa questão deveu-se a uma provocação de *Ògún,* ao dizer que todos os *Òrìṣà* dependiam de sua faca para o sacrifício de animais. *Ọmọlu* e *Nàná se* recusaram a aceitar e passaram a usar de outros métodos.* (Sobre esse assunto, ver, mais adiante, *Olúbájẹ,* no capítulo sobre os rituais de candomblé.)

A cor vermelha, além de revelar a cor das enfermidades, o revela como o irmão mais velho de *Ṣàngó,* contrariando alguns conceitos do candomblé que os veem como adversários. Na realidade, a diferença entre ambos é de conceitos: enquanto um representa a fragilidade da doença, a frieza da morte, o outro é fogo, calor e vida. São posições, e não oposições.

Dança com o *Ṣàṣàrà* nas mãos, com movimentos que imitam o varrer as doenças da casa.

Ṣàṣàrà gbá'lẹ̀	Com o *Ṣàṣàrà*
Gbá'lẹ̀ gbá'lẹ̀	Varremos as doenças

Uma característica desse *Òrìṣà* se relaciona aos pedidos que lhe são feitos: deve ser pedido tudo ao contrário do que se deseja, repetindo-se, depois, o pedido a *Nàná* da forma como se deseja. Essa seria a forma de *Ọmọlu* atender. Toma alguns nomes como *Ọmọlu Jàgún,* usando a cor branca; *Ajunsun,* que carrega lança; *Ọbalúiváiyé* e *Afomọ,* todos, porém, usando uma cobertura de palha da costa, que cobre a cabeça e parte do corpo. Essa cobertura é denominada *Fìlà,* ou *Aze* nos candomblés jejes. É o dono dos búzios, e o seu toque característico é o *Ọpanijẹ.*

Título – *Ayinọn,* o dono da terra; *Ọlọ́dẹ,* o senhor do invisível; *Bàbá Ìgbóná,* o pai da quentura, da febre

Elemento – terra, doenças e curas

---

* *Nàná* e *Ọmọlu* seriam de civilizações anteriores ao uso do ferro, e os adeptos de *Ògún* pertenciam à época do ferro. A fidelidade ao antigo ritual pode ter estabelecido a lenda.

Símbolo – *Ṣàṣàrà,* feixe de nervuras de palmeira cercado de búzios e pequenas cabaças; *Ọkọ,* lança; *Ṣáworo,* um trançado de palha da costa com guizos, usado no tornozelo; *Lágídígbà,* colar de pequenos círculos feitos dos chifres de búfalo

Mo da'àgo lọ́na	Com licença no caminho
Ke wa Ṣáworo	Eu venho com o meu *Ṣáworo*
Àgo lé'lé	Licença na casa
Àgo lọ́na	Licença no caminho
Ke wa Ṣáworo	Venho com o meu *Ṣáworo*
Àgo lé'lé	Licença na casa

Contas – preta, vermelha e branca

Roupas – *Fìlà,* cobertura feita de *Ìko,* a palha da costa

Saudação – *Atóto!* Silêncio

Sacrifício – galo, galinha-d'angola, pato

Oferendas – pipoca, feijão-preto, camarão, *obì, àkàsà, latipa adun, aberẹn*

Folhas – alfavaquinha, cana-do-brejo, raiz-santa, mamona, ervas parasitas, gervão, urtiga

Kizila – caranguejo, sardinha, carneiro, roupa vermelha, abóbora, assoviar ao meio-dia, frutos de trepadeira, porco, frutas de bico

ORÍKÌ

Ọdẹ dudu bò ara aṣọ ìko	O caçador negro que cobre o corpo com roupa de palha
Ó sùn lóri owó	Ele dorme em cima do dinheiro
Ó ní wọ̀wọ̀ àdó	Tem muitas cabaças pequenas com remédios
Ó jù bẹ oògùn	É mais poderoso que os encantamentos

NÀNÁ

A mais velha das divindades femininas e mãe de *Ọmọlu* e *Òṣùmàrè.* Seu elemento é a lama e o lodo dos pântanos, que lembram as águas primordiais, de onde são criados os homens. Quando a pessoa morre, volta ao ventre de *Nàná,* de onde saiu. Seu ventre é a própria terra, daí sua associação com a lama e com a morte. Quando se apresenta, vem com movimentos lentos, tal qual uma pessoa idosa, trazendo consigo o *Ìbírí,* feito dos talos do dendezeiro, como o *Ṣàṣàrà,* e o carregando como se fosse uma criança. Também é denominada *Nàná Buruku* e seus fundamentos se identificam com os de *Ọmọlu.* (Ver o capítulo "Candomblé jeje".)

Algumas histórias a revelam como mulher de *Òṣàlá,* confundindo-a com *Yemòwo.* Na realidade, nada liga *Nàná* a *Òṣàlá,* que, segundo os mitos, já nasceu com o *Ìbírí,* do yorubá *Ìbí*, nascer, e *rí*, encontrar, ou seja, nasci e o encontrei. É sempre reverenciada com muito respeito pela sua antiguidade.

Nàná ẹ kú're	*Nàná* chegou saudando
Ọmọ nílé	Os filhos da casa
Kò ràjò	Ela não estava ausente
Kò ràjò kò ràjò	Não se ausentou
Ọmọ nílé kò ràjò	Os filhos também não se ausentaram
Nàná ẹ kú're	Por isso ela está nos saudando

Outras denominações de *Nàná: Igbayin, Asayiọ, Igbóná, Bùkùú, Ikúre* (a morte), *Tinolokun.*

Elemento – fertilidade
Símbolo – *Ìbírí,* feixe de nervuras do dendezeiro envolto em búzios, que carrega na mão direita, e com uma das pontas voltada para baixo, numa simbologia da vida que retorna
Contas – azul, branco, vermelho; *Ìbàjá,* feito de búzios; *Lágídíba,* feito do chifre de búfalo e pulseiras e colares feitos de palha da costa trançada
Roupas – *Nàná Igbayin* usa branco
Saudação – *Saluba!*
Sacrifício – cabra, rã, galinha-d'angola, pata, coruja
Oferendas – pipoca, feijão, arroz, mel, inhame, *Ẹfọ*
Folhas – cipreste, manacá, golfo redondo, taioba, capeba, jarrinha, cana-do-brejo
Kizilas – carneiro, gato, raízes, carambola, siri

ORÍKÍ

Nàná mọ̀ àṣiri ìkú	*Nàná* conhece os mistérios da morte
Emi wa foríbalẹ̀ fún ṣẹṣẹ	Eu vou bater cabeça para ela

YEMỌJÁ

Divindade das águas salgadas. Na África, a dona do mar é *Olókun,* sua mãe, mas no Brasil o mar ficou associado a *Yemọjá*. É vista como a mãe de alguns *Òrìṣà,** entre eles *Ògún* e *Ṣàngó,* e, por ter cuidado da criação de *Ọmọlu,* em alguns de seus cânticos utiliza-se o toque de *Ọpanijẹ.* Como mãe de *Ṣàngó,* é lembrada nos cânticos da roda de *Ṣàngó.* Em suas danças, procura imitar os movimentos das ondas com as mãos e com os ombros. É homenageada na festa das *Àyaba,* as rainhas do candomblé, juntamente com *Ọ̀ṣùn, Yánsàn, Ọbà* e *Iyewa*. Nesses casos, como todas comem e os ritos se estendem, os sacrifícios são feitos com os cânticos de *Ọ̀sányìn.*

Seu nome provém de *Yèyé,* mãe, *ọmọ ẹja,* peixinhos, que são seus mensageiros. Sua popularidade se tomou tão grande que, no Brasil, o culto às águas do mar, de tradição europeia, se tornou específico para ela.

Na África, seu culto é realizado no rio *Ògùn,* em *Abẹ́òkúta,* mais precisamente na fonte de um de seus afluentes, cujas águas são colhidas e levadas em procissão para o seu templo. Seria essa a razão de sua saudação ser *Odò ìyá,* mãe das águas do rio:

---

* Os conceitos de filhos, irmãos e pais aplicados a alguns *Òrìṣà* nem sempre são vistos como partes biológicas, mas como portadores de identidades harmoniosas entre si, ou conceito de importância.

Kíni jẹ́ kíni jẹ́ l'ódò	O que é feito nas águas do rio
Yemọjá o	de *Yemọjá*
A kọ ta pele gbé	Ela dá a luz e o crescimento
Ìyá orò mi o	No ritual de minha mãe

É assentada sobre pedras marinhas e conchas, numa louça de porcelana azul-clara, sendo seu *Iba,* com figuras representativas de seu poder, feito em metal branco. Como todos os *Òrìṣa,* se desdobra em outras denominações, entendidas como "qualidades", que se juntam ao nome original e que podem ser *Ìyámase, Asaba, Asesu, Aṣàbọ, Àwòyò,* o que permite variar suas cores e oferendas.

Título – Odò ìyá, mãe das águas; *Àyaba,* rainha; *Ọlọ́mú,* Senhora dos grandes seios

Elemento – as águas

Símbolo – Abẹ̀bẹ̀, o leque; *Adá,* alfanje em metal branco

Contas – transparentes, branca, verde ou azul-claro

Roupas – brancas e azuis ou verde-claro *(Yemọjá Ògúntẹ́)*

Saudação – Odó fẹ́'yaba, as águas amam sua rainha

Sacrifício – cabra, galinha, carneiro, bode castrado, pata, galinha, pombo, galinha-d'angola

Oferendas – àkàsà, milho branco, *obì, orógbó,* peixe, arroz, camarão com coco

Folhas – rama-de-leite, alfavaca, catinga-de-mulata, bredo-sem-espinho, olhos-de-santa-luzia

Kizilas – mariscos, peixe de pele, cachorro, melancia

ORÍKÌ

Yemọjá Olókun	Senhora do mar
Ọlọ́mú agu ìsi	Famosa pelos seios grandes

Ìyá mi la kẹ̀sán	Minha mãe elegante
Olówó orí mi	Dona da minha cabeça
Yemọjá àgbódò dáhun ire	Dentro das águas responde com o bem
Yemọjá a tó f'ara ti bi oké	Firme como a montanha
Bi o ni jó lè jó oní Yemọjá	Ninguém consegue dançar como o povo dela
Àyaba ti gbé ibú omi	Rainha que anda nas profundezas das águas

ỌṢUN

Herdeira do *Ẹ́gbẹ́ Ẹlẹ́iye,* a sociedade dos pássaros das *Ìyámi,* por isso denominada de *Olóri Ẹlẹ́iye,* chefe das donas dos pássaros. É a divindade das fontes, dos lagos e dos rios que fertilizam o solo, sendo por isso o *Òrìṣà* da fertilidade. É ela quem toma conta do sangue menstrual, da gestação e das crianças até aprenderem a falar, conforme o dito *"Olùtọ́ju àwọn ọmọ"*, aquela que olha por todas as crianças:

O d'Ọ̀ṣun máa bẹ̀	Pedimos e fazemos obrigações com a água do rio
Alá orò (ọmọ ara orò)	Para termos filhos
Orò mi máa	Minha obrigação habitual
Orò mi máa 'yọ́	É feita com alegria
Orò mi máa 'yọ́	Minha obrigação habitual
Àyaba 'dò yeye o	Para a rainha do rio

Cada denominação de *Ọ̀ṣun,* bem como dos demais *Òrìṣà,* representa passagens ou momentos de sua história e algumas características de sua personalidade associadas aos locais por onde passou. Enquanto *Ijùmú* tem ligação com as *Àjẹ́, Ìpọ̀ndá* tem ligação com *Ọṣàlá*. Outras denominações: *Ọ̀pàrà, Ipetú, Abòtò* e *Ìyá Ominíbú,* que significa mãe das águas profundas, ou seja, é um título, e não outra divindade.

Ìyá omi níbú	Mãe das águas profundas
Omi ro	Águas que produzem ruídos
Òrìṣà òréré	Distantes a grande distância

A linguagem dos cânticos busca analogias para definir melhor os sentimentos. Assim, é lembrado o som das pulseiras de *Ọ̀ṣun,* representado pelos ruídos das águas correntes dos rios. Neste outro cântico, é a voz de *Ọ̀ṣun* que se expressa no movimento das águas, que correm calmas nos lugares próximos às margens, e rápidas nos lugares profundos.

Máa bọ̀ yá	Habitualmente ela vem chegando
Ìyá bọ̀ yá	Mãe, venha depressa
Omi jẹ́jẹ́ omi níbú	Mãe das águas calmas e profundas
Máa bọ̀ yá	Ela vem chegando
Ìyá bò	Ela vem depressa

Apesar dos diferentes nomes como é chamada, é sempre a mesma *Ọ̀ṣun* que se apresenta sob diversas formas, enriquecendo o colorido de seus ritos. É saudada na festa conjunta das *Àyaba,* mas seu culto específico é o *Ìpẹ̀tẹ̀,* ou seja, *Ọ̀ṣun* come cabra na festa das *Àyaba* e enxuga a boca no *Ìpẹ̀tẹ̀.* Isso quer dizer que no *Ìpẹ̀tẹ̀* não há sacrifício, somente comida seca, e por isso mesmo é uma cerimônia menos cansativa. Uma de suas proibições é o pombo, sendo substituído pela pomba silvestre juriti no Brasil, e na África, pela ave *Àdaba,* conforme revela o cântico:

Àdaba orò ma fẹ́	É *Àdaba* que eu quero
Ó fẹ́'lé (ẹiyẹlé) o	Não quero pombo

Na África o seu metal é o cobre, valioso na época. No Brasil é o ouro, ou metal amarelo, colocado em seus assentamentos.

Título – *Ìyálóde,* mãe da comunidade

Elemento – água, metal amarelo, sangue menstrual

Símbolo – *Abẹ̀bẹ̀,* o leque que tem o desenho de um pássaro voando para lembrar que *Ọ̀ṣun é Olóri Ẹlẹ́iye,* chefe das donas dos pássaros; *Adá,* alfanje; *Iba,* corrente de peças simbólicas douradas

Contas – amarelas

Roupas – amarela, azul e rosa em tons claros

Saudação – *Òóré yeye o!* Mãe da bondade

Sacrifício – cabra, bode castrado (*Ọ̀pàrà*), galinha, galinha-d'angola, pomba silvestre

Oferendas – *Ọmọlókun,* feijão-fradinho, camarão, inhame, ovos, *àkàsà,* xinxim

Folhas – saião, oripepe, malmequer, bredo, colônia, negamina, margaridinha

Kizilas – *ìgbín,* pata, tangerina, pombo

ORÍKÍ

Ọ̀ṣun mo pè ọ́ o!	*Ọ̀ṣun,* eu lhe chamo!
Mo pè ọ sí níní àlàáfíà	Eu lhe peço felicidades
Mo pè ọ sí ọrọ̀	Eu lhe peço uma vida de riqueza
Mo pè ọ sí níní ọmọ	Eu lhe peço filhos
Yèyé olómi tutu	Dona das águas frescas
A fomi tutu wo àrùn láìgbẹ̀jẹ̀	Que cura doenças com água fresca sem receber sangue
Ó l'ẹ́wà	Ela tem beleza
Oore yèyé o, gbà mi	Mãe benfeitora, proteja-me
A fidẹ́ rẹ́ ọmọ	Aquela que enfeita os filhos com bronze
Ọ̀ṣun, òyéyéni mọ̀	Que é cheia de compreensão

YÁNSÀN

Divindade dos ventos e das tempestades, seu culto está associado à morte e aos ancestrais, daí a sua condição de saber lidar com os *Eguns,* sendo a única divindade a manifestar-se, num determinado momento, no rito de *Àṣèṣè*, a cerimônia fúnebre do candomblé. Sua atividade é a de ser guerreira e obstinada a conseguir o que deseja, dando essa característica a seus filhos.* Esse modo de ser é lembrado no cântico:

Ọlọ́ya	*Yánsàn*
Ó bẹ ṣiré	Ela pula e brinca
Ó ba sare lọ̀jà	Ela persegue e corre no mercado
Ọlọ́ya	*Yánsàn*

Seu toque específico é o *Ìlù.* Ao lado de *Ṣàngó,* é protagonista de um ritual denominado *Ajere,* que se utiliza do fogo para revelar o seu poder. (Ver o capítulo sobre os ritos de candomblé.)

Como os demais *Òrìṣà* femininos, recebe outras denominações, e, por conseguinte, seus ritos serão diferenciados para cada uma delas. *Ọya Ìgbàlẹ̀,* que usa branco, carrega um *Ìṣan* e é feita no tempo onde faz sua

---

* Sobre as tendências e os arquétipos que os *Òrìṣà* oferecem a seus filhos, ver *Jogo de búzios: um encontro com o desconhecido* (Bertrand Brasil, 2000), deste autor, pp. 163 a 173.

ronda; *Ọya Pada* usa *Màrìwò; Ọya Jẹbẹ* usa azul-claro e está sempre em disputa com *Ṣàngó; Ọ̀ya Tana* usa branco e rosa, e clareia o caminho para os *Eguns* passarem.

Título – *Ìyá Mẹ́s'ọ́run,* a mãe dos nove espaços
Elemento – fogo, vento, metal vermelho (cobre)
Símbolo – *Ìrùkéré,* literalmente, "cauda pequena", um cetro de couro com pelos da cauda do boi ou do búfalo, diferenciado do *Ìrùẹṣin* de *Ọ̀ṣọ́ọ̀sì,* que é mais longo
Contas – *Mọ̀njọ̀lọ̀,* contas vermelhas, coral
Roupas – vermelha, rosa-claro, branca; *Adé,* uma cobertura com franjas de contas que cobrem o rosto, denominada "chorão"
Saudação – *Èpà heyi!*
Sacrifício – cabra, bode castrado, pata, pomba-rola, galinha-d'angola
Oferendas – *àkàrà,* feijão-fradinho, *ẹkuru, àbàrà*
Folhas – pega-pinto, erva-tostão, alfavaca, espada-de-santa-bárbara, língua-de-vaca, brada mundo, dormideira
Kizilas – abóbora, carneiro, arraia

ORÍKÍ

Obìnrin ngba ndikan	Mulher forte e poderosa
Irú Ọya kò sí lọ́run	Igual a *Ọya* não existe
Ọya kan! Ṣàngó kan!	*Ọya* é única! *Ṣàngó* é único!
Ọya olókò àra	Que possui um marido poderoso
Ọya alágbára inú afẹ́fẹ́	A poderosa *Ọya* que vive no vento
Àyaba ìjọba nilé mi	Rainha do trono da minha casa

ṢÀNGÓ

Divindade dos raios e dos trovões, sendo seu elemento o fogo, identificado pela cor vermelha de sua conta e pela cor branca, por sua ligação com *Òṣàlá*. No aspecto familiar, *Ṣàngó* é filho de *Ọrànmíyàn* e *Ìyámase,** e marido de três mulheres, *Ọya, Ọ̀ṣun* e *Ọbà,* e, devido a isso, todas elas podem ser assentadas no mesmo cômodo de *Ṣàngó.*

Representa a realeza e a justiça, embora, em seus mitos, nada seja visto que o associe à justiça. É um guerreiro violento e audacioso. Sua dança é o *Aluja,* onde demonstra todo o seu vigor e dramatiza uma cena na qual o raio cai e se transforma numa pedra, o *Ẹ̀dùn Àará,* que é guardado por ele numa bolsa de couro, o *Labà,* que carrega consigo. Tudo o que é seu, geralmente, é feito de madeira. Seu trono é o pilão usado emborcado a fim de suportar o seu peso, daí o título de *Aládó,* que significa "aquele que racha o pilão". Seus assentamentos são guardados numa gamela, uma travessa de madeira, idêntica à usada para servir o *Àmàlà,* sua comida preferida, oferecida todas as quartas-feiras. (Ver os cânticos no capítulo referente ao ritual do *Ajere.*) Outros cânticos e rezas lhe são oferecidos:

Oní ka, oni karajẹ sẹsu
Badẹ

---

* Nos relatos tradicionais, a mãe de *Ṣàngó* é conhecida pelo nome de *Tọrọsi,* filha do rei de Tápà.

Badẹ ya lóní
Oni ka
Onika si ara yin
A lode o
Oni karajẹ sẹsu

Ṣàngó má sa re wa o
Ọba lójú'mase
Ẹ koke re láanu
S'ọkọ iyagba
Ọba lójú'mase

Ṣàngó se apresenta como *Ògòdò,* quando carrega dois *Oṣé; Aganjú,* que usa o *Oṣé* no formato do chifre do carneiro; *Àfọ̀njá,* usa cor marrom e carrega também uma lança; *Aira,* que usa branco e contas azuis de *Sẹ̀gi,* mas não usa coroa. É conhecido como *Ìgbóná, Ajaosi, Intilè* e *Mode,* sendo este último talvez uma expressão. *Baru* ou *Igbaru** é uma forma especial de *Ṣàngó,* que leva búzios e vasilha de barro nos assentamentos. Tem fundamento com *Ọmọlu,* usa couro, come caruru e carrega o *Oṣé* prateado.

A roda de *Ṣàngó*** revela toda a epopeia desse *Òrìṣà,* e é um dos momentos mais significativos de um toque de candomblé, pois permite a vinda de todos os demais *Òrìṣà.* Sua festa se desenvolve durante doze dias, quando é feita a fogueira de *Aira,* o *Ajere,* o *àkàrà* e a procissão de *Ìyámase.*

Por ser fogo e vida, não tolera os mortos, sem temê-los como comprova o seu expressivo culto nos candomblés de *Egúngún.*

---

* Nem sempre essa qualidade de *Ṣàngó* é feita. Waldomiro de *Ṣàngó,* conceituado *Bàbálórìṣà,* era de *Baru,* mas como na nação de *Ẹ̀fọ̀n* não há essa qualidade, fez *Ògòdò.*

** Toda a sequência de cânticos da roda de *Ṣàngó* está no livro *Ọrun-Àíyé* (Bertrand Brasil, 1997), obra deste autor, p. 225.

Título – *Ọba Jàkúta,* o lançador de pedras; *Aládó,* o que racha o pilão; *Ọba Kòso,* rei da cidade de *Kòso* ou uma expressão usada para dizer que ele não se enforcou

Elemento – fogo

Símbolo – *Oṣé,* representação de um machado de lâminas duplas; *Ẹdùn Àará,* meteoritos; *Odó,* o pilão que é o seu trono; *Ṣẹ̀rẹ̀,* um chocalho feito de cabaça alongada, que, ao ser agitado, lembra o som da chuva caindo

Contas – vermelhas alternadas com contas brancas

Roupas – branca e vermelha, com uma coroa de latão, indicando sua condição de realeza, dois *Ọ̀jà* cruzados no peito e um na cintura, com um laço atrás

Saudação – *Kawòó Kábíyèsi,* uma saudação real ainda usada pelos reis yorubás na África

Sacrifícios – carneiro, cágado, cabra, pato, galo, galinha-d'angola

Oferendas – *àmàlà,* quiabo com camarão seco, *ajabọ,* quiabo, *àkàrà, ọbẹgìrì, orógbó*

Folhas – *ọgbọ,* rama-de-leite, erva-tostão, taioba, bilreiro, mutamba, puitoco, negamina, folha-do-fogo, manjerona

Kizilas – feijão-branco, *obì* e as *kizilas* de *Yemọjá,* sua mãe

ORÍKÌ

Ṣàngó jẹ igba orógbó lọ́ọjọ́	*Ṣàngó* come duzentos *orógbó* por dia
Orógbó lóbì bàbá mi	*Orógbó* é o *obì* do meu pai
Ọba aláṣẹ lẹ́nu	O que tem o *Àṣẹ* da palavra na boca
Ó jẹ àmàlà pẹ̀lú ilá	Ele come *àmàlà* com quiabo
Olóorè mi olóṣẹ́ àrà	Meu benfeitor, dono do *Àṣẹ* milagroso
Ató bá jayé mi o	Aquele que é o amparo da minha vida
Ọlọ̀lọ̀ fi ẹnu ìkà lọlẹ̀	Que faz o perverso beijar o chão
Ṣàngó kò ṣe gbẹ́ ṣiré	Com *Ṣàngó* não se brinca

IYEWA

A palavra seria uma contração de *Yeye wa*, "nossa mãe". Como a maioria das divindades femininas, é possuidora de um rio na África, que leva seu nome. É associada ao poder da visão e por isso não dorme. É guerreira ao usar uma pequena espada, mas não usa a tiara que encobre sua vista como *Ọṣun* e *Yemọjá*. Suas danças lembram momentos de luta, e, em outros momentos, assumem movimentos graciosos:

Iyewa Iyewa máa jó	*Iyewa* habitualmente vem dançando
Iyewa Iyewa	*Iyewa*
Bọ̀ ìyá l'owó	Ela retorna trazendo dinheiro
Ó ọwọ́ l'ẹ́sẹ̀	Nas mãos e nos pés
Iyewa Iyewa máa jó	Ela vem dançando
Iyewa Iyewa	*Iyewa*

É vista como a parte feminina de *Ọ̀ṣùmàrè*, e representada por uma cobra fêmea de metal colocada em cima do *Òkúta*, a pedra que lhe serve de assento. Entre suas insígnias está o *Kalaba*, uma pequena cabaça presa a uma haste com tiras de ráfia, que, ao ser agitada, lembra o ruído do chocalho da cascavel. É a parte branca do arco-íris. Não tem outras denominações e possui ritos complexos, havendo pessoas, por esse motivo, que fazem obrigações conjuntas para *Ọṣun* e *Ọya* como se estivessem fazendo para *Iyewa*. A palha da costa é um dos elementos mais necessários em suas obrigações.

Elemento – a visão, os astros
Símbolos – *Ọ̀fà*, arco e flecha; *Kalaba* ou *Àdó, Ìrùkéré*, cetro com pelos da cauda do boi ou do búfalo; *Adá*, alfanje
Contas – vermelhas e amarelas de cristal
Roupas – variação de tons claros, não usa o chorão do *Adé*
Saudação – *Hiho!*
Sacrifícios – cabra, pato, peixe, galinha-d'angola
Oferendas – *egbo*, canjica branca; *Ẹbẹ*, pudim de inhame, feijão-fradinho milho
Folhas – cana-do-brejo, taioba, bredo, colônia, mutamba, erva-de-santa-luzia
Kizila – galinha

ADÚRÀ

Ẹ ké eepa
Ẹ ko nlò òsì
Ẹ ke eepaa
Ẹ ko nlò omi

Ọ̀BÀ

É também possuidora de um rio com o seu nome, afluente do rio *Ọ̀ṣun*. Na confluência, as águas se agitam estranhamente, como se estivessem em luta, devido ao mito da orelha cortada de *Ọbà*.* É uma divindade guerreira que usa espada, arco e flecha de cobre, em sua cor vermelha, e um pequeno escudo que usa, em alguns casos, para esconder sua orelha cortada.

Ọbà Elékò	*Ọbà* da Sociedade *Elékò*
Àjà òsì	Guardiã da esquerda
Ọbà Elékò	
Àjà òsì	
Orò awo	O ritual do mistério
Mogbo Ọbà	Ela conhece
Ọbà Elékò	
Àjà òsì	Guardiã da esquerda

Título – *Ọbà Elékò*, guardiã da sociedade *Elékò*
Elemento – luta, guerra

* Ver relato na obra deste autor, *Mitos yorubás: o outro lado do conhecimento.* 12ª ed. Rio de Janeiro: Bertrand Brasil, 2006.

Símbolo – *Adá,* alfanje; *Ọ̀fà,* arco e flecha; *Asá,* um escudo
Contas – amarelas e vermelhas
Roupas – tons claros, com laço na cintura, *Adé* e chorão sobre o rosto
Saudação – *Ọbà ṣi!*
Sacrifícios – cabra, galinha, galinha-d'angola, pata
Oferendas – *àkàrà, àmàlà*
Folhas – erva-tostão, nativo, negamina, língua de vaca, manjerona
Kizila – taioba

ORÍKÌ

Ẹkẹ́tà aya Ṣàngó	A terceira mulher de *Ṣàngó*
Ọbà kò b'ọ́kó dé Kòso	*Ọbà* não retornou com seu marido para *Kòso*
Odúró, ó ba Ọ̀ṣun rojo ọbẹ̀	Ficou para discutir com *Ọ̀ṣun* sobre a comida

ÒṢÀLÁ

É o senhor da criação e dos seres humanos e o principal *Òrìṣà Funfun* – as divindades brancas – para quem todos se curvam em sinal de profundo respeito pela sua importância na hierarquia das divindades. A cor branca está presente em suas contas, comidas, em seus animais e nas insígnias que representam a pureza ética e moral da qual é revestido.

Òṣàlá é entendido como o continuador da obra da criação, e seu ambiente é o das ideias sempre criativas. Tudo o que é seu é branco. Julga os que devem nascer, como nascer, conforme o seu merecimento. Essa foi a prerrogativa outorgada a esse *Òrìṣà* por *Olódùmarè.*

Apresenta-se sob formas diferentes, mas todas identificadas com suas qualidades: *Òṣàlúfọ́n,* o mais velho que carrega um cajado – *Ọ̀pá Ṣóró* – para ajudá-lo a caminhar, sendo, porém, uma poderosa arma; *Òṣàgiyán,* guerreiro dono do pilão e do inhame; *Odùdúwà,** reverenciado no primeiro domingo das Águas de *Òṣàlá,* com suas sacerdotisas usando roupas brancas com faixa azul; *Òrìṣà Oko,* divindade da agricultura e da fertilidade alimentar; *Bàbá Lejúgbè,* que usa bata e tem enredo com as águas; *Òṣàfuru,* que usa um cajado e tem o poder do sono físico; e *Bàbá Àjàlé,* o modelador das cabeças.

---

* No candomblé *Àṣẹ Òpó Àfọ̀njá,* os cânticos da roda de *Odùdúwià* geralmente encerram todas as festividades, seguidos do Hino do Terreiro (ver, mais adiante, os capítulos sobre o ritual das Águas de *Òṣàlá*).

Título – *Aláàbáláàṣẹ,* o que tem o poder de criar com autonomia; *Alámọ̀ rere,* o perfeito escultor

Elemento – estanho

Símbolo – *Ọ̀pá Ṣóró,* o cajado em metal branco com adornos, encimado pela pomba que foi encarregada de espalhar a terra na criação do mundo, representando a honra e a autoridade; *Abẹ̀bẹ̀,* o leque ritual; *Àlà,* tecido branco, representação da pureza ética

Contas – brancas e *Sẹ̀gi,* uma conta azul (*Ọ̀ṣàgiyán*)

Roupas – brancas, com chorão cobrindo o rosto (*Ọ̀ṣàlúfọ́n*), camisolão (*Lejúgbẹ̀*)

Saudação – *E ṣe e bàbá; Epà babá*

Sacrifício – cabra, pata, galinha-d'angola, pomba, *ìgbín,* caramujo, galinha

Oferendas – canjica, *àkàsà,* arroz, *Òri,* a gordura animal, inhame, *èkuru,* feijão-fradinho, mel, vinho branco doce, *obì funfun*

Folhas – alecrim, algodão, fumo, café, malva-branca, palmas, saião, manjericão, malva, tapete-de-oxalá (boldo), colônia, nativo

Kizilas – dendê, sal, café, roupa escura, cachorro, sujeira, montar a cavalo

ORÍKÌ

Bàbá nlá! Ọkọ Iyemowo	Grande pai, marido de *Iyemowo*
Ibi rere l'óríṣá ka'lẹ̀	O lugar feliz é onde ele está assentado
Òrìṣànlá atẹrẹrẹkáiye	*Grande Òrìṣà* que reina sobre todas as coisas
Òrìṣà nlá Adìmúlà	O grande *Òrìṣà* Salvador
Olójú kará bi ajere	Ele tem olhos que veem tudo
Ẹwù rẹ̀ funfun ni	O manto dele é branco
Adàgbà jẹ ìgbín	O velho que come caramujo
Ẹni olà ẹtì!	Um ser nobre e imutável

APONTAMENTOS À 3ª PARTE

1. *Kábíyèsi* – é uma expressão real dita diante de um soberano. *Ki abi ó yè si*, possa o rei ter vida longa.
2. A formação das palavras em yorubá, principalmente aquelas referentes aos substantivos próprios, deve ser traduzida com cautela, observando-se determinadas regras. Muitas vezes, pequenas palavras são verdadeiras expressões reduzidas mediante contrações que ocultam letras ou mesmo palavras.
3. *Ọbàtálá* é o mesmo *Òrìṣàlá*. Significa, a princípio, "o rei da roupa branca", que simboliza a pureza ética. A primeira parte do nome, *Ọbà*, "rei". O tom grave da vògal pode sugerir uma outra ideia: *Ọmọ bà(ba) kan*, "as crianças do mesmo pai", ou seja, como o criador dos seres humanos, somos todos filhos do mesmo pai. A segunda parte do nome, *Tala*, pode ser a forma reduzida de *Ti àlà*, "do branco", porém, mais uma vez, o tom das vogais não corresponde ao significado. Assim, *Tala* poderia vir de *Ti ó lílá*, que significa "o que é grande". O que deve ser observado é a importância dos tons das vogais, representados pelos acentos, que, além de indicar as formas de aglutinação, revelam significados diferentes para uma mesma palavra.
4. Em Abomey, atual Benin, no templo de *Lisa* e *Mawu*, *Nàná Bùlùkú* seria a mãe de *Nàná Yaba*, *Nàná Hondo*, *Nàná Kpahan*, *Nàná Seli*.
5. O *Ṣẹ̀rẹ̀*, instrumento de *Ṣàngó* equivalente a um chocalho, só é utilizado por homens, pela *Ìyálórìṣà* ou por alguém que ela designe.

6. "Dar o *Ilà* do santo" é uma expressão usada para indicar o grito do *Òrìṣà* quando ele se apresenta. Mas a palavra *Ilà* também significa marca, os cortes feitos nos rostos entre os africanos. Nesse caso, o grito que o *Òrìṣà* dá pode sugerir que ele quer mostrar a marca de seu clã, pois para cada povo as marcas do rosto tinham particularidades que identificavam suas origens.
7. Seguem alguns nomes de dirigentes filhas de *Òṣàlá*, com o período de sua gestão nos candomblés: *Iwintọ̀na* – Ondina Valeria Pimentel, 1968-1974; *Oyinfúnkẹ́* – Maximiana Maria da Conceição, 1925-1962; *Olúfóndeyi* – Maria da Purificação, 1938-1948.
8. Roger Bastide, sociólogo francês e estudioso das religiões afro-brasileiras, era filho de *Ṣàngó* e morreu na véspera da Páscoa, em 1974, em Paris.
9. A classe dos *Ogans* era um dos redutos que não admitiam a participação de homossexuais, o que já não vem ocorrendo atualmente. Sobre a homossexualidade no Candomblé, assim se referiram alguns autores:

> Mas penso também que o fato de orixás femininos se encarnarem em homens, com sua coqueteria, seus gestos dengosos, sua languidez terna, pode ajudar a desenvolver e cultivar o lado feminino de certos indivíduos. Já dissemos que o babalaô descobre o nome do deus ao qual pertence o iniciado; é possível que sua escolha seja guiada, mais ou menos inconscientemente, pelo caráter do indivíduo que se lhe apresenta, e que atribua assim um orixá feminino a uma pessoa que já seja um tanto efeminada. Contudo, esta conivência entre temperamento e a divindade leva a fortificar as tendências nativas e a encorajar a homossexualidade (Bastide, Roger. *Imagens do Nordeste místico em branco e preto.* Rio de Janeiro: *O Cruzeiro,* 1945, p. 94).

> [...] em vez de merecer pontapés e palavras de desprezo, estão instalados em casas confortáveis, servidos por subordinados do culto, e às vezes enriquecem. Dentro do Candomblé insistem na sua feminilidade e a ritualizam no transe sacerdotal... As fantasias homossexuais passivas são realizáveis sob a proteção do culto, pois o homem dança com

as mulheres no papel de mulher, usando saias e agindo como médium. O pai em geral está apenas interessado na oportunidade de exibição pessoal, enquanto as grandes mães, antes de tudo, se orgulham dos seus cargos. (Pesquisa conduzida em 1938, em: Landes, Ruth. *A cidade das mulheres*. Rio de Janeiro: Civilização Brasileira, 1967, p. 292.)

10. *Odùdúwà* é visto como um personagem lendário, fundador dos diversos reinos yorubás, através de seus descendentes. Adquiriu esse nome em função do culto que fazia à divindade da Terra com este nome. Ao morrer, foi venerado como um ancestral, passando a ser identificado pelo nome de sua própria divindade. Por esse motivo é que *Odùdúwà* é visto como divindade masculina e feminina, na própria África como aqui no Brasil. É uma divindade que não é feita e, quando ocorre o fato de alguém estar ligado a ela, é iniciado para *Ògúnja* ou *Ọ̀ṣàgiyán*.
11. Sobre*Aganjú*: "Como *Ṣàngó* não deixou nenhuma prole, a coroa ficou para *Aganjú,* filho de *Àjàká*... Seu reinado foi longo e próspero. Teve a extraordinária faculdade de domesticar animais selvagens e répteis venenosos... tinha em casa um leopardo manso..." (Johnson, Samuel. *The History of The Yorubas.* Londres: Lowe & Bydone 1969, p. 155).
12. Algumas qualidades de *Òrìṣà* são assentadas do lado de fora do barracão, como *Ndako*, *Ọya Ìgbàlẹ̀*, *Apáọ̀ká* e *Akapriku*.
13. *Ọya* – há uma sugestão para que signifique "ela é rápida ou ela rasgou" para revelar a força dos ventos num furacão. (Ver Gleason, Judith. *Ọya: um louvor à deusa africana.* Rio de Janeiro: Bertrand Brasil,1999.)
14. A divinização de personagens lendários e importantes tem como base sua relevância nas atividades do grupo. São seres que viveram e tornaram-se heróis do povo, e alguns com poderes fantásticos para a época em que viveram. Assim, os que entram em transe não são rigorosamente as forças mensageiras de *Ọlọ́run*, pois o grande conhecimento não é de teor do que a teoria prega, mas sim condicionado ao grau de cultura de um antepassado correlato.
15. Nos poemas de *Ifá*, desenvolvem-se narrativas, onde os personagens apresentados em grande parte são os próprios *Òrìṣà* liderando conquistas, fundações de reinos e feitos heroicos. Desse modo, os estudos

sobre o assunto devem ser direcionados para uma visão conjunta, onde crença religiosa e fatos históricos se confundem. Face a isso, os *Òrìṣà* são vistos como modelos humanos, com emoções, vivendo conquistas amorosas, lutando lado a lado do próprio povo. Em outros casos essas divindades surgem digladiando-se entre si. Essas relações inamistosas podem ser consideradas uma transposição ao domínio religioso de antigos fatos históricos.

16. *Àbíkú* é uma forma de espírito especial que nasce e morre. É claro que isso ocorre com qualquer um. No caso do *Àbíkú*, significa que ele já traz consigo o dia e a hora em que vai retornar, sem viver uma vida plena. O que se faz é quebrar as *kizilas* para que ele esqueça a data. Costuma-se usar um *Ṣáworo* no tornozelo para afastar os outros espíritos de *Àbíkú* que tentam buscá-lo, lembrando-lhe a data de sua volta. Existe uma relação entre os *Àbíkú* e *Ibéji*; um não quer ficar no mundo, o outro vem em forma dupla. Quem é *Àbíkú* não pode ser raspado nem raspar ninguém. Não joga nem coloca as mãos nos búzios.

Nitori bí Àbíkú wá	Por que se o *Àbíkú* vem
Ti ènia bá ṣe étutu fun um	Se as pessoas lhe fazem oferendas
Àbíkú kó ni r'àye lọ	Ele não tem mais chance de ir para o céu
Ni ò bá kú mọ́	Ele não morrerá mais
Ni ó bá gbá òna ẹ̀burú bayìí	Ele seguirá outro caminho

17. *Lejúgbẹ̀* também conhecido como *Ijùgbẹ̀* e *Òrìṣà Ẹtẹko*, na África.
18. Segundo Verger, as divindades da família de *Òṣàlá* deveriam ser as únicas a serem chamadas de *Òrìṣà*, sendo os demais chamados pelos seus próprios nomes, ou então *Ẹbọra* para as divindades masculinas. O termo *Imolẹ̀* abrangeria o conjunto de todas as divindades yorubás.
19. *Ibéji* é um *Òrìṣà* cultuado por aqueles que deram à luz gêmeos. Alguns povos africanos viam o fato como uma anomalia da natureza e sacrificavam um dos filhos. Para outros, se um morria de morte natural, faziam uma estátua que representava o morto. Quando compravam algo para o que estava vivo, uma outra coisa era comprada para o que morreu.

4ª PARTE

OS RITUAIS DE CANDOMBLÉ

Algumas divindades são festejadas, em grande parte, de forma conjunta, ou por se relacionarem através dos mesmos atributos, ou por possuírem um enredo que lhes dá afinidade e fundamentos que não se chocam. Elas podem ser assim relacionadas:

Divindades Caçadoras	*Ọ̀ṣọ̀ì, Inlẹ̀, Ọtin* e *Lógun Ẹ̀de*;
Divindades Familiares	*Ọmọlu, Nàná* e *Ọ̀ṣùmàrè*; *Ṣàngó, Baàyànnì* e *Ìyámase*;
Divindades Brancas	*Ọ̀ṣàlúfọ́n, Ọ̀ṣàgiyán* e *Odùdúwà*;
Divindades Femininas	Associadas à festa das *Àyaba*;
Todas as Divindades	Ritual do *Lórogún*.

São alguns exemplos que se aliam, igualmente, ao fator financeiro, por tornar mais econômicos os gastos das festas. Esses ritos possuem denominações próprias e fazem parte das cerimônias públicas. Seguem um calendário litúrgico que estipula a época das cerimônias ao longo do ano. Outros rituais são específicos, como o *Ìpàdé,* o *Bọri* e a *Saída de Ìyàwó,* este último sem definição no calendário religioso, por ser a iniciação um fato imprevisível, como veremos mais adiante. Esses rituais podem ser analisados conforme detalhado adiante.

ÌPẸ̀TẸ̀

O *Ìpẹ̀tẹ̀* é a denominação da comida oferecida a *Ọ̀ṣun* e que dá nome à festividade. Faz parte do ciclo final da festa das À*yaba,* quando foram festejadas todas as divindades femininas, com exceção de *Nàná,* que come com *Ọmọlu.* Ele só pode ocorrer se antes tiver sido feita, pelo terreiro, a festa das Águas de *Ọ̀ṣàlá.* Não há sacrifício e, por conseguinte, não há o *Ìpàdé,* pois esta é a sua característica: a de diminuir a rotina cansativa dos sacrifícios, dando uma sequência mais suave na fase do calendário religioso. Depois do *Ṣiré* de abertura, os *Òrìṣà* manifestados vêm à frente e, mais atrás, as pessoas do terreiro, algumas trazendo as panelas na cabeça com o *Ìpẹ̀tẹ̀, Ẹ̀kọ* e *Ádún,* outras carregando balaios com talheres, pratos e flores. Tudo chega ao salão, numa procissão e com os cânticos tradicionais:

Ìpẹ̀tẹ̀ Ògún já (jẹ)	*Ògún* comeu no *Ìpẹ̀tẹ̀*
Ògún já dé'rọ̀	*Ògún* se acalmou
Ìpẹ̀tẹ̀ Ogun já (jẹ)	
Ògún já dé'rọ̀	
Ìpẹ̀tẹ̀ a kún yán	No *Ìpẹ̀tẹ̀* se fartaram de comer
Ọdẹ mo dé'rọ̀	Eles se acalmaram
Ajare o	
O fẹ́	

É um ritual de muita beleza, que proporciona uma calma maior entre todos os *Òrìṣà*, diante dos momentos agitados das obrigações anteriores que foram feitas. *Ògún* é aí lembrado como um deles.

O *Ìpẹ̀tẹ̀* é uma comida feita com inhame cozido e amassado, temperado com camarão, dendê e sal; o *Ẹ̀kọ̀* é feito com farinha de milho branco em forma de pudim; e o *Ádún*, feito de fubá de milho. Nos candomblés costuma-se dizer que *Ọ̀ṣun* come cabra na festa das *Àyaba* e enxuga a boca no *Ìpẹ̀tẹ̀*. Depois de todos servidos, tudo é recolhido para uma sequência de cânticos e danças.

OLÚBÁJẸ

É a festa da família de *Ọmọlu*. *Nàná* é participante da festa e come com *Ọmọlu*, e não com as *Àyaba*, pois é ela quem esfria a quentura e o perigo das enfermidades de *Ọmọlu*. *Òṣùmàrè* também participa como membro da família, bem como outros *Òrìṣà* que tenham enredo com *Ọmọlu*. O ritual é dirigido pelo *Áṣ́ọ́gbá*, um dos cargos masculinos mais importantes na casa de *Ọmọlu*. Uma característica a ser destacada é a de que não se usa faca para o sacrifício animal; só depois do animal morto ela é usada para destrinchá-lo. Isso quer dizer que, nesse ritual, o cântico tradicional de *Ògún* não é realizado, sendo substituído por outro, em duas etapas:

O fara l'ọpa ma'be rùn'rẹ	Ele rala o pescoço dele
L'ọpa ma'be rùn'rẹ	Para não usar a faca
L'ọpa ma'be rùn'rẹ	
L'ọpa ma'be rùn'rẹ	
O fara olóri pa ké'rùn awo	Essa forma de cortar
Pani ké ju wa	Ele guarda segredo
Olóri pa ké'rùn awo	
Pani ké ju wa	

A festividade é aberta com o *Ṣiré* tradicional, sendo cantada a primeira cantiga de *Ọmọlu* ou *Ọbalúwáiyé*:

Mo dá ago lọ́na	Com licença no caminho
Ke wá Ṣáworo	Estou vindo com o meu *Ṣáworo*
Àgo lé'lé	Licença na casa
Àgo lọ́na	Licença no caminho
Ke wa Ṣáworo	Estou vindo com o meu *Ṣáworo*
Àgo lé'lé	Licença na casa
Onílẹ̀ wá lẹ́ṣẹ̀ Òrìṣà	O Senhor da Terra veio à nossa casa
Ọpẹ́ ire	Agradecemos essa bênção
Onílè wá lẹ́ṣẹ̀ Òrìṣà	O Senhor da Terra veio à nossa casa
Ọpẹ́ ire	Agradecemos essa bênção

Os *Òrìṣà* já devidamente paramentados são encaminhados para o lado de fora do barracão, pois esse ritual é feito no tempo. São colocadas esteiras no chão, com as comidas nas panelas em cima. A comida é servida em porções individuais embrulhadas em folha da mamona. É a carne de bode, *ẹ̀kọ, aberẹn*, pipoca, milho; há também algumas comidas especiais, como milho de canjica branca e inhame, para as pessoas que têm *kizila* com dendê. Todos comem, num repasto comunitário ao som da cantiga:

A'é a jẹ mbọ́	Vamos todos comer e reverenciar
Olúbájẹ	O Senhor come conosco
A jẹ́ mbọ́	Nós comemos e o reverenciamos

Depois de todos servidos, tudo é recolhido, com os restos das comidas dentro da folha da mamona, para ser despachado, pois possuem o ranço das doenças e coisas ruins. Os cânticos entoados, a partir daí, costumam variar de acordo com a tradição da casa. Para cada um dos momentos vamos colocar duas opções. Quando termina o *Olúbájẹ*:

A jẹ ntọ	*Mo forí balẹ̀*
Dutọ dutọ	*Mo forí mo wa*

Ọmọ o lójo	*Mo jẹ mo jẹ*
Dutọ dutọ	*Mo forí balẹ̀*
	Mo forí mo wa

Para recolher utensílios, panelas e banquinhos, também há duas opções:

Dùn dùn nabẹ	*A wara wara*
Dùn dùn nabẹ	*Lábo*
Dùn dùn dùn	*Lábo e*
Dùn dùn nabẹ	*A wara wara*
Dùn dùn nabẹ	*Lábo*
Dùn dùn dùn	*Lábo e*

Para descarregar com um banho de pipoca:

Orò wúrà	O ritual é brilhante
Orò wúrà	O ritual é brilhante
Sabẹjẹ	No *Sabẹjẹ*
Orò wúrà	
Orò wúrà	
Sabẹjẹ	

Outro cântico pode ser encontrado na seção de "Apontamentos à 4ª parte", item 13, deste livro.

Na despedida de *Ọmọlu:*

O fará ọwọ́ la ba mba
Owó la ba mba
Owó la ba mba
Owó la ba mba

Nos candomblés de angola realiza-se uma festa equivalente, denominada *Kukuana*. Transcrevemos alguns cânticos:

A e sambangole
A kukuana lele
Sambangole

Inguidiade angole
Kukuana e

Inguidia makunde
Makunde tala
Manako

AJERE

A festa dedicada a *Ṣàngó* é iniciada no dia 29 de junho e tem sequência com alguns ritos que lembram momentos da história de *Ṣàngó*. Esses ritos são feitos num espaço de doze dias, assim distribuídos:

Fogueira de *Aira*, que marca o retorno do *Òrìṣa* da guerra. O terreiro havia encerrado as atividades no primeiro domingo após o Carnaval, com o *Lórógún*, e agora reabre.*

O *Àmàlà*, pirão com quiabo, uma das comidas votivas de maior expressão para *Ṣàngó*, tem o seu cerimonial feito todas as quartas-feiras, com unanimidade em todos os terreiros. Uma pequena procissão interna é realizada pelos membros da casa, trazendo o *Àmàlà* em gamela de madeira, com os demais batendo palmas ao ritmo do *Aluja*, o toque de *Ṣàngó*. Tudo lhe é apresentado no seu *Ilé*, com os cânticos:

Beni jẹ ni a pagbo
Jẹ bi òò enia pagbo

Eni pale yin
Adaba la yin
Ni mo wa mo no mo wa

---

* No intervalo entre o *Lórógún* e a Fogueira de Aira, realiza-se a festa de *Ọ̀ṣọ́ọ̀si*, no dia de Corpus Christi, por questões históricas.

Ko jẹ na mi no Àṣẹ
Ko jẹ na mi no Àṣẹ
Ko jẹ na mi no Àṣẹ

O ritual do *Ajere* pode ser assim demonstrado: em meio aos toques, prepara-se uma panela de barro cheia de brasa e fogo. *Ṣàngó* dança e anda com ela na cabeça, ocorrendo uma disputa entre ele e *Yánsàn* pela posse da panela. A panela passa de uma cabeça para a outra, e só os *Òrìṣà* conseguem tocá-la, devido à quentura. Nesse ritual é necessária a presença de *Yánsàn,* pois é ela quem sai com o *Ajere* na cabeça.

Esse momento lembra o mito no qual *Yánsàn* foi encarregada de levar o encanto do fogo para *Ṣàngó* e, no meio do caminho, resolveu experimentá-lo. Abriu o recipiente e provou um pouco do líquido. Quando foi falar com *Ṣàngó,* saiu fogo de sua boca. Foi então que *Ṣàngó* percebeu que ela lhe havia roubado o poder do fogo, que era destinado somente a ele.* Foi uma artimanha de *Èṣù* para mostrar como as mulheres são curiosas. A sequência do ritual é quando todos os *Òrìṣà* presentes comem pequenas línguas de fogo, denominadas *àkàrà.*

* Ver, deste autor, *Mitos yorubás: o outro lado do conhecimento.* 12ª ed. Rio de Janeiro: Bertrand Brasil, 2006.

A PROCISSÃO DE ÌYÁMASE E A FESTA DE BAÀYÀNNÌ

A procissão de *Ìyámase* e a festa de *Baàyànnì* encerram as festividades de *Ṣàngó*, com uma procissão na qual os dois cultos se fundem. O *Adé Baàyànnì*, uma grande coroa feita com búzios, tendo sete tiras enfeitadas de búzios que caem pela face de quem a usa, é colocada num andor, e à sua frente vem uma filha de santo carregando o *Làbà*, uma bolsa de couro que *Ṣàngó* costuma trazer consigo para guardar os *Ẹ̀dùn Àrá*, as pedras do raio. Ela é denominada *Kọ̀làbà*, um título ligado ao culto e ao quarto (espaço sagrado onde seus objetos são guardados e reverenciados) de *Ṣàngó*, e, como o nome indica, com o prefixo *kò* significando "carregar", tem a responsabilidade de portar o *Làbà* durante a cerimônia. Mais à frente, vem o estandarte, uma haste encimada por um *Oṣé*, e várias tiras de tecido coloridas. Atrás vêm os demais filhos da casa e os responsáveis pelos atabaques. O andor é carregado pelos *Ogans* devidamente paramentados com suas faixas de formatura. O cortejo dá três voltas pelo lado de fora, entrando em seguida no barracão, de costas, entoando-se o cântico:

Àgo ni bibi o
Àgo ni bibi o
Ki ri já mo d'àago
Ki ri já

Após algumas reverências, o andor é colocado no centro do salão, tendo ao lado as insígnias. Os cânticos são acompanhados pelo som do *Ṣẹ̀rẹ̀*, o chocalho de *Ṣàngó*, pois ele e *Baàyànnì* se confundem em insígnias, cores, roupas e oferendas.

Segundo a linguagem familiar, *Baàyànnì* é uma entidade vista como a irmã mais velha de *Ṣàngó*, a qual, depois da morte de *Dada Àjàká*, soberano ineficaz e seu irmão, ficou como regente da cidade de *Ọ̀yọ́*. No poder, não podia lutar, mas confiava em *Ṣàngó* para protegê-la, conforme expressão abaixo:

> *"Baàyànnì kò lè já ṣùgbọ́n o ni àbúrò ni o gbóju."*
>
> Baàyànnì não pode lutar, mas tem um irmão mais novo, forte e corajoso que a defende.

O nome *Baàyànnì* seria uma expressão que foi dita ao se constatar que ela era a reencarnação de seu pai, *"Bàbá yàn mi"*, "papai me escolheu". O ancestral masculino a escolheu para retornar à vida nessa forma corporal. A coroa é o símbolo de continuidade de ida e vinda do espírito, e uma forma de proteção para impedir que os pássaros do mal pousem sobre as conchas. Narra o mito que *Baàyànnì* se suicidou em *Iṣẹ̀lẹ̀* ao saber da morte de *Ṣàngó*.

LÓRÒGUN

O *Lórògun* é um ritual que se realiza no primeiro domingo após o Carnaval. Literalmente, *Orò* – ritual, *Ogun** – guerra, batalha que revive a ida dos *Òrìṣà* para a guerra, com uma representação de batalha entre dois grupos que se enfrentam: o exército de *Ṣàngó*, carregando uma bandeira vermelha, e o de *Òṣàlà*, carregando um estandarte branco. Não há sacrifícios, somente comidas secas. No período em que os *Òrìṣà* estão ausentes, o candomblé paralisa suas atividades, só terminando em 29 de junho, quando *Ṣàngó* retorna para sua festa. Somente a oferenda do *Àmàlá* é mantida todas as quartas-feiras. Trata-se de um resquício do período constrangedor da escravidão, quando os senhores dos engenhos não permitiam aos negros dançarem no decorrer da Semana Santa. Deviam mostrar tristeza, mesmo contra a vontade.

Durante esse período, apenas um *Òrìṣà* permanece na casa para tomar conta dela e dos filhos. O jogo de búzios é que determina, a cada ano, qual será o *Òrìṣà*. Durante esse período, fica na casa de *Ṣàngó* um recipiente com grande quantidade de pipoca, com a função de garantir a paz na casa. Quando *Ṣàngó* retorna, ela deve ser despachada.

---

* As traduções da palavra *Ogun* são diferenciadas conforme a acentuação e maneira de pronunciar: *Ogun* – guerra; *Ògùn* – nome de um rio em Abẹ́òkúta; *Ìjogún* – herança; *Ogún* – ato de herdar; *Ogún* – o número 20; *Ògún* – nome do *Òrìṣà; Oògùn* – remédio, medicina; e *Òógùn* – suor.

Para a realização desse ritual, que geralmente se inicia às 19 horas – portanto, mais cedo, primeiramente faz-se uma procissão passando pelas casas de todos os *Òrìṣà,* como se fosse uma viagem por toda a cidade. Terminada a caminhada, segue-se para o barracão, formando-se lá duas alas, uma à esquerda e outra à direita. O exército de *Ṣàngó,* com todos usando roupas vermelhas e brancas, e a mais velha do grupo empunhando o estandarte vermelho; o de *Òṣàlá,* da mesma forma, porém vestido com roupas brancas e a mais velha do grupo empunhando o andor de *Òṣàlá*. A função de *Òṣàlá* é apaziguar as disputas. Todos são enfeitados com folhas de samambaia, em formato de coroa para as mulheres e folhas a tiracolo para os homens. Trata-se de um ritual muito alegre, com todos em suas posições, e alguns cânticos são entoados:

1ª cantiga:
Olórògun olórògun.
Elémasa sá o
Olórògun e jẹ wa pá ìwà
Olórògun pá
Elémasa sá o
Olórògun e jẹ ma pá ìwà

Akaja
Lógún masa
Ọlọ́wọ
Bẹru já

2ª cantiga:
Àìzo e e
Àìzo lakula lọnà
Àìzo e e
Àìzo lakuna lọnág

3ª cantiga:
Olórògun Olórògun
Elémasa sá o
Olórògun e jẹ wa pá ìwà
Olórògun pá
Elémasa sá o
Olórògun e jẹ ma pá ìwà

3ª cantiga como cantada por Luis Bangbala:
Olórògun Olórògun
Olórògun jaja
Olórògun agemasa
Olórògun jaja

O objetivo é ganhar a guerra fazendo prisioneiros. Para isso, tentam puxar as pessoas para o seu lado, pois uma vez aprisionada, ela não poderá sair do território inimigo. Os estandartes são as únicas coisas intocáveis. A guerra termina quando o primeiro *Òrìṣà* chega, se manifestando em um de seus filhos ou uma de suas filhas, sendo então o grupo considerado o vencedor. Nesse ambiente alegre e de muita cordialidade, todos fazem uma roda cantando e encerrando todas as obrigações correspondentes ao ano:

F'ara imọ́ra Olúwo	Usamos o corpo para abraçar
F'ara imọ́ra	Nos abraçamos
Arakétu 'wúre	Povo de Kétu, rogamos bênçãos...
F'ara imọ́ra	E nos abraçamos

ÌBẸ̀RẸ̀: O RITUAL DE INICIAÇÃO

A iniciação possibilita manter a casa de candomblé com pessoas habilitadas a lhe dar continuidade e manter um forte elemento de coesão do grupo, pela solidariedade natural que o fato determina. Todos passaram pelo mesmo ritual e sabem bem das diferentes situações enfrentadas. Os problemas emocionais, financeiros e psicológicos, aliados à força de vontade e, sobretudo, à humildade são um forte fator para se começar uma nova vida onde uma nova personalidade será construída. É todo esse conjunto de situações que possibilita o ingresso numa nova família: a família de santo. A pessoa terá, então, um novo nome pelo qual será conhecida, adquirirá novos hábitos e, principalmente, terá o compromisso constante com o seu *Òrìṣà* e com a sua *Ìyálòrìṣà*. Não há um calendário preestabelecido para a realização de uma iniciação, pois a decisão de uma pessoa se iniciar é imprevisível. Ela pode se dar a qualquer momento, e a solenidade final pode coincidir com a festa de um *Òrìṣà*.

A reclusão possibilita treinamento metódico, estudos de sensações e observações gerais, além de ordenar e controlar as manifestações. Cria um condicionamento a certos ritmos e cantigas bem determinados, preparando a pessoa até o dia de dar o *Orúkọ*, ou seja, o nome iniciático. O que se pretende é seguir um modelo religioso coadunante com as tradições da casa, a raiz de santo. A palavra "iniciação" não seria bem um termo correto, pois nesse momento não são ensinados os segredos da religião. Trata-se apenas de um caminho para se atingir esse objetivo. No dizer de antigas *Ìyálórìṣà,* no candomblé tudo se aprende com os olhos e os ouvidos; deve-se prestar atenção a tudo e não se perguntar nada. E é importante ter também uma boa memória, pois o arquivo do candomblé é de base oral.

Cada um que irá ajudar tem uma função específica, e todos trabalham. Um escolhe as folhas, outros compram os animais, fazem a comida e arrumam a casa. Há até aquele que acorda cedo para varrer a casa a fim de que a *Ìyàwó* não pise na poeira. Aquela que lava a roupa da *Ìyàwó,* que todo dia troca de roupa; a que faz o *Àkàsà*; a que toma conta da galinha do *Kàro.* Tudo é feito por gente de muita confiança.

Não são os anos de feitura que promovem uma *Ìyàwó,* mas as obrigações de um, três e sete anos, quando então ela perde essa condição, passando a ser uma *Ẹ̀gbọ́nmi. Ìyàwó* é o primeiro grau de um caminho de promoções.

Os primeiros caminhos se voltam à indicação da pessoa para ser iniciada. Quem determina é o seu *Òrìṣà* através de diferentes modalidades. Pode ser revelada numa mesa de jogo; durante um toque de candomblé em que a pessoa participa e o *Òrìṣà* lhe dá avisos; ou então doenças aparentes, situações estranhas que ocorrem sem uma explicação plausível. São sinais que o jogo de búzios decifrará. Todo iniciado tem uma história para relatar acerca do seu ingresso no candomblé.

Ao entrar para ser iniciada, a pessoa não sabe exatamente o dia e a hora em que irá sair. Tudo dependerá dos trabalhos a serem realizados, da reação da pessoa e do tipo do *Òrìṣà.* As maiores coisas são feitas com a casa vazia, sem participação do público, apenas auxiliares imediatos da dirigente.*

---

* Nesse primeiro estágio de adaptações diversas, a pessoa adquire o grau de *Abíyán,* ou noviça. Deverá ser tratada com carinho e muita atenção, como um neném que começa uma etapa de vida. Infelizmente, em alguns casos isso não acontece, o que revela a necessidade de a pessoa saber escolher a casa certa, a fim de que não se arrependa mais tarde, indo buscar outras casas.

BỌ́LỌ́NAN: BOLAR NO SANTO

É a primeira manifestação de um *Òrìṣà* numa pessoa, e geralmente ocorre de forma bruta e sem qualquer previsão. Pode acontecer durante uma festa, ao se cantar para um determinado *Òrìṣà*; a pessoa é acometida por tremores e sobressaltos, caindo no chão inconsciente. Esse momento é visto como um apelo do *Òrìṣà* à iniciação. A expressão "bolar" vem de "embolar", e é uma forma alterada do yorubá *Bọ́lọ́na*: *Bọ́*, cair, e *lọ́na*, no caminho. Nesses casos, a dirigente cobre a pessoa com um pano branco e ela é carregada para o interior da casa. Lá é desvirada e comunicada. Se desejar, já permanecerá para a iniciação. Na maior parte das vezes, volta para casa, ficando o assunto para ser decidido mais tarde.* Se permanecer no terreiro, será na qualidade de *Abíyán*, uma aspirante. Dará um *Bọrí*; terá um colar de contas de seu *Òrìṣà* e de *Ọ̀ṣàlá*, lavados com sabão da costa; e tomará um banho de folhas maceradas. Essa primeira participação aproximará a *Abíyán* das demais pessoas, fará com que conheça os hábitos da casa e participe de alguns atos, como mera ajudante, o que não deixa de ser uma forma de aprendizado. Irá adquirir os materiais para a sua iniciação, comprando-os aos poucos, e passará a esperar por ela, que poderá ocorrer junto com outras pessoas ou individualmente, o

---

* Não há o compromisso de permanecer no candomblé onde se bolou. Para isso, os antigos observavam se, quando a pessoa caía em transe, tinha a direção das pernas voltadas para a rua ou para o interior do terreiro. E então tiravam suas conclusões.

que sempre é mais oneroso. A iniciação conjunta estabelece um vínculo poderoso entre todos denominados irmãos de barco. Essa palavra, "barco", pode ser entendida como um coletivo para os iniciados em grupo.

Em outros casos, o *Bọ́lóna* se torna um ritual específico, quando o grupo a ser iniciado é reunido no terreiro e são entoados alguns cânticos de chamada. Isso tem o seguinte objetivo:

1. Nos casos de haver no grupo pessoas apontadas pelo *Òrìṣà* como *Ogans* ou *Ẹkẹ̀dis,* para certificar-se de que eles não viram com o santo, podendo ser, assim, devidamente confirmados. Caso haja manifestação de algum *Òrìṣà,* eles integrarão o grupo de futuros *Adóṣù,* ou seja, pessoas que serão devidamente raspadas e terão um ritual bem mais complexo e demorado.*
2. Certificar se o *Òrìṣà* foi mesmo aquele revelado no jogo. A cantiga na qual se bolou será sempre lembrada e fará parte de sua identidade.
3. Determinar a composição do barco de *Ìyàwo,* por ocasião da saída. O primeiro a se manifestar será a *Dofona* do barco, ou seja, virá à frente dos demais. Através de articulações ou não, o primeiro será sempre um filho de *Ògún,* daí o título que este *Òrìṣà* carrega, *Asiwajú,* o que vem na frente dos demais.

* É esse procedimento cauteloso que justifica a crítica a *Ogans* que se aventuram, mais tarde, a serem *Bàbálórìṣà*.

ETAPAS DA INICIAÇÃO

Em linhas gerais, há um modelo adotado pelas casas de candomblé tradicionais, mas que pode vir a ser alterado em razão de tradições pessoais e da qualidade do *Òrìṣà*. No candomblé, cada caso é um caso diferente, e a cautela, observação e disciplina são fundamentais para um trabalho sério e que envolve a própria estrutura das pessoas. Podemos enumerar da seguinte maneira os procedimentos a serem seguidos:

1. Subir para o candomblé, onde ficará três dias em descanso. São momentos de integração ao ambiente e às pessoas, longe dos problemas e outras preocupações.
2. Será designada *a Ajíbọ́na* que a acompanhará em todos os momentos como sua mãe-criadeira. A iniciação já começa com a entrada da pessoa no candomblé.
3. No quarto dia, será realizado um *Ẹbọ,* sacudimento com tudo que a boca come, e a pessoa tomará banhos com sabão da costa e ervas.

RITUAL PARA ÈṢÙ

Dar o *Bọri** para, em seguida, entrar no *Ilé Àṣe* ou *Hunkọ* numa quarta ou quinta-feira. A partir daí o recolhimento é total. Essa dependência da casa é muito especial e onde é colocada uma esteira forrada com lençol branco, tendo por baixo algumas folhas de são-gonçalinho.

Nos dezessete dias que virão realizam-se diversos ritos: o *Gérun* – o corte dos cabelos e a lavagem da cabeça, feita com uma bucha** e sabão da costa –, para ser feito o *Fári*, a raspagem da cabeça. Esse ato é feito com a futura *Ìyàwó* acordada. O cabelo representa a força. Dar o cabelo ao *Òrìṣà* é um ato de submissão e renovação, pois o cabelo, ao nascer de novo, vem com toda a força do *Òrìṣà*. Nos candomblés de angola, a expressão é *Katula,* "raspar", que vem de *tula,* "tirar". No alto da cabeça é feito o *Gbẹ́rẹ́*, que corresponde a um pequeno corte*** na pele em forma de cruz, coberto por um pó denominado *Atin*. É somente aí que se faz um corte no corpo, pois no candomblé kétu não são feitos outros cortes, por se entender que o *Àṣẹ* penetrará pelos poros do corpo. Os sacrifícios são efetuados, e, nas partes do corpo com marcas do sangue animal, são coladas penas das aves. Durante o ato do sacrifício, os cânticos tradicionais não são cantados. Tudo é feito em silêncio.

Algumas casas não dão, exatamente, um banho de sangue no corpo da *Ìyàwó,* pois o *Ọ̀bẹ,* a faca, nunca vai na cabeça da *Ìyàwó*. O animal é cortado e o sangue é recolhido numa travessa, para depois ser colocado no corpo. Esse ato segue uma interpretação de que o sangue dá a vida, e as penas, a proteção, em lembrança da forma como a galinha acomoda seus pintinhos debaixo das asas:

---

* Não confundir o *Bọri* com o ato de iniciação. Ele é um ritual que antecede obrigatoriamente a iniciação, e nada tem a ver com "*Bọri* de Fundamento ou de Feitura".

** A bucha (*Luffa aegypciaca*) é de origem asiática e aclimatada no Brasil, sendo muito utilizada nos serviços de limpeza. Na sua falta são utilizadas fibras de palha da costa.

*** Nos candomblés de angola, são feitos cortes em outras partes do corpo, inclusive na língua, e denominados *Kura*. Antigamente, essas *Kuras* eram reabertas nas Sexta-Feiras Santas.

"Àyà ni adìẹ fi mbò ọmọ."
O peito da galinha é usado para proteger os pintinhos.

Na sequência, é feito o *Kàro,* o juramento da *Ìyàwó,* diante de um *Obì,* e o ritual de cantar folhas, o *Sàsányìn.* Será nessa oportunidade que o *Odù* da *Ìyàwó* será conhecido. Colocam-se em suas mãos os búzios, para que ela mesma jogue e a *Ìyálórìṣa* interprete a caída. As rezas são repetidas três, sete e dezesseis dias.

A iniciação é a sacralização da cabeça para ser o habitat do *Òrìṣà* durante certo período. Quando o *Òrìṣà* se manifesta, ele vem para reforçar a vitalidade do seu filho, assim como a energia que vai espalhar para toda a comunidade. Sendo assim, toda a iniciação é uma preparação. Como vimos, a cabeça é raspada, sacralizada pelo sangue dos animais e pintada, porque essa pintura possui vários sentidos, que serão vistos mais adiante. O *Oṣù*, uma massa feita de diversos elementos e que tem um formato cônico, é colocado no alto e centro da cabeça, exatamente onde foi feito o pequeno corte. A partir daí, a iniciada poderá ser chamada de *Adóṣù.*

Oṣù ká(u)ká níbiti	O *Oṣù* é colocado em círculo
A re ṣe pé òòkà níbiti	Útil e perfeito como uma aliança

No sábado, que corresponde ao terceiro dia, realiza-se o ritual do *Ẹfun,* a pintura da cor branca, que é feita com a nervura do dendezeiro. São saídas internas, feitas somente durante o dia, com a *Ìyàwó* de cabeça baixa e toda pintada de branco. Sai com o *Ìkódídẹ* e o *Òṣù* fazendo *Pawọ́** em frente à porta de entrada e aos atabaques. O *Òdídẹ* é um pássaro sagrado por ser o único animal que fala. A sua pena vermelha é usada no sentido de lembrar o sangue menstrual da fertilização e dar o poder de abrir a fala da *Ìyàwó.*

---

* *Pawọ́,* do yorubá *Pa,* afligir, *ọwọ́,* as mãos. São palmas ritualísticas com as mãos em forma de concha, produzindo um som abafado. *Pàtẹ́wọ* é a definição de palmas ou aplausos.

Ẹfun ẹ bò nífẹ́	O *Ẹfun* cobre o corpo com encanto
Ẹfun ẹ bò nífẹ́ Ìyàwó	Ele cobre a cabeça da *Ìyàwó*

Uma *Ìyàwó* nunca fica sozinha. É sempre acompanhada pela mãe--criadeira, que é a sua responsável. Ela vai à frente, guiando seus passos, para familiarizá-la com as danças e os ritmos dos atabaques. Na quarta--feira, é o dia da pintura do *Wàji* e do *Ọṣùn*, as cores azul e vermelha, respectivamente. Essas saídas de *Ẹfun* são realizadas com a *Ìyàwó* manifestada com o seu *Òrìṣà*. Essas pinturas representam uma forma de proteção e fechamento de corpo, impedindo que os pássaros das *Àjẹ́*, as feiticeiras, pousem em sua cabeça. Um cântico tradicional, ainda cantado na África por ocasião de ritos semelhantes, revela isto:

Agbè lo laró	*Agbé* é o pássaro que tem penas azuis
Ki raun aro	Que nunca lhe falte o azul
Alukò lo lósùn	*Alukò* é um pássaro de penas vermelhas
Kí raun ọṣùn	Que nunca lhe falte o vermelho
Lékeléke ki lo lẹ́fun	*Lékeléke* é um pássaro de penas brancas
Kí raun ẹfun	Que nunca lhe falte o branco
Emi ni yio léke ọ̀ta mi o	Que eu fique acima de meus inimigos

A cor azul representa a bondade; a vermelha, boas notícias; e a branca, a paz.

Nos intervalos, a mãe-criadeira procura saber o que a *Ìyàwó* sonhou, como está a sua reação. São maneiras de fazer com que a reclusão não seja constrangedora e, ao mesmo tempo, de se conhecer melhor. Algumas restrições são exigidas: só pode comer com as mãos, sentar só no chão e, para ser atendida, fazer o *Pawọ́*, bater palmas. Essas proibições serão atenuadas após o *Pana*, que se revestirá da quebra dessas e de outras *kizilas* impostas. Existem momentos em que a *Ìyàwó* participa dos rituais, em alguns casos acordada e, em outros, necessariamente virada com o seu *Òrìṣà*.

Em seu confinamento, aprende as danças, rezas, o modo de se comportar. É ensinado o repertório musical do seu *Òrìṣà,* com as cantigas que lhe estão associadas, como também as do grupo do qual fará parte. Nesse particular, deve criar técnicas de memorização, através de um estudo íntimo, para determinar a melhor maneira de preservar o que está vendo, pois se trata de um processo muito pessoal. Passa a conhecer a hierarquia do terreiro, seus deveres e suas obrigações. É o tempo do *Kele,* um colar que se ajusta ao pescoço para lembrar-lhe sua condição de iniciante e suas severas restrições.

A *Ìyàwó* recolhida usará o *Ṣàworo,* uma pulseira feita de palha da costa trançada, com guizos, usada no tornozelo. Ele a acompanhará em todo o processo de iniciação, possibilitando revelar onde a pessoa se encontra, principalmente nos momentos de *Ere,* um tipo de entidade infantil que se apossa da pessoa para atenuar a rigidez do recolhimento. Revelam os mitos que essa foi uma forma de *Yemọjá* saber onde *Ọmọlu* se encontrava quando se escondia nos pântanos, envergonhado das doenças de seu corpo.

Após a iniciação haverá mais outras três obrigações: de um, três e sete anos, que complementarão o seu aprendizado, deixando, então, de ser *Ìyàwó,* para ser *Ègbọ́nmi.**

Sábado, o 17º dia, será a cerimônia do *Orúkọ Ìyàwó,* literalmente, o dia em que será revelado o seu nome iniciático. De madrugada, a *Ìyàwó,* sentada num banquinho, passará por uma nova raspagem e haverá um novo sacrifício animal. Já com o seu santo assentado, acompanhado do seu *Bara,* suas contas, e do *Mokan,* o símbolo da iniciação, será dado o *Àṣẹ* da fala, com um pombo e a pena do pássaro *Òdídẹ.* À noite ocorrerá a cerimônia pública, com três aparições, sendo que algumas casas o fazem com quatro apresentações. A primeira saída vem de branco em homenagem a *Òṣàla,* a segunda com roupas coloridas, e a terceira com a roupa de gala de seu *Òrìṣà,* trazendo suas insígnias. É denominada

* *Ẹ̀gbọ́n mi* significa, exatamente, "minha irmã mais velha", ou "meu irmão mais velho". É uma saudação que se transformou em título indicativo de precedência.

Saída Rica. Uma das cantigas pode ser destacada, como esta cantada no *Àsẹ Òpó Àfọ̀njá:*

Mo bò san	Eu cubro e envolvo
De Ìyàwó l'ódo	A *Ìyàwó* nas águas
Ẹ jó wẹ́lẹ́wẹ́lẹ́	Ela dança onduladamente como as ondas do mar

Será na última apresentação que o *Òrìṣà* dará o nome pela boca da *Ìyàwó.* É o *Ọjọ́ Orúkọ,* ou seja, o dia do nome. Cada *Òrìṣà* tem características particulares, mesmo sendo o mesmo *Òrìṣà* com a mesma qualidade; porém, trata-se de energias diferentes, com dosagens diferentes. Todo *Òrìṣà* tem sua coloração especial, e então tem um nome para se diferenciar dos demais. Para isso, é convidada uma pessoa proeminente da religião para tomar-lhe o nome.* Ela recebe uma sineta, *Ajà,* o símbolo do poder e da autoridade. Em um rápido passeio pelo salão com a *Ìyàwó,* agitando o *Àjà,* lhe pergunta o seu nome por três vezes, e ela responde após uma volta por si mesma. Será esse o seu novo nome, e que é recebido com palmas e com a presença de outros *Òrìṣà*:

Olùwa iná	O fogo
Kini pàwòdì	Não atinge o falcão
Òrìṣà o kú ẹwu o	Que o *Òrìṣà* a afaste dos perigos

A *Ìyàwó é* agora um falcão, com o poder das alturas, que a distanciará dos perigos. Esse é um dos objetivos da iniciação.

A seguir, nesta mesma noite, as *Ìyàwó* trocarão de roupa e levarão o carrego, *Ẹrù Ìyàwó,* de suas obrigações. É o carrego final para a fertilização da terra, pois no candomblé nada se perde. É o *Ẹrù pin,* de *Ẹ́rú,* "carrego", e *pin,* "final", ou *Orò pin,* "ritual final", que será deixado em

* Verger revela que, na África, quem dá o nome é a própria pessoa que realizou a iniciação. Em outros tempos, nos antigos candomblés, era dessa forma que o nome era anunciado.

local determinado pelo jogo de búzios. Ao sair com o carrego coberto por um pano branco e levado na cabeça,* as luzes são apagadas, e cantam:

Ẹrù pin	O carrego [ou ritual] final
Ẹ rù dà	Você carrega silenciosamente
Dá nísẹ	Sozinha e cansada
Bọ́ rẹ adá	Libertando-se dele
Ẹrù pin o	
Ẹ rù dá	
Dà nísẹ	
Bọ̀ rẹ adá o	

Ao retornarem, cantam:

A ṣẹ ma re lé	Vocês surgem e tornam-se realidade
O kú àbọ̀ òde	Saudamos seu retorno; bem-vindos
Ilẹ́ okun lè	A casa tem a força de que vocês precisam

Retornam com as luzes já acesas, e todos cantam para *Òṣàlá*.

No dia seguinte, domingo, será o ritual do *Pana*, de *Pa ìna*, "o final do castigo". Num ambiente informal e descontraído, as proibições – *Èwọ̀*, que anteriormente eram imperativas, são atenuadas. É a volta à consciência normal, com um reaprendizado dos gestos da vida comum. Assim, todos imitam atividades diversas, como costurar, varrer, lavar, capinar etc. Ficam em estado de *Ere*, do yorubá *Ìyere*, uma divindade encantada de características infantis, uma forma de descontração após dezessete dias de rígida disciplina. Ela será maior com a tirada de *Kele*, três meses depois, ou antes, dependendo de suas atividades normais. Trata-se de

* Os carregos são geralmente levados na cabeça, bem como as oferendas. A exceção é para o carrego nas obrigações de *Àṣẹ̀ṣẹ̀*.

uma cerimônia particular, podendo haver festa, contanto que o ritual seja privativo.

A partir do momento em que a pessoa se inicia, ela passa a ficar sob os cuidados do seu *Òrìṣà*, que a auxiliará na proporção de sua obediência. Todo o seu aprendizado estará em função direta com a sua assiduidade aos serviços rotineiros do candomblé, assim como a conquista da confiança das pessoas mais antigas. Desse momento em diante, a *Íyàwó* terá uma vida dupla, a de iniciada religiosa com seus familiares, mãe, pai e irmãos de santo, e a sua vida cotidiana que será sempre influenciada pelo seu lado religioso, em todos os sentidos. Dizendo melhor, o seu inconsciente ficará marcado por tudo aquilo que lhe foi imposto durante os dezessete dias. O seu comportamento na vida normal apresentará ligeiras modificações, independentemente de sua vontade. E o seu arquétipo, que estava reprimido pelas circunstâncias da vida, a partir daí irá exteriorizar a personalidade do seu *Òrìṣà*. Essas tendências que o *Òrìṣà* impõe serão mais fortes pelo vínculo criado pela iniciação.

Uma pessoa, quando sai da iniciação, não é mais a mesma. Ela é modificada, por força de certas restrições que lhe foram determinadas. Por exemplo, o que comia antes já não pode comer mais. A noção do que seja frio e quente e que poderá não lhe fazer bem, a partir de observações feitas e de determinações do seu *Òrìṣà*. Comer manga e abacaxi faz o sangue ficar quente, e isso pode não ser bom para a pessoa. Carne de porco e de caça pode vir a ser problema. São *kizilas* que trarão problemas para o corpo. Outros tipos de *kizila* são determinados pelo respeito. Não comer abóbora é explicado pelo mito que revela que ela é a representação do primeiro ventre que pariu o primeiro ser. Se comer a abóbora, estará comendo a barriga da mãe ancestral. Outras são as *kizilas* solidárias, ou seja, o respeito à *kizila* da *Ìyálórìṣà* ou de seus irmãos de barco. *Kizilas* de cor, como não usar pano xadrez ou vermelho, tudo isso vem pelo fato de que o *Òrìṣà* tudo determina, pois é ele que usa o corpo conforme os seus desejos. Uma *kizila* infringida quebra a força que o *Òrìṣà* botou na pessoa.

Nesta fase pós-iniciação, a *Ìyàwó* terá mínimos direitos e mais obrigações, atenuadas no decorrer da vivência, nas participações e obrigações feitas. É sempre acompanhada pela sua mãe-criadeira, que a conduzirá até a sua residência, orientando-a como dormir (não dormirá na cama), como comer e se comportar na vida civil. A *Ìyàwó* é um novo ser e tem de ser bem cuidada, como se fosse uma criança nova, a caminho da maturidade. É comum ouvir alegações das mais antigas como "no meu tempo eu passei por isso", obrigando a novas atitudes e trabalhos dispensáveis, apenas porque já passaram por aquilo. Esquecem que "naquele tempo", talvez, a forma feita fosse importante, mas os tempos mudam. Contudo, o respeito deve ser superior a tudo, pois faz parte da escolaridade.

Como dissemos, as próximas etapas serão as obrigações de um, três e sete anos, que, de certa forma, poderão ter o seguinte andamento:

Obrigação de um ano – três dias de recolhimento, no mínimo; *Ẹbọ, Bọrí,* oferendas secas e bichos de pena. Não leva *Ìkódídẹ* nem *Òṣù* e não raspa.

Obrigação de três anos – uma semana de recolhimento; *Ẹbọ, Bọri,* oferendas secas, animais de duas e quatro patas, leva *Òṣù,* pintura de *Ẹfun,* usa *Kele,* retira um pouco dos cabelos e catam-se folhas nos 3º, 7º e 16º dias. Descansa 21 dias.

Obrigação de sete anos – uma semana de recolhimento; mesmas obrigações anteriores, usa o *Kele* de sua iniciação e faz resguardo de 21 dias. Após essa obrigação terá algumas regalias, como a de ter *Oyè,* um título que qualificará suas funções, e que pode ser com função restrita a um *Òrìṣà* ou pertinente aos atos da sociedade de um modo geral. Alguns exemplos de *Oyè*:

Afikọde – posto no quarto de *Ọ̀ṣọ́ọ̀sì*
Àjímúdà – posto no quarto de *Ọmọlu*
Apokan – posto no quarto de *Ọmọlu*
Balógun – posto no quarto de *Ògún*
Ẹlẹ́mọ̀ṣọ́ posto no quarto de *Òṣàgiyán*
Ìgbàlẹ̀ – posto no quarto de *Yánsàn*

Kawéo – posto no quarto de *Ọ̀sányìn*

Ọgalá – posto no quarto de *Ọ̀ṣàlá*

Ṣobalóju – posto no quarto de *Ṣàngó*

Ìyá Ẹfun – a mãe do branco, a responsável pela pintura

Íyá Síhá – significa "seguir em direção a um caminho", sendo ela quem conduz o estandarte de *Ọ̀ṣàlá* (*Síhá* pronuncia-se "sirrá")

Íyá Ẹ́gbẹ́ – mãe da sociedade, com funções de conselheira, de manter a ordem e a tradição

Ìyábàsè – responsável pela cozinha, derivada da palavra *sè*, "cozinhar"

Sárepẹ́gbẹ́ – aquele que leva os convites e recados a outros candomblés, formado pelas palavras *sáre*, "correr", *pé*, "convidar", e *ẹ́gbẹ́*, "sociedade"

Ìyáláṣẹ – zeladora dos *Àṣẹ*

Tojúọmọ – aquela que olha pelas crianças, formada pelas palavras *ojú*, "olhar" e *ọmọ*, "criança"

Akọ̀wé – responsável pelas compras, literalmente significa "escritora", "secretária"

Ìyámórò – responsável pela cuia do *Ìpàdé*, a palavra deriva de *mú*, "pegar", e *orò*, "obrigação"

Alágbé – tocador de atabaque, formado pelas palavras *alá*, "dono", e *agbè*, "cabaça"

Aṣògún – o que sacrifica os animais, literalmente, "aquele a quem foi outorgado o *Àṣẹ* de *Ògún*"

OBSERVAÇÕES SOBRE O ORÍ, OṢÙ E O FÁRI

Todos os trabalhos são feitos em cima de determinadas propriedades do corpo humano, sendo seu reduto principal o *Orí*, ou seja, a cabeça. Ele representa todo o *Àṣẹ* que uma pessoa possui. É a essência da sorte e a mais importante força responsável pelo sucesso. A sobrevivência do ser humano depende do *Orí* e de quem mexe nele. Existem pessoas que têm as seguintes características:

Ọwọ́ Àjẹ́	mão de feitiço
Ọwọ́ Burú	mão ruim
Ọwọ́ Ikú	mão da morte
Ọwọ́ Rere	a boa mão, a mão da sorte

A grande tarefa de quem vai se iniciar é buscar a casa cuja dirigente tenha a mão da sorte e da felicidade – *Ọwọ́ Rere*. Para detectá-la, basta verificar o terreiro, o dia a dia de sua dirigente e a situação das pessoas que lá se encontram. Devem ser considerados dois pontos: primeiro, a iniciação não promove ninguém à riqueza financeira, embora não seja descartada essa hipótese; segundo, o fato de ter uma boa mão não está relacionado com conhecimento, embora as duas condições sejam o ideal. Essa preocupação inicial é fundamental, pois visa a impedir que ocorra desilusão na escolha e que a pessoa, posteriormente, entre na rotina de ficar pulando de casa em casa, e a sua cabeça rolando de mão em mão. Quando isso ocorre, ela será sempre considerada uma filha bastarda, ou seja, fará parte de uma casa que a acolheu, mas a iniciação foi feita em outro ambiente.

A ciência dos ritos, e em especial a iniciação, tem como base o sacrifício como meio de despertar energias para uma afinidade maior com o seu *Òrìṣà*. Como vimos, a pessoa iniciante é recolhida em local especial e seus cabelos são raspados para que o *Orí* receba misturas especiais dos três reinos da natureza:

Mineral – *Ẹfun*, tintura branca; *Oṣùn*, tintura vermelha; e *Wàji*, tintura azul

Animal – *Ẹ̀jẹ̀*, o sangue dos animais sacrificados; *Iyẹ*, as penas das aves

Vegetal – *Ọṣẹ Dudu*, sabão da costa; *Àgbo*, banho de folhas; *Ìko*, a palha da costa; e o *Ìkódídẹ*, pena vermelha do pássaro *Odídẹ*, símbolo da fertilidade

Um *Orí* possui cinco pontos de real importância para os ritos do candomblé:

Ìpakọ́	a nuca
Iwájú Orí	a testa
Apá Òtún	fronte do lado direito
Apá Òsì	fronte do lado esquerdo
Àwújẹ	o alto e centro da cabeça, onde é feito o *Gbẹ́rẹ́*, uma sutil incisão onde é fixado o *Òṣù*

O *Òrìṣà* é fortalecido através do ritual do *Bọrí* e firmado no alto da cabeça com o *Àṣẹ̀* que denominamos de *Òṣù*. Acompanha as pinturas no alto e centro da cabeça, na testa, no peito e nos ombros; símbolos e insígnias são colocados no pescoço, nos braços, nas pernas e no pulso. O *Òṣù* é a marca que distingue o iniciado. Na África, para determinados *Òrìṣà*, ele é simplesmente um tufo de cabelos deixado no alto da cabeça raspada. Aqui, é composto de elementos diversos que podem ser alterados de acordo com o *Òrìṣà*, como *aridan*, *pichulin*, *preá* e diversos tipos de pó. É moldado com as águas das folhas da *Ìyàwó* em formato cônico, constituindo-se em um fragmento do *Àṣẹ* coletivo da casa. Ele é usado na feitura e nas obrigações de três e de sete anos e na morte, quando simbolicamente ele é retirado do corpo morto, através de um ritual muito reservado. Quando a morte se dá por acidente, que dificulta o acesso ao corpo, os preceitos são feitos numa cabaça, que representará a cabeça do falecido.

O *Fári* é o ato de raspar a cabeça para que sejam feitas as obrigações diretamente na cabeça. Vem de *Fá*, "raspar", e *orí* "cabeça". *Abẹ* é a denominação da navalha utilizada. As antigas *Ìyálórìṣà* tinham apenas uma navalha para utilizar na iniciação de todos os filhos. Diante de circunstâncias relativas a algumas doenças infectocontagiosas, entre elas a aids, a navalha passou a ser um instrumento pessoal para cada cabeça feita, da mesma forma como são os assentamentos, as insígnias e roupas dos *Òrìṣà*. Tudo é individualizado.

As regras de corte se alteram, iniciando-se pelo corte lateral dos cabelos. *Ṣàngó Aganjú* é raspado metade num dia e metade no outro. A pessoa que é *Abíkú* não raspa: corta-se uma mecha no alto da cabeça e, em seguida, coloca-se uma cabaça aberta pela metade, emborcada na cabeça da pessoa, onde serão feitas as pinturas, os banhos e demais preceitos. Toda essa técnica é realizada de madrugada, por haver maior concentração de energia.

Em linhas gerais, a cabeça é a principal divindade de uma pessoa devido ao seu relacionamento com o destino e sua sorte. O seu poder pode ser assim definido:

> *"Orí ẹni ni mu 'ni j'ọba."*
> A cabeça de uma pessoa faz dela um rei.

É a principal parte do ser humano. Geralmente vem primeiro ao mundo, abrindo caminho para trazer o resto do corpo. É através do *Orí* que nos alimentamos e nos comunicamos, sendo a sede da consciência e dos principais sentidos físicos. Pela sua importância, foi encarregado um antigo *Òrìṣà*, *Àjàlá*, da tarefa de moldar o *Orí* com o barro da melhor qualidade fornecido por *Òṣàlá*. Entretanto, como nem sempre os *Orí* saíam com a perfeição desejada, *Olódùmarè* ordenou a *Ọrúnmìlà* que ensinasse aos seres humanos como restabelecer o equilíbrio necessário em suas cabeças. Assim nasceu a cerimônia do *Bọri*. O conceito de *Orí* é básico para explicar acontecimentos que de outra forma seriam incompreensíveis, como a morte súbita, os sofrimentos e a boa sorte.*

As diferentes cerimônias realizadas no corpo de um iniciado possuem relação direta com os conceitos da criação divina. A cultura yorubá que deu o modelo de candomblé kétu no Brasil entende o ser humano como uma composição de elementos físicos e extrafísicos assim definidos, que explicam a razão do que até aqui foi explicado:

ARA ÈNIA – é a forma física do homem e que foi modelada do barro (*amọ̀*) e da água (*omi*) primordiais por *Òṣàlá*. É o elemento concreto de carne e osso, que retornará a seus estágios após a morte física.

ORÍ ÒDE – a cabeça física, que se presta para o suporte das obrigações iniciáticas. Ela é mortal e está confiada ao saber médico de *Ògún*, através do bisturi, e de *Ọsányìn*, através dos remédios.

ORÍ INÚ – é a cabeça interior ou o ser espiritual do homem, e é imortal. Ligada a *Ifá* e aos *Òrìṣà*, ou seja, ao saber divino, é ela quem controla a cabeça física, determinando, portanto, que o sucesso do ser exterior depende essencialmente da natureza dinâmica do interior do homem. É ela que abriga as expressões mentais, a sensibilidade, o pensamento e a inteligência. É para ela que são dirigidas todas as obrigações feitas. Esse poder de individualidade é que proporciona a condição de que tudo que não for do desejo do *Orí* de uma pessoa, nenhuma outra divindade

* Ver, deste autor, *Ọrun Àiyé: o encontro de dois mundos*. Rio de Janeiro: Bertrand Brasil, 1997, pp. 128 a 147.

poderá fazê-lo. Por isso a expressão "*Kò si òòṣà ti i dá'ni gbè lẹ́hin orí ẹni*", "Não há *Òrìṣà* que abençoe uma pessoa antes de seu *Orí*". Com a morte física, ele retorna para o poder divino, *Olódùmarè*.

ẸMÍ – é o poder de vida representado pela respiração, dando ao ser humano vida e existência. É colocado no homem pelo poder divino, e para Ele voltará após a morte. É associado à vida, *Ìyè*, e a todo o seu mecanismo de viver. Esta é a diferença entre os *Ara Òrun*, os seres divinos, e os *Ara Àiyé*, o povo da Terra: enquanto os primeiros não necessitam do *Ẹmí*, os habitantes da Terra não sobrevivem sem ele. Daí ser dito quando uma pessoa morre: "*Èmí rè ti lo*", seu *Èmí* foi embora.

ÍPỌ̀NRÍ – é o espírito guardião ancestral, a essência da ancestralidade. Cada espírito ancestral cede substâncias para aperfeiçoar a forma das cabeças, ou seja, cada ser humano possui elementos de seus ancestrais. Esses espíritos seriam os *Òkè Ìpọ̀nrí* do indivíduo. A cabeça é individual, mas o *Ìpọ̀nrí* é coletivo. O espírito guardião ancestral está associado à fronte, ao cocuruto e à nuca. O único meio de prestar culto ao espírito guardião ancestral é fazê-lo para a sua própria cabeça, ou seja, realizando o *Bọri*.

IWIN – é o ânimo interior, definido como a alma forte do corpo físico. Pode ser invocada e, quando isso ocorre, é chamado de *Egúngún*.

ỌKÀN – é o coração e representa o ânimo exterior. É visto como a base da emoção e da energia psíquica. Uma pessoa corajosa é descrita como "*Ó ni ọkàn*", ou seja, "ela tem coração".

IPIN IJẸUM – é o participador da alimentação humana e elemento principal da sobrevivência humana, conforme o ditado "*Òrìṣà bi ikùn kò si ojójúmọ́ ni o ngbà ẹbọ*", "Não há *Òrìṣà* como o estômago, pois recebe sacrifícios diariamente". A maneira de dizer "Eu estou com fome" é "*Ebi npa mi*", que significa, em tradução literal, "a fome está me matando".

ÒJÌJÌ – é a sombra, a parte abstrata do ser humano, que desaparece após a sua morte.

ÀTÀPÀNKÒ – é a denominação do dedão do pé direito. Pela ligação com a matéria ancestral, também é chamado de *Ìpọ̀nrí*. Representa a herança paterna, e o dedão do pé esquerdo, a herança materna. Eles serão de real importância no ritual de *Bọrí*, e só serão tocados se a pessoa recolhida tiver pai ou mãe já falecidos.

ÀTÚNWÁ – reencarnação. A palavra significa, literalmente, "aquele que volta". A linhagem se perpetua e os seres são renascidos retornando à Terra em outras gerações, mas dentro da mesma família. Existe um forte desejo por parte do ser vivo em ver reencarnados seus pais logo depois da morte deles. Daí a expressão "*Ìyá á tètè yà o*", "que a minha mãe venha (reencarne) logo". A reencarnação de um ancestral é conhecida pelo nome de *Yáya ọmọ*, "voltar a ser criança". Após se constatar o fato através de consulta a *Ifá*, é dado um nome à criança ligado ao fato que pode ser este, *Omọtúndé* – a criança voltou de novo.

APONTAMENTOS À 4ª PARTE

1. Quando se expõe um fato a uma mentalidade poética, há acréscimos, invenções lindas e geniais. Essa forma satisfaz explicações sentimentais, mas não racionais.
2. Fazer um juramento é definido como *Mu ilẹ̀*, "beber a terra", numa alusão a uma forma de juramento feita diretamente no chão pelos antigos africanos. Quando o juramento é quebrado, diz-se "*Da ilẹ̀*", "quebrar a terra". Nos ritos de candomblé é definido como *Kàro*, o juramento que é feito pela *Ìyàwó* por ocasião de sua iniciação.
3. Sobre a manifestação dos *Òrìṣà* no candomblé, alguns pesquisadores como I. Lewis fazem distinção entre transe e possessão. Consideram o transe um estado de dissociação mental sujeito ao controle cultural, com grande número de variedades. A possessão é considerada uma invasão no indivíduo por um espírito. Ambas são técnicas corporais semelhantes e associadas. (Lewis, I. M. *Êxtase religioso: um estudo antropológico da possessão por espírito e do xamanismo*. São Paulo: Perspectiva, 1971.)

   Em *Pesquisas etnológicas na Bahia*, de 1943, Melville Herskovits declara: "Há pessoas que têm o estímulo da manifestação, por conviver num meio cultural que crê que todas as pessoas têm a possibilidade de virar com o santo, receber uma dessas divindades."

   Alfred Métraux, no texto *La Comédie rituelle dans la possession*, revela sua interpretação:

Tem-se o direito de duvidar da autenticidade das manifestações que ocorrem por encomenda, quando o ritual o exige. A perda da consciência, sem a qual não poderia haver manifestações, é, se não existente, pelo menos muito parcial em um bom número de pessoas. Mesmo assim, o comportamento dos possuídos não permite determinar se a origem da possessão é voluntária ou compulsiva.

Verger define: "O santo é a verdadeira natureza da gente que se manifesta por meio do que se chama transe de possessão. Ela tem na realidade um transe de expressão da verdadeira personalidade e é respeitada porque é considerada como uma divindade." (*Folha de S.Paulo*, 18 fev. 1996.)

4. As forças benevolentes são denominadas *Òrìṣà*, e as malevolentes, *Ajogun*, tendo as *Àjẹ́* como suas aliadas. O oferecimento de sacrifícios e oferendas serve para livrar-se dessas influências.
5. *Abíàṣẹ* é a denominação dada à criança na barriga da mãe quando esta é recolhida para iniciação grávida. Então, diz-se que a criança já nasce "feita". Recebe paralelamente todos os preceitos da mãe. A palavra vem de *A*, "aquela", *bi*, "que nasceu", e *àṣẹ*, "na casa".
6. *Àbíkú* significa "nascer para morrer". São duas as interpretações: a criança que, ao nascer, a mãe morre; a criança que morre ao nascer em partos sucessivos.
7. *Orúkọ*, dar o nome, é equivalente a *Dijina* dos angolas e *Hunyi* dos jejes. Seria uma forma de resgatar uma identidade com a origem africana, uma vez que era negado aos africanos trazidos como escravizados e seus descendentes ter o seu nome verdadeiro. Usavam o nome de seus senhores. Essa é uma das razões de africanos serem chamados de Manoel, Catarina, José, Antônio e outros.
8. A iniciação não determina obrigatoriamente a revelação dos segredos do culto. É um aprendizado inicial de como a pessoa deverá se comportar nas cerimônias realizadas.

9. A posição das *Ìyàwó* no barco, quando da apresentação pública, é marcada por diferentes denominações que lhes acompanharão para o resto da vida:

1ª Ìyàwó – Dofono	*6ª Ìyàwó – Fomotin*
2ª Ìyàwó – Dofonitin	*7ª Ìyàwó – Vito*
3ª Ìyàwó – Gamotin	*8ª Ìyàwó – Vitotin*
4ª Ìyàwó	*9ª Ìyàwó – Domo*
5ª Ìyàwó – Fomo	*10ª Ìyàwó – Domotin*

Embora sejam denominações nitidamente dos candomblés jejes, elas são usadas por muitas casas.

10. A demonstração de poder do *Òrìṣà* também era usada como teste para ver se a *Ìyàwó* realmente estava manifestada. Para isso, uma das provas era a do *Ajere*, e aquela em que se colocavam agulhas numa vasilha de barro, contendo azeite de dendê fervendo. O *Òrìṣà* teria que colocar a mão para apanhar as agulhas. Um grande exemplo do assunto pode ser visto num ritual realizado no antigo candomblé de Cipriano Abedé no início do século 20, e narrado por João do Rio no livro *As religiões do Rio*. Foi durante a iniciação de *Ọya Bunmi*, que viria a ser a mãe-pequena de seu terreiro, localizado inicialmente à rua do Propósito, no bairro da Gamboa, e depois na rua João Caetano, 69, no centro da cidade do Rio. Vamos reproduzir trechos, mantendo a grafia utilizada pelo autor:

> No meio do pandemônio vejo surgir o babaloxá com um desses vasos furados em que se assam castanhas, cheio de brasas… As cantigas redobram com um furor… O babaloxá coloca o cangirão ardente na cabeça da *yauô*, que não cessa de dançar… entorna nas brasas fumegantes um alguidar cheio de azeite de dendê. Ouve-se o chiar do azeite nas chamas, a negra, bem no meio da sala, sacoleja-se num *jeguedê* lancinante, e pela sua cara suada, do cangirão ardente, e que não lhe queima a pele, escorrem fios amarelos de azeite… Eu abrira

os olhos para ver, para sentir bem o mistério da inaudita selvageria. Havia uma hora, a negra dançava sem parar: pela sua face o dendê quente escorria benéfico aos santos. De repente, porém, ela estacou, caiu de joelhos, deu um grande grito. *Emin oiá bonmim!* – bradou... A sala rebentou em delírio infernal... Criaturas rojavam-se aos pés do pai, beijando-lhes os dedos... (RIO, João do. *As religiões do Rio.* Rio de Janeiro: H. Garnier, 1906.)

11. No *Àṣẹ Òpó Àfọ̀njá*, a *Ìyàwó*, quando da saída de santo, não se apresenta com a cabeça raspada à mostra. Um tecido cobre a cabeça, tendo o *ìkódídẹ* na frente e preso com uma tira de palha da costa. Não sai com as pinturas faciais. Esse procedimento cauteloso tem o objetivo de evitar que efeitos negativos possam prejudicar o que foi feito durante o recolhimento.
12. A denominação de "qualidade de santo" define a mesma divindade com outras características que irão justificar novos preceitos.
13. Outra forma de cantar o descarrego do banho de pipocas no *Olúbájẹ* é:

Kórò nla	Saudamos o grande ritual
K'oro nla	Saudamos o grande ritual
Sabẹ̀jẹ	No *Sabeje*

5ª PARTE

ÒṢÀLÁ: O GRANDE ÒRÌṢÀ

Entre todos os cerimoniais realizados no candomblé, o que envolve a figura de *Òṣàlá* se reveste de muita significação, pois é ele quem abre o calendário religioso anual, e por isso é representado como divindade primacial entre todas as que são cultuadas. Na escala religiosa, ele está acima de todos os outros *Òrìṣà* pela sua própria essência ética. Essa supremacia é observada nas saídas de *Ẹfun,* quando o iniciado tem parte de seu corpo pintado com a cor branca, em respeito ao princípio criador que *Òṣàlá* representa, pois é a *Ìyàwó* um novo ser criado. Por outro lado, todos os demais *Òrìṣà* possuem, independentemente de suas roupas coloridas e tradicionais, outras vestimentas, brancas, para acompanhar *Òṣàlá* em suas festividades. Ele é revestido de um poder absoluto em razão do *Odù* com que foi investido. A teologia yorubá o denomina "o gerado por *Olódùmarè*", no sentido de que todos os seus atributos derivam diretamente do Ser Supremo e que são revelados através dele. Vamos nos deter no exame de cada um de seus atributos, para uma compreensão exata de sua personalidade.

ÒṢÀLÁ E A CRIAÇÃO DA TERRA

Os relatos primordiais revelam que, em épocas memoriais, a nossa Terra era uma aguacenta e pantanosa imensidão. O que impeliu *Ọlọ́run-Olódùmarè* a pensar em criar a Terra, ninguém sabe; contudo, Ele concebeu a ideia convocando *Òṣàlá* a comparecer à sua presença e encarregando-o de suas obrigações: como material, *Òṣàlá* recebeu uma concha com terra, e, como elemento de trabalho, uma galinha com cinco dedos em cada pé e um pombo. Descendo para o local indicado, *Òṣàlá* jogou a terra num local adequado na imensidão das águas; soltando a galinha e o pombo, imediatamente eles começaram seu trabalho de espalhar a terra. Quando cobriram o suficiente, *Òṣàlá* voltou e informou a *Ọlórun-Olódùmarè* que o seu trabalho havia sido efetuado. *Olódùmarè* enviou, então, *Agemọ*, o camaleão,* para inspecionar o que havia sido feito. Da primeira vez, o camaleão trouxe a informação de que a terra ainda não estava suficientemente seca para as tarefas posteriores. Da segunda vez, ele comunicou que tudo estava a contento.

O local sagrado onde o trabalho teve início foi chamado de *Ifẹ́*, que significa "aquilo que é amplo". A criação da Terra foi completada em

* O camaleão é um animal sagrado e visto como o mensageiro de *Olódùmarè*. Sua capacidade de fazer-se desaparecer pela condição de mudar de cor, de forma a se confundir com o fundo natural, e o seu poder de mover os olhos de forma independente em todas as direções, possibilitam-lhe dominar as situações quase que imediatamente. Possui uma forma de culto específico entre o povo yorubá.

quatro dias; o quinto dia da semana foi destinado à reverência à Divindade Suprema e ao descanso. Em seguida, *Olódùmarè* enviou *Ọ̀ṣàlá* de volta para equipar a Terra, designando *Ọ̀rúnmìlà* para acompanhá-lo como seu conselheiro.

Para *Ọ̀ṣàlá*, *Olódùmarè* deu o primeiro *Igi Ọ̀pẹ*, a palmeira do dendezeiro, para plantar, e mais outras três árvores que produziam muita seiva: *Irẹ́*, *Awùn* e *Dòdo*,* que foram plantadas e reproduzidas. A galinha e o pombo originais, que haviam sido usados para espalhar a terra, deveriam agora se multiplicar, para fornecer alimento aos habitantes que vieram povoar a Terra. Quando todos os atributos já estavam instalados – rios, mares, montanhas e florestas –, foram trazidos os seres primordiais, entre eles *Ọrẹ̀lúéré*, constituindo-se todos no núcleo de ocupação da Terra. Quando as coisas já estavam acontecendo havia algum tempo e seus habitantes se multiplicavam, houve escassez de água. Por isso, *Ọ̀ṣàlá* recorreu a *Olódùmarè* e, como resultado, a chuva começou a cair sobre a Terra.

São dessa fase as histórias que retratam a convivência dos *Òrìṣà* com os seres humanos – quando não havia limitações entre o *Ọ̀run* e o *Àiyé*, o céu e a terra. Por diversas razões, uma barreira se levantou entre os dois planos. O privilégio da livre comunicação desapareceu em troca do diálogo indireto através das diferentes formas oraculares estabelecidas e legadas por *Ọ̀rúnmìlà*.

* Árvores sem equivalentes no Brasil.

ÒṢÀLÀ E O ẸMU: A BEBIDA PROIBIDA

A palmeira do dendezeiro foi a primeira árvore plantada na Terra. Dela eram extraídos elementos diversos, desde vestimentas feitas de suas folhas, denominadas de *Imọ̀ Ọ̀pẹ*, até alimentos e bebidas. Todas as casas de candomblé procuram ter em suas dependências uma ou mais palmeiras para atender suas necessidades. Elas começam a produzir após seis anos e duram em média de vinte a trinta anos.

Das folhas e nervuras podem ser feitos abrigos provisórios, cercados, cestos, esteiras e vestimentas. Da parte de fora dos coquinhos, *Ẹ̀yìn*, é retirada a polpa, que é cozida e refinada para se transformar em óleo comestível, o *Epo Pupa*, azeite de dendê. Os resíduos fibrosos servem para iluminação e defumação dos ambientes.

O vinho de palma, *Ẹmu*, é retirado do caule da palmeira. Ela produz dois tipos de flores: a feminina dará o cacho dos coquinhos do dendê; a masculina produzirá o vinho. Ela é cortada, e em sua base se espetará um tubo que conduzirá a seiva para um recipiente. Nas primeiras horas, o vinho é doce, depois fica azedo, por fermentação, e bastante alcoólico.

Da noz interna do coquinho é feito o óleo denominado *Adín*. Os coquinhos são selecionados pelas marcas que possuírem, denominadas olhos, e que servirão para se efetuar o jogo de *Ifá*. Nesse caso são denominados *Ikin*.

ÒṢÀLÀ: O NOME

É a denominação dada à linhagem de divindades identificadas com a cor branca, sendo daí a expressão que os define, *Òrìṣà Funfun*, divindades do branco. *Òṣàlá* é a forma reduzida da expressão *Òrìṣà nlá*, ou *Òrìṣàálá* – o Grande *Òrìṣà* –, título dado a *Ọbàtálá*, para diferenciá-lo das demais divindades na escala hierárquica. Eles são constantemente denominados *Irúnmalẹ̀*, e não *Òrìṣà*, no conjunto de rezas, mitos e cânticos. Em uma das estrofes da sequência de cânticos da Roda de *Ṣàngó*, verificamos uma citação a *Yemọjá* como mãe de *Ṣàngó*:

> *"Ìyá o 'rúnmalẹ̀ yọ*
> *Ìyá omi má l'óde ọdara."*
> Mãe dos *Irúnmalẹ̀* nos proteja

Irúnmalẹ̀, com suas variantes *Imalẹ̀* e *Imọlẹ̀*, é a denominação dada às divindades nos textos de *Ifá*. Sua origem está conectada com as divindades ou com os espíritos específicos da Terra, uma categoria diferente da de *Òrìṣà*. É uma contração da expressão "*Emọ̀ tí mbẹ nilẹ̀*", que se refere aos elementos estranhos, sobrenaturais da Terra, e que passou a ser usada de forma imprecisa, perdendo sua conotação inicial e tornando-se sinônimo de *Òrìṣà*.

Ọ̀ṣàlá nunca é denominado de *Irúnmalè* ou *Ẹbọra* nos textos e *Oríkì*; quando seu nome não é citado, é substituído por títulos diversos, tais como *Adìmúlà*, "aquele a quem é confiada a segurança"; *Ọbarìṣà*, "o rei das divindades" e, em muitos casos, substituído por *Ọ̀ṣàlúfọ́n* ou simplesmente pela palavra *Òrìṣà*. *Lisa*, a divindade jeje, é uma variação da palavra *Ọ̀ṣàlá*, através de uma regra em que palavras em yorubá sofrem alterações quando aceitas por eles.*

É visto como o pai de todos os *Òrìṣà*; e foi ele quem os denominou *Òrìṣà*. O título de "pai", neste caso, sugere a sua relação com as outras divindades, devido ao fato de muitas delas terem sido emanadas dele. A fragmentação de seu corpo, e posterior recolhimento de todos os seus "pedaços" espalhados pela Terra, fez surgir a palavra *Òrìṣà*, uma contração da expressão "*Ohun ti a ri ṣà*", "o que foi achado e juntado", fazendo, assim, surgir as demais divindades que foram denominadas *Òrìṣà*. Para ser diferenciado de todos os outros, foi denominado *Òrìṣà nlá*, o Grande *Òrìṣà*.

A palavra *Òrìṣàlá* ainda é usada com frequência nos candomblés nagôs do Recife, por ocasião da Festa do Inhame, que ocorre no mês de outubro.

É a maior das divindades e o primeiro a receber uma caracterização definida, sendo por isso descrito pelos mais antigos como a imagem ou o símbolo de *Olódùmarè* na Terra. Um de seus títulos evidencia sua posição – *Ìbìkejì Èdùmàrè*, significando "a segunda pessoa de *Olódùmarè*", o que é gerado por *Olódùmarè*, ou, ainda, o seu vice-regente aqui na Terra, numa referência ao fato que os atributos de *Olódùmarè* são revelados através dele. Por esse motivo, durante muito tempo os estudiosos o confundiam com o Ser Supremo.

---

* A regra estabelece que a vogal inicial é suprimida, o R se transforma em L e o Ṣ em S.

ÒṢÀLÁ: O CRIADOR DOS SERES HUMANOS

Òṣàlá representa o princípio criador e formalizador das ideias, daí ser denominado de *Ẹlẹ́dá*, "o criador", em razão de *Olódùmarè* o ter indicado para a criação da Terra, com todos os seus atributos, e também para a criação do homem físico. As águas, *Omi*, e o barro primordial, *Amọ̀*, são os elementos utilizados por *Òṣàlá* para moldar o ser humano para, depois, *Olódùmarè* insuflar nele o princípio vital, o *Ẹmí*, representado pela respiração, que lhe dará a vida. Essa tarefa de esculpir a figura física o faz ser chamado de *Alámọ̀ Rere*, "o perfeito escultor", embora muitas figuras humanas sejam produzidas com deficiências físicas.

Amọ̀ é o barro utilizado para a confecção de uma pequena vasilha denominada quartinha, que acompanha todos os assentamentos de *Òrìṣà*. Por ser de barro natural, e sem qualquer tipo de pintura, a água colocada em seu interior transpira e evapora, necessitando, assim, de um abastecimento constante num ritual conhecido no candomblé como *Ọ̀sẹ̀*. É uma lembrança do ser, feito do barro primordial com o elemento da vida, o *Ẹ̀mí*.

Revela-nos um relato sobre o assunto que, certa vez, *Òṣàlá* quis saber como *Olódùmarè* fazia para dar vida às pessoas. A instrução dada a *Òṣàlá* era a de que, quando tivesse terminado a sua parte na criação dos seres físicos, deveria deixar as formas num determinado lugar e se retirar.

Olódùmarè viria, então, para dar a vida, completando assim a criação do ser humano. *Òṣàlá* estabeleceu um plano. Depois de completar o seu trabalho de criação dos seres físicos e deixar o local para a chegada de *Olódùmarè*, escondeu-se num canto, entre as formas de barro. Contudo, *Olódùmarè*, pela sua própria onisciência, já sabia do plano e o evitou. Colocou *Òṣàlá* num profundo sono, do qual só acordou quando todas as formas já haviam se tornado seres humanos. Desde então, *Òṣàlá* se contentou apenas com sua própria parte do trabalho.

Essa adequação ao trabalho da criação o fez ser investido da condição de *Alábálàṣẹ*, que o define como "aquele que sugere", *Abá*, e que "realiza com autonomia", *Àṣẹ*. É a dotação de um atributo de autoridade suprema para falar, agir e ser obedecido. Criar como bem lhe aprouver justifica a criação dos seres humanos perfeitos e defeituosos:*

Abuké	– corcunda	*Yarọ*	– aleijado
Àfín	– albino	*Olójukan*	– caolho
Kólòlò	– gago	*Apákan*	– um só braço
Aro	– coxo	*Etíkan*	– uma só orelha
Iràrá	– anão	*Ègbà*	– paralisia
Odi	– mudo	*Adití*	– surdo-mudo

Òṣàlá dá forma às crianças e coloca-as no útero de suas mães. Algumas particularidades do nascimento identificam a marca do *Òrìṣà*, principalmente aquela em que a criança nasce empelicada, ou seja, envolta numa bolsa branca. Se for menina, será denominada de *Tàlàbí*, que significa

* As pessoas com albinismo possuem a pele muito branca, caracterizada pela ausência total ou parcial do pigmento melanina. Um mito revela que o barro primordial com que foi feito o corpo dessas pessoas ficou pouco tempo para ser cozido, por descuido de *Òṣàlá*, sendo assim consagrados a ele. E assim dizem: "*Ẹwò Òrìṣà lára mi*", "veja a roupa de *Òṣàlá* no meu corpo".

"nascida de roupa branca"; se for menino, será denominado de *Sàlàkọ́*.* É, assim, o responsável pelas caracterizações normais e anormais dos seres humanos. As deformidades apresentadas ou que aparecem mais tarde, todas são encaradas como marcas especiais do poder de *Ọ̀ṣàlá*, podendo significar sua contrariedade pela quebra de algum tabu por parte dos pais ou da própria pessoa, ou, ainda, demonstração de fazer o que lhe apraz. A seguinte oração é típica, entre as muitas que são recitadas:

Aláàbáláàṣẹ	Aquele que sugere e determina
Ata ta bí àkún	Aquele que é muito poderoso
Ọ̀rìṣà so mí di ẹni	Torne-me uma pessoa
Sọ mi di ẹni èyẹ	Competente e honrada
Ọbàtálá ma fiké pọ̀n mi	Não ponha uma corcunda nas minhas costas
Ọmọ ni o fi fún mi	É uma criança que deve me dar

Um cântico entoado nos rituais das Águas de *Ọ̀ṣàlá* lembra o momento em que os guardas que o prenderam foram punidos, tomando-se fisicamente defeituosos:**

O fururu l'oréré o
Àilalá bàbá o
Ke nyẹyẹ l'Éjìgbò
Ilé Ifọ́n mo ti wa bàbá
Èjìgbò rere mo ti gba o
Olúwa e ẹwa ọrọ́
Ẹ ma wọrọ́ wa léṣe

* Ver em *Jogo de búzios* (Rio de Janeiro: Bertrand Brasil, 2000), deste autor, outras denominações referentes ao nascimento, p. 76.

** Esse cântico foi passado para o autor da forma como é cantado pela *Ìyáláṣẹ* dita de *Ọbalúwáiyé*.

Ẹ wa ọrọ́ lẹ́sẹ̀kan
Ẹ wa ọrọ́ wa léṣe
Ẹ wa ọrọ́ lójúkan bàbá
Ẹ wa ọrọ́ wa léṣe

Ẹ wa ọrọ́ lapákan
Ẹ wa ọrọ́ wa léṣe

E e o nkọ́ o wọrọ́ wọrọ́
Ọwọ́ lọ́rọ́ wa léṣe
Nitani abuké ṣekeṣekan
O nkọ́ ọwọ́ lọ́rọ́
Ọwọ́ lọ́rọ́ wa léṣe

Esses seres especiais são denominados *Ẹni Òrìṣà*, "os escolhidos de *Òṣàlá*", e obrigados a respeitar as regras de seu culto, com restrições a comidas e bebidas. O reconhecimento ao poder de *Òṣàlá*, de fazer tudo conforme o seu desejo, é admitido através de diversos ditados:

> *"Ki'ṣe ẹjọ́ ẹlẹ́yín gangan, Òrìṣà l'ó ṣe e, ti kò fi awọ bò o."*
> A pessoa dentuça não tem culpa, foi o *Òrìṣà* quem os fez e não os cobriu.

Para uma mulher grávida é dito:

> *"Ki Òrìṣà ya'nà ire ko ni o."*
> Que o *Òrìṣà* crie uma boa obra de arte.

Dar filhos às mulheres estéreis e modelar a forma da criança no ventre materno originou o seguinte cântico:

Ẹni ṣ'ojú, ṣe'mú	Aquele que faz os olhos, faz o nariz
Òrìṣà ni ma sìn	É o *Òrìṣà* a quem vou cultuar
Adá'ni b'ó ti ri	Aquele que cria como quer
Òrìṣà ni ma sin	É o *Òrìṣà* a quem vou cultuar
Ẹni rán mi wá	Aquele que me enviou aqui
Òrìṣà ni ma sìn	É o *Òrìṣà* a quem vou cultuar

ÒṢÀLÁ: ÒRÌṢÀ FUNFUN

Os iniciados ou simples devotos de toda linhagem deste *Òrìṣà* estão sujeitos ao seu princípio: o uso de roupas brancas ou claras – *Aṣọ Funfun* – que sempre os identificam, juntamente com a determinação de que sejam honrados e leais. Devem ser limpos e puros de coração, com atitudes claras como a água retirada de madrugada de uma fonte:

> *"Ayè wọn a tòrò bi omi á fi oorọ̀ pọn."*
> Suas vidas serão claras e puras como a água da fonte.

Nas casas de candomblé, há sempre uma quartinha de barro contendo água ao lado dos assentamentos de todos os *Òrìṣà*. O modo de apanhá-la segue preceitos diversos, sendo o maior momento durante os rituais das Águas de *Òṣàlá*.

Em terras yorubás, essa água é trazida de uma fonte e trocada diariamente, bem cedinho, tanto por uma mulher virgem quanto por uma mulher que passou da idade de ter filhos. Durante o trajeto, ela não cumprimenta ninguém. Leva uma sineta – *Àjà* – que toca durante todo o caminho, a fim de que todos saibam que ela está encarregada de uma missão sagrada. Essa água é dada cerimonialmente a todos os devotos que, entre outros benefícios, creem que a mulher estéril se tornará fértil. E cantam:

Banta-bàntà nínú àlà	Imenso em roupas brancas
Ó sùn nínú àlà	Ele dorme em roupas brancas
Ó jí nínú àlà	Ele desperta em roupas brancas
Ó tinú àlà dìde	Se levanta em roupas brancas
Bàbá nlá! Ọkọ Yemòwo	Venerável Pai! Marido de *Yemòwo*
Òrìṣà wù mi ní bùdó	Que me encanta por estar vestido de gala
Ibi rẹ l'Òrìṣà kalẹ̀	É lindo o lugar onde está entronizado

O seu culto está relacionado com a colheita dos inhames, seu alimento por excelência. Seus símbolos são feitos de estanho, e lavados com o sumo das ervas *Ọdúndún*, o saião; *Ṭẹ̀tẹ̀*, bredo, *Rinrin*, alfavaquinha e *Akòko*. E suas oferendas são compostas de caracóis, cabras, galinhas, galo, pombo, *Obì* e *Orógbo*, peixe, *Ekuru*, inhame e *Orì*. Os participantes usam roupas e contas brancas, quando, após o sétimo dia, os restos dos sacrifícios são levados para serem despachados. Seu atabaque é denominado de *Ìgbìn*, e acompanha os cânticos para conduzir os carregos. Ao retornarem, cantam:

Wònyí àmọ̀dún o	Que nesta época, no próximo ano
Ọmọ yọyọ lọ̀dẹ̀dẹ̀ mi	Eu tenha muitas crianças em casa
Olóri ó dorí rẹ̀ mu	Que todos segurem seu *orí*
Àwòdi òkè	Que o falcão
Má gbé mi lori lọ	Não leve meu *orí*
Òrìṣà gbọ́mọ wa	Nos traga crianças*

* Nesta cultura, o conceito de família é muito forte. Uma vida sem filhos é considerada uma existência estéril.

ÒṢÀLÁ E YEMÒWO

Òṣàlá é uma das raras divindades que as histórias revelam como possuidor de apenas uma mulher, chamada de *Yemòwo*.* Isso torna o fato bem interessante, em razão de ser tradição entre as famílias yorubás que o senhor da casa – *Onílẹ́* – tenha várias mulheres. Entre os soberanos, no caso de sua morte, seu substituto tem por direito, além de herdar todos os seus bens materiais, o dever de cuidar e conviver com todas as suas mulheres. Nos cânticos de *Yemòwo*, *Òṣàlá* é mencionado simplesmente como seu marido:

> *"Ó yẹ ọkọ rẹ̀ ni ọjọ́ aré*
> *A yọ̀ ti ri ọkọ rẹ nígbàkigba."*
> Ela é digna de seu marido nos dias de cerimônia
> Aquela que gosta de ver seu marido com frequência.

Conta-se que, certa vez, trouxeram a *Òṣàlá* a notícia de que o mundo estava indo muito mal. Ninguém estava mais se entendendo, o trabalho não prosperava e havia infelicidade geral. Procurando saber o que estava acontecendo, *Òṣàlá* descobriu que a causa de tudo era o falatório e as brigas das diversas mulheres dos homens. Então ele disse:

* Vários autores confundem *Yemòwo* com *Nàná*.

"A ò lé gbé aarin ògójì enìa k'ẹ́ni ó má sì wí. Òrìṣàálá ri on'igba aiya n'lẹ̀ k'ó too f'ọwọ́ mu Yemòwo nìkan; ò lè gbe aiye Olú'fẹ̀ k'ọ́rùn k'aiya jẹ́ki ọ́ná gún."

"É totalmente impossível viver no meio de quarenta pessoas (mulheres) e não dizer coisas erradas. *Òṣàlá* vê a possibilidade de se casar com duzentas mulheres, mas ainda assim une-se apenas a *Yemòwo*; aquele que tem a responsabilidade cívica de *Ifè* não pode esperar ter êxito se tiver, ao mesmo tempo, que lidar com uma porção de mulheres."

ÒṢÀLÁ E ỌRÚNMÌLÀ

O relacionamento muito chegado entre *Òṣàlá* e *Ọrúnmìlà* ficou evidenciado no momento da criação da Terra, demonstrando a necessidade de se ter auxílio na realização de grandes tarefas. *Òṣàlá* representa a ação executiva de *Olódùmarè* na Terra, enquanto *Ọrúnmìlà* é seu representante nos assuntos de conhecimento e sabedoria. Entre os dois há um relacionamento próximo e amistoso, sendo *Òṣàlá*, o veterano e líder. Aliadas a isso estão as formas de solidariedade vistas entre as divindades e aqui exemplificadas através de um dos relatos da tradição oral. Durante a festividade em que se encontravam os dois *Òrìṣà*, foram-lhes oferecidas duas cabaças, uma contendo água para *Òṣàlá* e outra contendo *Ẹmu*, vinho de palma, para *Ọrúnmìlà*. Embora tivesse a necessidade de beber *Ẹmu*, pois tinha sido criado com essa bebida, que era o leite dos seios de sua mãe, *Ọrúnmìlà* a recusou em respeito a *Òṣàlá*, por ser o *Ẹmu* um de seus principais tabus. E *Ọrúnmìlà* declarou:

Nwọn ò bi ìyá mi nilé Ifọ́n
Nwọn ò bi bàbá mi ni Èrìgbọ̀n
Ninú ọ̀pẹ ni mo jẹ, ninú ọ̀pẹ ni mo mu
Màrìwò ọ̀pẹ ni mo ti rìn gbọran-gbọran wá'un àiyé
Àánú ba'nlá, ba'ti Òrìṣà ni mo ṣe
Ti mi ò mo mu.

Minha mãe, ela não nasceu em *Ifọ́n*
Meu pai, ele não nasceu em *Èrigbọ̀n**
Da palmeira eu como, da palmeira eu bebo
As frondes da palmeira formaram um caminho reto,
através do qual eu caminhei pelo mundo
É pela compaixão ao grande pai de todas as divindades
Que eu me abstenho de beber vinho de palma.

---

* *Ifọ́n* e *Èrìgbọ̀n* são importantes cidades de culto ancestral a *Òṣàlá*.

ÒṢÀLÁ: O GUARDIÃO DA MORAL DO CANDOMBLÉ

Òṣàlá representa a ideia da pureza ética, conforme o seu nome primordial o define – *Ọbàtálá*, *Ọba ti àlà*, "o rei cuja roupa é branca", ou *Ọba ti ọlá*, "o rei que possui honra". A palavra *Àlà* é entendida não apenas como um tecido de cor branca, mas sim como algo puro, sem mácula. Quando se canta "*Nwọn ò ni'ta epo si àlà rẹ o*" está se querendo dizer: "nenhum óleo de palmeira deve respingar em sua roupa branca", numa alusão à reputação de uma pessoa que deve ser sempre boa e imaculada. *Òṣàlá* nos mostra sua preferência por tudo que é branco. O inhame de *Òṣàlá* é sinônimo de pureza e retidão ética. O inhame, o grande depurador do sangue, nos mostra a necessidade de nos depurarmos e purificarmos.

O padrão de moralidade exigido nos candomblés é representado no colar de contas brancas que é colocado no pescoço do *Abíyàn* em seu primeiro momento de participação religiosa, juntamente com os banhos de folhas e o *Bọri*. Não é um simples enfeite que demonstra seu começo pré-iniciático. Ele é independente do fio de contas de seu real *Òrìṣà*. Nas contas brancas está encerrado todo o fundamento, a doutrina revelada e a ser seguida. Ao usá-lo, é estabelecido um comprometimento com a religião, seus participantes e todas as divindades. Esse fato é esquecido quando se alega que a religião não tem necessariamente uma conexão com a moralidade. Vamos nos deter neste assunto.

Por parte direta de nenhum *Òrìṣà*, um zelador de santo impõe a moralidade sobre os membros de seu grupo, seja através de citações, mitos e provérbios, ou, indiretamente, lembrando uma passagem do código moral como possível causa para um não atendimento de um pedido feito ao *Òrìṣà*. Não, ele prefere se voltar para a necessidade de se fazer oferendas como esforço para remover de modo mágico o obstáculo que impediu a realização do pedido feito. Essa falha do zelador de santo em reconhecer qualquer conexão entre moralidade e a religião não deve ser interpretada como significando que não exista nenhuma noção de moralidade no candomblé, que tudo deve ser resolvido com *Ẹbọ* ou outras formas de obrigações. Revela, apenas, falta de conhecimento ou mesmo de interesse em saber discernir as coisas, em conhecer o culto a *Òṣàlá* em toda a sua essência. A ética revelada através de seus exemplos, nas histórias e nos mitos, demonstra a dignidade e o caráter que servem como modelo de comportamento a ser seguido.

No candomblé, muitos de seus seguidores deixam-se levar por desejos pessoais e não se integram aos conceitos da religião. A atual prática religiosa liga as pessoas mais aos terreiros do que verdadeiramente à crença divina. Poucos têm a essência religiosa. Tudo é em função das regras do terreiro, constituídas de frequência, de ajuda e obrigações, uma sintonia dirigida apenas à *Ìyálórìṣà*. A sua liderança é tão forte que faz com que as pessoas esqueçam o *Òrìṣà*. Essa prática tem confundido as pessoas a acreditarem-se religiosas, quando sua religiosidade é apenas para o mundo, para seus irmãos e sua dirigente. Esquecem de ter *Ifá Aya*, ou seja, a consciência de Deus no coração.

Apesar do que foi exposto, a moralidade não está separada da religião como um exame superficial poderia mostrar. Provérbios e outros ditados que gostamos de destacar evidenciam essa conexão, bastando, apenas, lembrá-los nas oportunidades que se oferecem. Como exemplo, quando uma pessoa sofre injúrias de terceiros, é persuadida a não fazer justiça com as próprias mãos:

"Fí ìjà fún Ọlọ́run já fi ọwọ́ l'ẹ́ran."
Entregue nas mãos de Deus para que ele o defenda.

"Enití a kò lè mu Ọlọ́run ni a fí fún."
A pessoa que não podemos combater, entregue nas mãos de Deus.

Por último, devemos lembrar as regras impostas pelo Ser Supremo, *Olodùmarè*, como onisciente que tudo vê e tudo ouve:

"Ohun ti ó pamọ́, ojú Ọlọ́run to."
O que é oculto ao povo é visto pelos olhos de Deus.

ÒṢÀLÁ E O SISTEMA ÉTICO

A moralidade é basicamente o fruto da religião. O conceito de Deus, para o homem, tem tudo a ver com o que é feito para dar normas à moralidade. Deus fez o homem e é Ele quem implanta o certo e o errado. Como criador de todas as coisas, é também o juiz de todos e o encaminhador para os diversos planos de *Ọ̀run*.* O trabalho e as pessoas de cada divindade, as ações humanas e ofensas rituais estão sob inspeção regular; de tempos em tempos relatos são feitos a Ele. Para esse fim, *Èṣù* é designado para inspeção geral da conduta de todos. *Èṣù* é a efetiva regra do universo, o princípio de ordem e harmonia, e o agente de reconciliação. A esposa dele, *Agbẹ́rù*,** é quem recebe todos os sacrifícios ao lado dele. Depois de tudo conferir, leva a sua parte e conduz o oferecimento à divindade. O efeito é o retorno de paz e reconciliação.

A ética está exemplificada no comportamento de *Ọ̀ṣàlá* e nos relatos dos *Odù*, raramente exercitados. Em todos eles, encontramos a lei moral com suas regras e determinações de conduta, que podemos relacionar a fim de serem devidamente aplicadas.

Ìwà, o caráter, é o mais importante de todos os valores morais e o maior atributo do homem. A palavra é formada pelo verbo *Wà*, traduzido

---

* *Ọ̀run Afẹ́fẹ* é o espaço de correção e onde os espíritos permanecem até serem reencarnados; *Ọ̀run Ìsálú*, o local dos julgamentos, *Ọ̀run Àpádì*, o local dos erros impossíveis de reparar; e *Ọ̀run Rere*, o local dos que foram bons em vida.

** *Agbẹ́rù*, vem de *A*, "aquela", *gbé*, "que carrega", e *ẹrù*, "a carga".

como ser, haver, existir, e a vogal *I*. *Ìwà Pẹ̀lẹ̀* é uma pessoa de bom caráter, que não entra em choque com nenhuma força humana ou sobrenatural, vivendo em completa harmonia com todas as forças que governam o mundo. Esse fato é o que pesa no julgamento divino e define o bem-estar na Terra e o seu lugar futuro no pós-vida. A expressão abaixo define bem o seu conceito com a religião:

> *"Ìwà lẹ̀sin."*
> O caráter é a religião.

> *Oore*, a bondade, é considerada uma grande virtude quando envolve generosidade e hospitalidade. *Ṣe rere*, "fazer o bem", é a tarefa das grandes realizações diárias.

> *Sùúrú*, a paciência, é entendida como o fator mais importante para se evitar precipitações que impliquem a perda de caráter. A paciência é o primeiro filho de *Olódùmarè* e o pai de *Ìwà*, o caráter.

> *Ọ̀wọ̀*, o respeito que todos se devem entre si, sobretudo aos mais velhos pela sua antiguidade e à experiência admirável de vida.

Outras virtudes: *Olóòtọ́o*, uma pessoa verdadeira é virtude essencial numa comunidade; *Olóòdodo*, ser justo e sincero; e *Ṣé ìfẹ́ni*, fazer a caridade.

A transgressão de todas as determinações (o que deve ser feito, do que deve ser evitado, o que se come, o que se veste ou não, as cores a serem seguidas) são definidas como *Èwọ̀*, e as determinações não devem ser infringidas. Só é possível conhecê-las através de uma consulta ao jogo de búzios, e ouvir o que o *Òrìṣà* e o *Orí* da pessoa determinam. *Kò jẹ̀wọ̀* é a expressão usada para alertar uma pessoa a não afrontar um tabu. Reafirmando o que dissemos, a literatura de *Ifá*, tão exaltada e descrita atualmente, deveria ser lida, e divulgados seus valores morais ali inseridos por aqueles que se alardeiam precursores do sistema no Brasil. Seus poemas são as mais importantes fontes de informação. No entanto, nada fazem nesse sentido, por não entenderem o idioma yorubá e por desconhecerem a extensão da finalidade desses relatos. Nesse caso, o sistema *Ifá* se torna inócuo, servindo apenas como forma de *curriculum* para exibir conhecimentos.

Concluindo, podemos dizer que a ética tanto é a ciência que estuda a conduta dos seres humanos como pode ser a ciência que busca modelos de conduta convenientes ao grupo.

ÒṢÀLÁ HISTÓRICO

Uma importante observação está relacionada com os mitos que revelam os *Òrìṣà* como os ocupantes originais da Terra até a sua fundação, sendo deles os atuais ocupantes derivados. Isso nos faz pensar que as divindades não são mais que ancestrais divinizados, pois os mitos revelam que elas são frequentemente ajustadas às atividades humanas aqui na Terra. Assim, devemos encaminhar nossos estudos sobre *Òṣàlá* também sob o ponto de vista histórico.

Os estudos sobre a origem do povo yorubá costumam se iniciar a partir de ondas migratórias para a atual região de *Ifẹ̀*, sendo a maior delas e a mais conhecida pela tradição a denominada Migração *Odùdúwà*. Era um povo que veio das regiões islâmicas em busca de um lugar seguro onde pudesse praticar sua religião. Esse povo atravessou o rio Níger, adentrando a atual Nigéria, indo para o sul, onde encontrou um local conveniente que viria a ser denominado de *Ilé Ifẹ̀*. Em virtude de ser uma população muito numerosa, seu líder, *Odùdúwà*, dominou os ocupantes originais e logo depois os absorveu. Transformaram a região num centro cultural e artístico de larga expressão, desenvolvendo sua religião tradicional, e *Ifẹ̀* se tornou uma cidade sagrada, sendo gradualmente idealizada como o centro da criação. Porém, isso não foi feito sem que houvesse uma reação de seus habitantes naturais.

Naquela região existia o povo *Igbó*, que tinha como soberano *Ọbàtálá*, que viria a ser intitulado mais tarde como *Òṣàlá*. O comando do povo estava entregue a *Ọrẹ̀lúéré*, aliado de *Ọbàtálá*, que era o guardião da moral e preservador da família tradicional. A quebra de algum tabu exigia a confissão diante dele e prescrição de penitência. *Odùdúwà* não reconheceu o seu comando e constantemente entrou em choque com a divindade tutelar da cidade. Tudo indica que a sociedade *Ògbóni* começou nessa fase, com a instituição do culto aos *Onílẹ̀*, como meio de proteção às instituições nativas, numa oposição secreta aos invasores. *Odùdúwà* manteve sua iniciativa, se organizando e estendendo os domínios da região através de seus descendentes, fundadores de novos reinos. O velho e o novo mundo começaram a tomar vida, com assimilação mútua. Quando *Odùdúwà* morreu, tornou-se motivo de culto ancestral.

Òṣàlá nunca foi um guerreiro; ele não é um lutador por natureza. Ele foi feito para a paz, para a ordem e para vida íntegra. Nos momentos em que foi forçado por seus inimigos a lutar, o fez por necessidade. Voltou a reinar em *Igbó*, passando a ser reverenciado como *Òṣàigbó*.

Os templos de ambos, *Odùdúwà* e *Òṣàlá*, estão situados em *Ifẹ̀*, e ainda nos dias atuais, quando ocorre a entronização de um rei da região – *Ọ̀ọ̀ni Ifẹ̀* –, um ritual é estabelecido: ele é proclamado rei no templo de *Odúdúwà*, mas recebe a coroa no dia seguinte, no templo de *Ọbàtálá*, para onde ela é levada.

Os estudos sobre as divindades da cor branca confundem-se por defini-las como divindades independentes, sendo que para outros são a mesma divindade, com nomes diferentes. *Òṣàlá* é constantemente confundido com *Òṣàlúfọ̀n* em diversas citações. Em *Iléṣà*, *Òṣàlúfọ̀n* é originário da cidade de *Ifọ̀n*. Seria um ancestral da mãe do *Ọwá*, rei de *Iléṣà*. Quando vivo, foi o pai do *Òrìṣà Ògiyán*. *Òṣàlúfọ̀n*, cansado de viver, transformou-se em *Òrìṣà*, entrando dentro da terra em *Ifẹ̀*. Os relatos míticos revelam que a passagem de um personagem político para a categoria de *Òrìṣà* dá-se dessa forma, ou seja, no momento em que ele entra na terra. Em nenhum deles é relatada a morte física, seja por velhice ou sofrimento. Seria uma forma de encantamento, transformando-se numa divindade tutelar de determinado fenômeno natural.

Sobre *Òṣàgiyán*, um relato revela que, quando *Ọ̀rànmíyàn* fundou a cidade de *Ọ̀yọ́*, muitos membros de sua família o seguiram, entre eles *Akinjole*, filho de *Ogiriniyán*, que, por sua vez, era o mais novo filho de *Odùdúwà*. *Akinjole* fundou a cidade de *Èjìgbò*, e era ele quem cuidava do *Òrìṣà* de seu pai. Era habitualmente chamado de *Ògiyán* ou *Eléjìgbò*, título do soberano desta cidade. *Ògiyán* foi ajudado por *Awoléjé*, seu companheiro e amigo que havia lhe indicado a fórmula para transformar o local numa grande cidade. Em seguida, retirou-se. A cidade cresceu transformando-se, com mercados, muitas casas e muitos habitantes. Após um certo tempo, *Awoléjé* resolve voltar e visitar o amigo. Porém, nesse meio-tempo, *Ògiyán* tornou-se muito importante a ponto de ser merecedor do título de *Kábíyèsí*, uma alta distinção real. Como desconhecia a atual posição de *Ògiyán*, pediu aos guardas do palácio, de forma muito íntima, notícias do amigo, o que foi encarado como um insulto. Foi agredido e preso. Utilizando-se de seus poderes, vingou-se, provocando uma calamidade no reino. *Ògiyán* fez uma pesquisa sobre o que estava acontecendo com seu reino e descobriu a razão. Ordenou a imediata liberdade do amigo, pedindo desculpas. *Awoléjé* concordou, porém exigiu que todos os anos, na festa de *Ògiyán*, os habitantes de *Èjìgbò* lutassem entre si com golpes de varas durante algumas horas. Esse fato ficou registrado nas festas do Pilão de *Òṣàgiyán*, quando é feita a cerimônia do *Àtòrì*, que veremos mais adiante no capítulo sobre as Águas de *Òṣàlá*. Observando diversos detalhes dos mitos e das histórias dos povos, compreenderemos muitos dos significados dos rituais praticados no candomblé. Este é um deles.

No Brasil, *Òṣàgiyán* também é conhecido como *Ajàgúnà* ou *Elémọ̀ṣọ́*. *Òṣàlúfọ́n* e *Òṣàgiyán* são vistos ora como pai e filho, ora como irmãos. Essa questão implica mais o conceito de importância do que de idade. Por outro lado, as narrativas revelam ser comum o uso das formas "meu pai" ou "minha mãe" entre os *Òrìṣà*, tendo como intuito reafirmar o respeito, e não creditar reverência familiar. O candomblé absorveu essa prática entre os seus membros. Segundo Lydia Cabrera,* *Òrìṣà* é um só, o qual chega por sete, oito, dez ou mais caminhos. O nome da qualidade indica o lugar onde se encontra. Relatando sobre *Òṣàlúfọ́n* diz: "Ochalufon treme o tempo todo, mas como é guerreiro, treme mais de raiva do que de frio, e sempre venceu a batalha. Quando baixa encurvado e trêmulo, cantam para ele: '*Ará dide ó didena, aná fií tolo o didena.*'"**

* Cabrera, Lydia. *El monte*. Havana: Ediciones La Habana, 1954, p. 307.
** Ver um cântico similar no capítulo sobre o ritual das Águas de *Òṣàlá*.

ÒṢÀLÁ E O INHAME PURIFICADOR

O inhame foi introduzido no Brasil pelos negros africanos, daí o nome que tomou, inhame-da-costa, inhame-de-são-tomé etc. Entre o povo yorubá é denominado de *Iṣu*, sendo que o inhame pilado toma o nome de *Iyán*. Na África, sua extração realiza-se durante as festas agrícolas entre os meses de setembro e outubro, data que determina as festas de *Òṣàlá* no Brasil. Nos rituais de *Ṣàngó* do Nordeste, a festa de *Òṣàlá* é denominada de Festa do Inhame Novo.

A plantação do inhame é feita no mês de dezembro e a colheita nas datas já mencionadas, quando alcançam a maturidade. É a época das chuvas, quando o inhame brota, e aí denomina-se *Iṣu Titun*, inhame novo. Uma característica é que nessas festas são abolidos os castigos e as prisões. São feitas oferendas de agradecimento, denominadas *Ọdún Ìjẹ̀ṣu*, significando "comida anual do inhame".

O ato de preparação do inhame se reveste de muita atenção para não infringir normas ritualísticas, conforme revela um relato do *Odù Ogbè--Ògúndá*.

> *"Ni ọjọ́ kan Òrìṣà nti Ìrànjé ilé lọ si Ìrànjé oko, ebi nsi npa, bi o ti nlọ o ngbọ́ ohun awọn méjì-májì ti nwọn noṣrọ ti nwọn gbe fẹ gún iyán."*
> Um dia, *Òrìṣà* estava indo de Ìrànjé* até a fazenda, e estava com

* *Ìrànjé* é uma cidade que está relacionada com a origem de *Òṣàlá*.

fome. Enquanto caminhava, ouviu os dois conversando no local onde estavam se preparando para amassar inhames.

> *"Nígbati nwọn pò ojú wò ẹhin ti nwọn rí Òrìṣà nwọn ni pa ẹnu mọ titi ti nwọn fi gún ìyàwó tan, bẹ̀ẹ̀ni iyán aì fọ̀ ni Òrìṣà jẹ."*
> Quando eles olharam para trás viram *Òṣàlá*. Eles ficaram em silêncio até acabarem de amassar os inhames, assim *Òrìṣà* teve inhames silenciosos para comer.

É um tabu para *Òṣàlá* comer inhames que não tenham sido preparados em silêncio. E os inhames são servidos em formato de bolas que, ao serem feitas, dão um formato aos dedos que lembram corcundas quando se tiram pequenos pedaços para comer. E uma expressão no *Odù Ogbè-Méjì* revela isso:

> *"Ọmọ lówọ́ tóri iyán o yọ iké."*
> Os dedos que amassam o inhame fazem surgir corcovas.

As marcas existentes nas mãos foram feitas por *Èṣù*, através de um artifício para socorrer *Òrúnmìlà*, que estava sendo acusado injustamente pelo povo de uma cidade, conforme um relato do *Odù Oge Ìka*:

> *"Ki ilẹ̀ to mọ́, Èṣù ti mú ọ̀bẹ o si ti fi là ọwọ́ gbogbo àwọn enia ti o wa ni ìlù ati oyún inú ati Àṣẹ ìdì."*
> Antes do amanhecer *Èṣù* tinha pego a faca e cortado com ela a mão de todas as pessoas que estavam na cidade, incluindo mesmo os embriões não nascidos e as crianças que ainda não tinham sido concebidas.

Isso foi feito não só para ajudar *Ọ̀rúnmìlà*, mas também para ter a certeza de que todas as pessoas que nascessem no futuro tivessem linhas nas palmas das mãos. Essa é a explicação para a existência das marcas nas mãos das pessoas.*

---

* Ver relato completo na obra deste autor, *Mitos yorubás* (Bertrand Brasil, 2006).

O festival do inhame novo é um momento proeminente, por ser a agricultura uma de suas principais ocupações. Toma diferentes maneiras de acordo com tradições locais. Em uma cidade próxima a *Ondo*, é denominada *Orò Ọlọ́fin* e realizada no mês de agosto, antes do festival anual em louvor a *Ògún*. Os inhames vindos da lavoura são levados para a praça do mercado, nas proximidades do palácio do rei. Junto com os inhames estão as sementes de cola, ou *Obì*. Todo o povo chega, avisado por um sinal. Um dos inhames é cortado em três partes pelo *Àwòrò*, o sacerdote; uma se destina aos ancestrais da região, outra deve ser colocada nos assentamentos de *Ògún* e a terceira parte é destinada ao local de culto do *Ọlófin*, o rei local. Preces são feitas no sentido de todos terem abundância e vida longa. Um trecho do que cantam invoca seus ancestrais:

Ogúngún Bàbá	Antepassados, Pais!
Yà'nà wá o	Venham, por favor
Je wá gbo'bì pa	Aceitem e cortem o *Obì*
Ogúngún wa	Nossos antepassados
Yà'nà wa	Venham, por favor

Somente depois de todos realizarem os rituais às divindades é que as pessoas provam dos produtos agrícolas colhidos.

Em outra região, a festividade do *Ọdún Ìjẹ̀ṣu* dura três dias. No primeiro dia, ocorre congraçamento entre familiares. O chefe da família dirige-se à sua lavoura para colher inhames. Escolhe, entre todos, o maior e o leva para o local onde será feita uma reunião. A esposa mais velha da família pega dois *Obì* e os oferece a seu esposo, que os recebe com as duas mãos,* tocando, reverentemente, o inhame com esses dois *Obì* e agradecendo às divindades da terra, aqui denominadas *Imọlẹ̀ Ìjẹ̀ṣù*, e pedindo para que haja sempre fertilidade para o povo. O inhame grande,

* O *Obì* é entregue envolto numa folha denominada *Abóbi dọ̀ọ̀yó*, e recebido com as duas mãos em forma de concha. Essa é uma prática adotada nos candomblés do Brasil. Em Cuba não se faz uso do *Obì*.

chamado de *Adeko*, aquele que protege a lavoura, é deixado no local onde foi realizada a cerimônia. Ele apodrecerá e voltará à terra de onde saiu, em sinal de gratidão.

No dia seguinte, o *Ọba* se dirige à sua lavoura para a colheita de seus inhames arrancados solenemente. Todos dizem "*Ọba lo s'oko ídáṣu*", que significa "o rei vai à lavoura arrancar inhame". Após o *Ídáṣu*, o ato de arrancar o inhame, todos dançam alegremente, cantando músicas tradicionais. Depois disso, o rei entra no palácio e fica recluso durante sete dias. O povo diz: "*Ọba wọlé ìfúnta*", "o rei entra para meditar depois da cerimônia de bênçãos". E o povo efetua danças e cânticos que dizem:

> *"Ọdún yìí yabo kàbí é nií yabo?"*
> Este ano será abençoado ou não?

Archotes de bambu são conduzidos por toda a cidade, durante toda a noite, e o povo continua com sua alegria. De madrugada, o sacerdote empunha o símbolo de *Imalẹ̀ Ìlárá*, abençoando todos os que chegam para cumprir as promessas dos anos anteriores. O terceiro dia é marcado pela dança *Ìrèkékè*. As meninas que atingiram a puberdade cobrem seus seios e as partes inferiores do corpo, e a elas são dados pedaços de cana-de-açúcar por seus noivos, que começam a dançar e a cantar:

Mo lọ si ọjà	Eu vou ao mercado
Mo gba àìkú	Vou ganhar a imortalidade
Mo gbomọ tuntun	Quando eu voltar de lá
Tọ̀hùn bọ̀	Vou trazer um neném novo

Depois, outra canção envia a mensagem aos *Imalẹ̀*, as divindades da terra:

Má gbẹ̀ hin gbé o	Não se esqueça
Kó o má gbàgbée wa	Não se esqueça de nós
Ide dọwọ̀ọ̀ rẹ	Nossos lares estão em suas mãos

Concluindo esta parte, percebemos que o festival do inhame novo, onde quer que seja observado, é marcado pela expressão de gratidão à divindade tida como responsável pelo nascimento dos inhames na lavoura. É também um período de regozijo e de comunhão entre as pessoas e as divindades. Todas elas são merecedoras e dignas de louvores, cada uma delas dentro de seus atributos, como *Ọ̀ṣun* e as crianças, *Ṣàngó* e a justiça, *Ògún*, conseguindo empregos, *Ọ̀sányìn* e a saúde, *Yemọjá* e a família etc. Essa visão deve ser entendida também pelos membros do candomblé, advindo daí a razão de as festas de *Òṣàlá* iniciarem o ano litúrgico e reunirem as divindades para uma bênção geral.

ÒṢÀLÁ E O SINCRETISMO AFROCATÓLICO

Òṣàlá é a mais antiga das divindades yorubás é o primeiro a receber uma caracterização definida – o gerado por *Olódùmarè* –, conforme já foi observado. Ele se revela, como vimos, como o princípio criador com funções de criar como bem lhe aprouver, ficando assim com privilégios especiais em todos os atos litúrgicos, onde se deseja dar a ideia de algo nascendo, criando e evoluindo. O seu alto grau de moralidade, representado pela cor branca, o torna merecedor de todo o respeito, impondo, com isso, severas restrições ao comportamento de todos os que o têm como divindade tutelar.

Essa posição foi o ponto de partida para a assimilação da figura de Jesus Cristo, o filho dileto do Deus bíblico, com a missão de reformular os conceitos éticos e morais aceitos na época, criando um novo modelo de vida para seus seguidores. Sua atribulada vida terrena, com sofrimentos e perseguições, traições e posterior ressurreição forma outras passagens que encontraram identificação com *Òṣàlá* em dois momentos de sua história. A primeira foi a viagem ao reino de *Ṣàngó*, relatada mais adiante e que dá base ao ritual das Águas de *Òṣàlá*. A outra, quando de sua convivência com os seres humanos nos primórdios do mundo yorubá. Invejado e perseguido, teve seu corpo fragmentado e posteriormente recomposto por *Olódùmarè*, no *Ọ̀run*.

A odisseia de *Ọ̀ṣàlá* é um referencial quando se posiciona como porta-voz de dois *Odù* do jogo de búzios – *Éjì Onílẹ̀* e *Ọ̀fún* –, indicando problemas diante de teimosias, com sofrimentos, doenças, cirurgias e, ao mesmo tempo, paz e tranquilidade, conforme a combinação de jogadas.

Enquanto *Ọ̀ṣàlá* é visto como criação de *Ọlọ́run*, Jesus é visto como filho de Deus, não como uma filiação de natureza, mas uma filiação adotiva através de uma escolha divina. É o personagem maior do cenário cristão. Na Bahia, é o Senhor do Bonfim, onde se confunde com *Ọ̀ṣàlá* nas festividades da lavagem das escadarias da igreja, pela associação com o mito das águas.

O ritual se reporta ao tempo da construção da igreja, quando o capitão de mar e guerra português Teodósio Rodrigues de Faria, em 1754, instituiu a devoção do Senhor do Bonfim, venerado em Setúbal, Portugal, no alto de uma colina. Foi uma promessa feita depois de ser salvo de um naufrágio, ao rezar em frente à imagem do Cristo crucificado que trazia. Logo se espalhou a notícia de que era milagrosa, fixando-se o segundo domingo depois do dia de Reis. O ritual de lavagem começou com a limpeza feita na igreja na semana anterior à missa solene. Esse gesto teve imediata repercussão, especialmente entre os negros, pela associação do Senhor do Bonfim com *Ọ̀ṣàlá*. O tempo transformou uma festa de origem portuguesa numa festa de gente de candomblé, com todos de branco, lavando toda a igreja com água e flores, a mesma com que lavam os símbolos do *Òrìṣà*. Desconfiado dos exageros, o clero proibiu a lavagem por um longo tempo, e ela só foi retomada após 1963, não mais lavando o interior da igreja, mas somente as escadarias, agora conscientes de que estavam relembrando o banho dado a *Ọ̀ṣàlá* na prisão do reino de *Ṣàngó*.*

* "Todos os seguidores da religião afro-brasileira podem e devem procurar acabar com o que chamam de sincretismo. Os negros de hoje, para manterem viva a religião de seus antepassados, não precisam mais dizer que Santo Antônio é Ogun, São Jorge é Oxóssi, e o Senhor do Bonfim, Oxalá, desde que sabemos perfeitamente que nada disso é real. Vamos todos juntos caminhar para a realidade, deixando o Nosso Senhor do Bonfim lá na igreja com seus fiéis e continuando a adorar Oxalá, Oxalufom, como sempre no seu devido lugar que é nos terreiros." (Mestre Didi, *Boletim Secneb*, Salvador, 1989.)

Outro fato refere-se às fases adulta e jovem de Jesus, ambas identificadas com *Ọ̀ṣàlá* através de "duas formas", *Ọ̀ṣàgiyán* e *Ọ̀ṣàlúfọ́n*, sendo essa a razão da perda da identidade original como *Ọbàtálá* no Brasil: porque, durante muito tempo, eram assim mencionados nos antigos livros que historiavam o candomblé. Esse tipo de literatura, escrito por pesquisadores de outras áreas acadêmicas, foi devidamente superado após a fase Verger. Mas o seu conteúdo ainda influencia alguns grupos. Na realidade, *Ọbàtálá*, *Ọ̀ṣàgiyán* e *Ọ̀ṣàlúfọ́n* levam a crer serem divindades distintas com cultos interligados, mas com ritos específicos.

O sincretismo afrocatólico é regional e identificado com tradições locais. Em grande parte, não há unanimidade nas interpretações, o que faz não surtir efeito transferir festividades de uma região para outra. Por outro lado, o sincretismo impede o candomblé de se impor com maior condição como religião. Por esse motivo, seus próprios adeptos se denominam praticantes de uma seita, desconhecendo a extensão da diferença entre as duas palavras.

ÒṢÀLÁ E A FESTA DO BONFIM: O INÍCIO DO RITUAL

Há uma hipótese segura de que a festa das Águas, na forma como é realizada, não veio com os negros escravizados, e foi criada no Brasil a partir da festa do Bonfim, da qual falamos anteriormente. Foi entre 1855 e 1900 que se consagrou o costume de lavar a igreja do Senhor do Bonfim, em Salvador, como um ato de fé, o que viria a se transformar numa festa popular. As antigas *Ìyálòrìṣà* como Aninha, Senhora, Menininha e tantas outras tinham o costume de ir à igreja do Bonfim.* A igreja criticou o exagero e decidiu proibir a lavagem de suas dependências, que vigorou por cinquenta anos. Posteriormente, surgiu a solução de lavar apenas as escadarias, o que acontece até hoje.

Os comentários são de que foi a *Ìyálòrìṣà* Aninha do *Àṣẹ Òpó Àfọnjá* quem tirou as comemorações do Bonfim da igreja, aproveitando a proibição para levá-la para o terreiro, criando os dezessete dias de atividades seguidas, inserindo aí a figura de *Ṣàngó*, o seu patrono, como o rei com quem *Òṣàlá* se encontraria, e que por motivos diversos transformou sua viagem em uma quase tragédia. A base do ritual seria essa, a ser seguida por todos os seus descendentes. Esse comportamento de Aninha, o seu

---

* Ver o item 4 em "Apontamentos à 5ª parte".

estilo de trabalho, a credenciaram como a maior das *Ìyálórìṣà* de sua época, criando com Martiniano do Bonfim cânticos e rezas que viriam a definir a personalidade de seu terreiro. Todo o ritual que viria a ser seguido por Aninha teve como modelo o que será relatado no próximo capítulo. Porém, verificamos que existem outros mitos relacionados ao assunto, mas cujo teor se distancia do mito clássico que dá base ao ritual.

ÒṢÀLÁ E AS VARIANTES DO MITO

Em Cuba, *Òṣàlá* é visto como uma divindade feminina e, por isso, sincretizado com Nossa Senhora das Mercês.* Entre seus mitos, destacamos aquele que se aproxima do mito seguido no Brasil, reproduzido, a seguir, em tradução livre:

> Obatalá, mãe de Xangô, estava muito atarefada. Decidiu pedir conselhos a Ifá, que lhe disse que fosse à casa de seu filho Xangô, que era rei. Antes deveria fazer um ebó com a espiga de milho. Advertiu-lhe que sofreria três grandes contrariedades no caminho, mas teria que calar-se e seguir em frente.
>
> No caminho encontrou Exu disfarçado de carvoeiro, que lhe rogou ajuda. Pôs as mãos sujas de carvão na roupa branca de Obatalá, que ficou toda marcada. Ele ia protestar, porém, lembrou-se das palavras de Ifá, e seguiu em frente.
>
> Mais adiante voltou a se encontrar com Exu, disfarçado de vendedora com uma cesta cheia de frutas em sua cabeça. Pediu-lhe ajuda para arriar a cesta e, quando o fez, sujou toda a sua roupa branca. Não disse nada, se limpou e seguiu adiante levando a espiga de milho.

* Em tradução livre: "Os mais populares e mais conhecidos são o [sincretismo] de Obatalá como mãe de todos os santos e o maior de todos." (Cortez, Julio García, 1971, p. 423)

Atravessou uma floresta onde dominava uma seca atroz. Um cavalo pertencente a Xangô, que havia doze anos tinha se perdido, estava nessa floresta. Vendo a espiga na mão de Obatalá, tentou comê-la. Obatalá espantou o cavalo, que continuou a segui-la.

E assim foi até chegarem a um lugar onde estavam os soldados de Xangô, que reconheceram o cavalo, o amarraram e prenderam a mulher da espiga, que era Obatalá. Ela foi conduzida à presença de Xangô, que estava sentado em seu trono. Reconhecendo sua mãe, foi ao seu encontro, caindo a seus pés. Havia muitos anos que não a via e ficou muito contente.*

William Bascom, em *Sixteen Cowries*,** faz uma referência ao *Odú Òdí*, em que *Ọ̀sàlá* é citado como *Òrìṣà*, e é explicada sua necessidade de usar roupas brancas, conforme reproduzimos aqui em tradução livre:

> Orixá desejou ir a Ifon para ver o trabalho que seus filhos estavam fazendo. Foi-lhe dito que fizesse a seguinte oferenda: sete tecidos brancos, sete galinhas, sete caracóis, o que foi feito, apaziguando, assim, os deuses. Foi-lhe dado um bastão de comando (*ọ̀pá*) e roupas brancas, alertando que ele deveria usá-las. Foi-lhe dito que encontraria três pessoas no caminho que o insultariam, mas que ele deveria se recusar a ser intimidado. O que quer que sua esposa (*Yemowo*) lhe dissesse, ele não deveria discutir com ela.
>
> No caminho encontrou uma vendedora de azeite de dendê que lhe pediu ajuda para colocar o que carregava no chão. Yemowo se propôs a ajudá-la, mas a vendedora exigiu que Orixá o fizesse. Quando isso foi feito, o azeite lhe manchou toda a roupa. Yemowo, vendo o que aconteceu, pediu a roupa suja e lhe deu outra roupa branca. Quando iam seguir, encontraram uma vendedora de carvão, que pediu a mes-

---

* Cabrera, Lydia. *El monte*, p. 490.

** Bascon, William. *Sixteen Cowries: Yoruba Divination from Africa to the New World*. Indiana: Indiana University Press, 1980, p. 650.

> ma ajuda, mas recusou que Yemowo a ajudasse. Exigiu que fosse o Orixá. Aconteceu a mesma coisa, o carvão sujou toda a roupa branca. Yemowo alertou que ele não deveria dizer nada, lembrando-lhe que não reclamasse de nada. Orixá concordou. Quando chegaram ao portão da cidade, encontraram uma vendedora de azeite da semente do coquinho de dendê (*Adin*). A mesma situação anterior ocorreu, e ele teve de trocar de roupa. E assim entraram na cidade de Ifon...

Em 1958, Zora Seljan escreveu uma peça teatral tendo como base o ritual das Águas, e publicado pela Livraria São José, no Rio de Janeiro, com o título *Festa do Bomfim*.* É uma história romanceada e que pode ser assim resumida:

> Oxalá vivia em seu reino, quando Nanã, sua esposa, se tornou deprimida pelo nascimento de seu filho *Omolu*, com suas doenças características de pele e por esse motivo escorraçado por todos. Diante disso, Oxalá, como escultor divino, pega o barro e faz Exu para alegrar Nanã. Exu, por ser terrível e debochado, não trouxe a alegria que Oxalá desejava. Pelo contrário, aborreceu Nanã mais ainda, a ponto de ela ir embora para o reino de Xangô. Os dois filhos que Oxalá lhe deu não lhe agradaram.
>
> Oxalá resolve ir atrás dela. Yemowo, sua outra mulher, lhe avisa para não ir, pois muitas coisas ruins poderiam lhe acontecer. Oxalá insiste e é orientado a levar roupas brancas, sabão da costa e a nada negar do que lhe for pedido. No caminho encontra por três vezes Exu, que lhe faz os pedidos que irão desmoralizá-lo. Depois disso, chega ao reino de Xangô, onde é preso por ter sido tomado como o ladrão do cavalo do rei.
>
> As coisas passam a andar mal no reino, quando Xangô é informado de que uma pessoa está presa injustamente. Aira e Yansan vão procurá-lo e o localizam. Após todas as explicações, Oxalá encontra

* Seljan, Zora. *Festa do Bomfim*. Rio de Janeiro: Livraria São José, 1958.

> Nanã e lhe pergunta o que ela deseja. Nanã lhe diz que quer o arco-íris, e, assim, Oxalá cria e lhe dá Oxumaré como seu filho...

Nesses relatos, há uma série de situações que se ajustam, e outras que se chocam, o que possibilita crer na criatividade de Aninha, incluindo o ritual no calendário religioso, dando abertura ao ciclo de festas anuais. A beleza da festa não passou despercebida por outras comunidades. No candomblé jeje do Bogun, em Salvador, a falecida Doné Nicinha relatou, em entrevista a este autor, que o seu terreiro realizava no mesmo período uma cerimônia muito particular de lavagem das quartinhas e dos assentamentos, iniciada por uma antiga dirigente, e que se tornou habitual no decorrer do tempo. No candomblé angola do Bate-Folha do Rio de Janeiro, um antigo *Ogan* da casa revelou que as festas do *Muvu-Obe*, realizadas no início e no fim de cada ano, têm uma semelhança com a das Águas, quando *Lembá* é retirado de seu quarto e levado para outro local, para que depois de dezesseis dias retorne em procissão com todos os integrantes vestidos de branco.

O mais antigo relato existente sobre o ritual das Águas foi feito por Nina Rodrigues no terreiro do Gantois e publicado na *Revista Brasileira*, em 1896, sob o título "Ilusões da catequese no Brasil", e republicados mais tarde no livro *Animismo feitichista dos negros bahianos*, em 1935,* do qual transcrevemos parte da p. 157, respeitando a grafia da época:

> O Terreiro do Gantois faz a sua grande festa annual em fins de setembro, começar de um sabbado... A mãe de terreiro Julia, velha africana, transfere-se para ali na sexta-feira afim de preparar e armar o Peji e dispor tudo para o candomblé. Assiste-a immediatamente sua filha Pulcheria. Sabbado a noite começam os preparativos; domingo pela madrugada vão as filhas de santo buscar a agua sagrada em grande romaria a uma fonte próxima. Em vasta gamella, collocada em frente

* Rodrigues, Nina. *Animismo fetichista dos negros bahianos*. Rio de Janeiro: Civilização Brasileira, 1935.

> ao barracão, deita-se esta agua em profusão tal que chega a formar pequeno regato pela ladeira abaixo. Esta agua é destinada a lavagem de santos e a encher os pótes e quartinhas do Peji.
>
> Para a tarde a affluência da população é enorme. Tanto para o Terreiro do Gantois como para o do Engenho Velho…

Aninha, na época com 27 anos, era integrante do Candomblé do Engenho Velho.

Nesse relato podemos observar que o antigo ritual para *Ọ̀ṣàlá* não tem a mesma forma do que a prática atual, havendo a suposição de que a festa era realizada num só dia, e não nos dezessete dias, como ocorre atualmente.

CONCLUSÕES

O modelo religioso afro proposto para o Brasil pelos antigos negros africanos e brasileiros foi baseado na oralidade para a construção de uma tradição própria para a nova terra. E isso ficou patente quando ilustres personalidades do passado religioso, a quem denominamos de ancestrais afro-brasileiros, tiveram a oportunidade de retornar à sua terra de origem e lá permanecerem. Não foi o caso para nomes que marcaram a religião, como Iya Naso e Marcelina da Silva (*Oba Tosi*) – que teriam trazido Bamgboxê para o Brasil –, Martiniano do Bonfim, Cipriano Abedé e dezenas de outros personagens que foram marcantes para a história do candomblé no Brasil. Já seriam brasileiros, ou teriam familiares já devidamente conscientes de sua nova identidade.

Foram esses personagens que construíram a religiosidade afro que viria a ser cultuada nos futuros terreiros. Muitas tradições foram esquecidas, outras adaptadas e outras ainda criadas. Em outra obra deste autor, *Ọ̀run-Àiyé: o encontro de dois mundos*,* fazemos uma rápida exposição sobre o assunto, lembrando alguns ritos criados no decorrer de atividades religiosas através do tempo e adaptados à cultura da época: *Ìpàdé*, *Ìpeté*, *Lórogun*, *Olubajẹ* e as Águas de *Ọ̀ṣàlá*, que, embora não incluídos na re-

* Beniste, José. *Ọ̀run-Àiyé: o encontro de dois mundos*. Rio de Janeiro: Bertrand Brasil, 1997, p. 324.

lação como a Procissão de *Iyamase*, a Festa das Quartinhas, os Ministros de *Ṣàngó*, a Feijoada de *Ògún*, revelam-se como tradições eminentemente brasileiras pela forma personalizada de suas realizações.

Quando alertamos que os ritos foram se construindo através do tempo de trabalho religioso, é pelo fato de entendermos as condições de instalação dos primeiros terreiros a partir do século 19. Não eram roças organizadas. Na realidade, eram espaços dentro das residências ou quartos em casas coletivas, onde os assentamentos eram todos juntos, guardados em armários ou num canto do quarto. E era nesses locais minúsculos que se realizavam as iniciações, festas e comidas votivas. Tudo muito discretamente e sem barulho que pudesse provocar reprimendas de vizinhos ou da polícia.

O Candomblé do Engenho Velho, surgido em 1830, passou por diversos outros lugares até 1855, onde se encontra até hoje. Segundo relato de Edison Carneiro reproduzido na obra *A cidade das mulheres*, de Ruth Landes, "quando foi construído, nos tempos da escravidão, o mato era uma floresta, e o templo ficava bem escondido".*

O Barco de Oxum, existente na parte baixa do terreiro, foi construído em 1956. A *Ìyálórìṣà* Aninha, do *Àṣẹ Òpó Àfọ̀njá*, antes de se instalar em São Gonçalo do Retiro, em 1910, residiu em outros locais, realizando iniciações. No axé do Rio de Janeiro, iniciado em 1886 pela mesma Aninha, sua sucessora, Agripina, mudou-se constantemente para diferentes quartos e casas modestas até se instalar definitivamente em Coelho da Rocha, em 1946.

Esse quadro era o mesmo para todos os terreiros que se iniciavam, com mudanças constantes de acordo com as novas construções devido às reformas urbanísticas. Podemos concluir que os rituais que enumeramos não poderiam ser realizados da forma que hoje conhecemos. No Rio de Janeiro, o desenvolvimento da Baixada Fluminense foi muito importante pelo espaço que oferecia e que foi muito bem aproveitado

---

* Landes, Ruth. *A cidade das mulheres*. Rio de Janeiro: Civilização Brasileira, 1967, p. 48.

pelas comunidades. Surgiram aí os quartos de santo, as plantações e a criação ou recriação de ritos em face das instalações amplas que os terreiros passaram a ter, principalmente as Águas de *Ọ̀ṣàlá* com seus dezessete dias de ritos constantes.

APONTAMENTOS À 5ª PARTE

1. O cântico clássico de *Òṣàlá*, em que os soldados se tornaram aleijados, é cantado em terras yorubás da seguinte forma:

O fún ruru l'oréré	E foi levado com os cuidados
O kẹ̀ riri l'Ejìgbò	Para longe
Ile ikín ni mo ti wá	Com feridas
Èjìgbò réré ni mo ti bọ̀	Jamais vistas em *Èjìgbò*
Oluwa, yé	Mas o Senhor está vivo
K'o wa w'ọmọ lojukan	E os filhos com um só olho
K'o wa w'ọmọ lẹsẹkan	E com uma só perna

(Ògúnbọ̀wálé, P. O. *Irún Walẹ̀ Kẹ̀ Yoruba*. Nigéria: Ibadan 1962, p. 24.)

2. As contas de *Ṣàngó* são vermelhas como o fogo, e passaram a ser intercaladas com a cor branca em memória de *Òṣàlá*.
3. No mito das Águas de *Òṣàlá*, *Aira* é visto como filho de *Ṣàngó*, pois é somente dessa forma que se justificaria o oferecimento a *Òṣàlá*, pois o patriarcado yorubá dava condições de poder total sobre os filhos. Em outros relatos, porém, *Ṣàngó* é visto como alguém que nunca deixou prole.
4. Sobre a Festa do Bonfim, Mestre Didi estabelece uma crítica contundente sobre a atual finalidade:

Muito tempo antes de ter aparecido um babalorixá ou pai de santo irresponsável, causador de toda esta polêmica que está existindo hoje sobre a lavagem do Bonfim, essa lavagem era feita pelas pessoas das tradicionais casas de culto afro de Salvador, onde a maioria delas pertencia a várias irmandades, com muita ordem e respeito. Mesmo porque os negros, quando pensaram em fazer essa lavagem, uma vez que tinham associado Senhor do Bonfim a Oxalá, foi procurando reviver uma grande procissão de uma cerimônia que até a data de hoje é realizada na cidade de Ifon, área que está situada ao noroeste de Oxôbo na Nigéria, onde Orixalá é o padroeiro dessa área, e uma vez por ano, a maior parte dos habitantes vai de manhã bem cedinho buscar água no rio para assear o assentamento. (*Boletim Secneb*, Salvador, Bahia.)

5. As Águas de *Òṣàlá* têm um sentido purificador da própria religião.
6. *Ẹ kú láiláì!* é uma saudação que indica duas pessoas que não se veem há muito tempo. O povo yorubá ficou conhecido como o povo *A ku*, pela forma de cumprimentar as pessoas sob diversas situações. Literalmente, significa "que você tenha vida por longo tempo", no sentido de reverenciar a existência prolongada, fator fundamental de vida. (Ver "Saudações e cumprimentos" no capítulo sobre o idioma yorubá.)
7. Sobrenatural é entendido como fora das leis naturais e se aplica aos fatos que parecem contrariar essas leis. Em outras épocas, qualquer ocorrência incomum, aparentemente inexplicável, era considerada sobrenatural, milagrosa e atribuída a algum poder sobre-humano.

6ª PARTE

OS RITUAIS DAS ÁGUAS DE ÒṢÀLÁ

Com base nas diversas observações feitas, podemos entender o cerimonial das Águas de *Òṣàlá* sob três aspectos: o de reviver as festas agrárias de origem dos ancestrais afro-brasileiros, pois o ritual é feito na mesma época da colheita, como vimos; o de determinar a abertura do período das grandes festas de todos os demais *Òrìṣá*; e o terceiro aspecto é o da purificação a que todos se submetem, a partir da limpeza e arrumação de todo o terreiro até o *Òsẹ̀* geral de todos os símbolos e insígnias do candomblé. É sobre esses três aspectos que este capítulo se deterá, analisando-os em toda a sua extensão de atividades.

São 23 dias de cerimonial intenso, não considerando os momentos anteriores de preparação, pois tudo muda no candomblé por ocasião das Águas de *Òṣàlá*, a começar pelo fato de que todos os integrantes adotam um comportamento reservado, cauteloso e de muita concentração. No seu início, o candomblé toma ares tristes e silenciosos, pois *Òṣàlá* será dado a uma aventura em que virá a ser preso e maltratado, por força de sua insistência em viajar quando as determinações eram contrárias. A partir da última quinta-feira de setembro,* todo o terreiro estará revivendo uma

---

* No Candomblé do Engenho Velho, é na última quinta-feira de agosto. A razão dessa alteração foi em respeito ao falecimento de Joaquim Vieira – *Oba Sàniyà* – um dos fundadores do *Àṣẹ*. Vivaldo da Costa Lima e Waldir Freitas Oliveira registram seu falecimento em 8 de setembro de 1910 (Waldir Freitas de Oliveira e Vivaldo da Costa Lima (orgs.). *Cartas de Édison Carneiro a Arthur Ramos*. Salvador: Corrupio, 1987).

odisseia assentada num mito consagrado e de forte expressão religiosa. Todas as suas nuances são devidamente revividas e participadas anualmente, por todos os integrantes do candomblé, e vistas em três grandes festas públicas. Para tudo entender torna-se necessário conhecer o que o mito das Águas de *Òṣàlá* revela e de que forma ele determina o ritual a ser realizado.

NARRATIVA DO MITO DAS ÁGUAS DE ÒṢÀLÁ

Em sua atividade como soberano de *Ifọ́n*, *Òṣàlá* decide, certa vez, fazer uma visita a *Ṣàngó*, na cidade de *Ọ̀yọ́*. Diz à sua mulher: "Prepare minhas roupas e tudo o que for necessário, que eu pretendo fazer uma viagem. Vou visitar *Ṣàngó*."

Ela fez o que lhe foi pedido, incluindo suas comidas prediletas.

Òṣàlá era uma pessoa simples e por isso não tinha batedores de atabaques para ir à frente abrindo caminhos para anunciar sua chegada. Ele era conhecido em todos os lugares pelas roupas brancas que usava, aliadas a uma retidão moral que o fazia ser respeitado e querido por todos.

Na noite que antecedeu a viagem, sua esposa sonhou que, embora as roupas brancas de *Òṣàlá* fossem lavadas frequentemente, várias manchas negras apareciam nelas, quando eram colocadas para secar. Quando acordou, ela disse: "*Òṣàlá*, não vá para *Ọ̀yọ́*. Em meu sonho, as roupas brancas não ficaram limpas depois de lavadas." *Òṣàlá* lhe respondeu: "Isso é impressão sua. Por mais que tenha sonhado, eu estou decidido a viajar."

Apesar disso, antes de iniciar a viagem, *Òṣàlá* vai até a casa do *Bàbáláwo* perguntar sobre a viagem, se seria favorável ou não. No jogo feito saiu o *Odù Éjìonilẹ̀*, e, quando isso acontece, a pessoa não deve sair de casa, deve ficar em silêncio e trocar de roupa três vezes. O *Bàbáláwo* lhe diz: "Você não deve ir; há muita maldade em torno dessa viagem e você corre risco de vida."

Ó ni ènia mẹ̀tà niyí o kò l'ọ́nà	Ele disse que encontraria três pessoas na estrada
K'ó ma já	E não deveria discutir
Ìyà nbẹ̀ nibẹ o ni o pọ̀ gan	O sofrimento será realmente muito grande lá
Ọ̀ṣàlá ni yio bà ìyà rẹ	*Ọ̀ṣàlá* disse: Suportarei o sofrimento e a humilhação

Ọ̀ṣàlá insiste: "Como pode, em uma viagem até *Ọ̀yọ́*, acontecer tudo isso? Quem governa lá é *Ṣàngó*, que é meu amigo." O *Bàbáláwo* lhe diz: "Se você insiste, leve três mudas de roupas, sabão da costa e *Òri*.* Você não deverá pedir nada a ninguém nem se recusar a dar nada que lhe for pedido, e terá de fazer o voto do silêncio durante toda a viagem. É o que o *Odù* determina." *Ọ̀ṣàlá* era obstinado e se dignou a ir assim mesmo. Foi para casa e preparou tudo:

Ó mú àwọn aṣọ mẹ̀tà	Ele pegou as roupas brancas
Ó mú p'ọ̀pá ṣóró	Pegou o bastão de comando
Ó já lé o	E partiu

Pôs-se a caminhar com o *Ọ̀pá Ṣóró*, o seu cajado. A certa altura encontrou *Èṣù*, que estava sentado embaixo de uma árvore. Ao ver *Ọ̀ṣàlá*, *Èṣù* o saúda: "*Ẹ kú láiláí!*" Ele tem ao seu lado uma barrica cheia de azeite de dendê e pede a ajuda de *Ọ̀ṣàlá* para colocá-la na cabeça. Como não podia recusar nada, *Ọ̀ṣàlá* vai ajudá-lo. É quando a barrica tomba e mancha toda a sua roupa, o que faz *Ọ̀ṣàlá* ficar bastante nervoso, pois o azeite de dendê é um de seus maiores tabus:

---

* *Òri*, também conhecido como limo da costa, é feito de sebo de boi, cozinhado até perder as impurezas e a cor avermelhada da carne. Tira-se toda a água e mistura-se com manteiga de cacau, formando uma pasta toda branca. *Ọ̀ṣàlá* se enxugou com *Ewé Tábà*, a folha do fumo, sendo esta, por isso, a primeira folha de seu culto.

Epo sẹ́ si aṣọ Bàbá	O azeite derramou na roupa do Pai
Gbogbo aṣọ rẹ̀ l'ó bàjé	E toda a roupa dele ficou estragada

Èṣù sai correndo, e rindo da situação, e *Òṣàlá*, sem nada dizer, foi até um rio próximo se lavar com sabão da costa e passar *Òri* pelo corpo. Troca de roupa, faz um *Ẹbọ* da roupa velha e despacha, seguindo viagem.

Não demorou muito e novamente *Èṣù* surgiu em seu caminho sob outra forma, pedindo-lhe ajuda. Desta vez tinha uma vasilha contendo *Àdin*, um tipo de óleo feito do coquinho do dendezeiro. Exatamente como antes, ao pegar a vasilha para ajudá-lo, o óleo é derramado sujando a roupa branca de *Òṣàlá*. Por alguns momentos *Òṣàlá* ficou transtornado enquanto *Èṣù* se afastava, zombando da situação. Mais calmo, *Òṣàlá* foi até o rio se lavar com sabão da costa, tornando a passar *Òri* pelo corpo. Troca sua segunda muda de roupa e faz um *Ẹbọ* com a roupa suja. Pegando suas coisas, segue o seu caminho.

Mais adiante, *Èṣù* surge em seu caminho pedindo que lhe ajude, desta vez com uma barrica cheia de carvão. Como não podia negar nada que lhe pedissem, foi ajudá-lo. Propositalmente, *Èṣù* faz com que o carvão suje a roupa branca de *Òṣàlá* e sai correndo. *Òṣàlá* mais uma vez fica agitado, repetindo o ritual anterior, trocando a última muda de roupa e fazendo um *Ẹbọ* com a roupa velha. Em seguida, pensando no sonho que sua mulher tivera, e na advertência do *Bàbáláwo*, *Òṣàlá* retoma o caminho, agora já mais próximo dos limites do reino de *Ṣàngó*.

Próximo a um milharal, *Òṣàlá* vê um cavalo branco pastando e reconhece que é o cavalo que havia dado de presente a *Ṣàngó*. O cavalo também o reconhece e passa a segui-lo. *Òṣàlá* apanha uma espiga de milho e dá ao cavalo, no momento em que chegam os soldados de *Ṣàngó*. Eles estavam procurando o cavalo que havia fugido das estrebarias do palácio. Não reconhecendo *Òṣàlá*, passam a gritar:

"Olè ẹṣin ọba!"
Ladrão do cavalo do rei!

Os soldados passam a agredi-lo violentamente, deixando-o caído, com os braços e as pernas quebrados. É levado, então, à prisão do palácio e lá fica esquecido por sete anos.

Durante esse tempo, o reino de *Ṣàngó* entra em decadência, sofrendo a pior seca, que compromete, então, toda a colheita. Epidemias, doenças e mortes se sucedem com frequência, fazendo com que o povo se revolte com *Ṣàngó*. Sem outra solução, ele vai procurar um *Bàbáláwo* da região, que faz o jogo e lhe diz: "Um homem que usa roupa branca foi preso injustamente. O que está acontecendo é uma revolta natural pela injustiça cometida."

Com essa informação, *Ṣàngó* junta alguns soldados e vai pessoalmente fazer uma busca em todas as prisões. *Òṣàlá* é encontrado com sua roupa toda suja de lama, e seu corpo coberto de poeira. Embora *Ṣàngó* fosse considerado o maior dos *Ọba*, ali mesmo se prostrou diante de *Òṣàlá*:

> *"Nigbàtí Ọba bá dé ibẹ̀, Ọba a dòbálẹ̀ fún un."*
> Quando *Ṣàngó* chegou lá, se prostrou perante ele.

Diante dos guardas surpresos com a cena, dá ordens para que todos levantem *Òṣàlá*, em silêncio, e o levem para o palácio. Em seguida vão buscar água em sucessivas viagens, para *Òṣàlá* se banhar.

Depois, já de roupa trocada, *Ṣàngó* lhe diz: "*Òṣàlá*, vós que sois o grande *Òrìṣà*, que terrível destino se apossou de vós?" *Òṣàlá* lhe responde: "Eu vim para lhe visitar. No caminho encontrei *Èṣù*, que provocou vários incidentes. Depois fui confundido pelos seus soldados com um ladrão de cavalo. Assim, se eu não tivesse encontrado *Èṣù*, as coisas teriam sido diferentes."

Ṣàngó, que tudo ouvia com atenção, determinou punição para os soldados que agrediram *Òṣàlá*, que, por sua vez, interveio. "Não, a culpa é minha por duvidar do *Odù Ejì Onílẹ̀*. Quando ele sai no jogo, não se deve sair de casa. E eu não obedeci." *Ṣàngó* insistia, tentando compreender tudo: "Mas, senhor, por que aceitaste tanto sofrimento sem se revoltar, sem dizer uma palavra?" *Òṣàlá* explicou que *Ifá* tinha lhe prevenido: "Se eu me rebelasse, poderia morrer."

Os guardas, que a tudo ouviam, tentavam compreender o que estava acontecendo: "Quebraram-lhe as pernas, já não pode mais andar direito, e ainda perdoa a todos. Quem é ele?"

Mas *Aira*, que a tudo assistia, não se conformou e queria vingança de qualquer forma, e a todo momento pedia permissão a *Òṣàlá* para fazer justiça. *Òṣàlá* insistia dizendo que *Ifá* determinara que devia perdoá-los. *Aira* argumentou: "Como ficará a justiça em nosso reino? Os soldados o condenaram sem provas e sem chance de defesa. Se ficarem na impunidade, quem acreditará na justiça? É preciso zelar pela justiça." *Òṣàlá* continuou a ouvir atentamente: "Gostaria de lhe sugerir que me dê um talismã para ser colocado dentro de uma choupana no meio da floresta. Os soldados que o agrediram serão atraídos pela cobiça, tentando roubar as supostas riquezas. Aquele que entrar na choupana será punido por si próprio, com algum problema no corpo."

Òṣàlá pensou e concluiu que seria uma boa solução, pois o que seria da justiça se os maus juízes não fossem punidos de alguma forma? A paz não é a ausência da guerra, e sim a presença da justiça. E mais: dessa forma, ele não quebraria o juramento feito. Assim, mandaram construir uma choupana no meio do mato – *Ilé Igbó* – nas terras de *Ifọ́n*, e nela foram colocados seus segredos, de modo que, quando os inimigos entrassem por uma porta, sairiam por outra porta aleijados, sem uma perna, cegos, corcundas ou surdos. Assim, todos que agrediram *Òṣàlá* ficaram com alguma deficiência física. E quando isso aconteceu, todos cantaram:

Ẹ wa wọrọ́ lẹ́sẹ̀kan	Vieram silenciosamente
Ẹ wa wọrọ́ wa lẹ́ṣe	Com uma só perna
Ẹ wa wọrọ́ lójúkan bàbá	Vieram silenciosamente
Ẹ wa wọrọ́ wa lẹ́ṣe	Com um só olho
Ẹ wa wọrọ́ lapákan	Vieram silenciosamente
Ẹ wa wọrọ́ wa lẹ́ṣe	Com um só braço

A partir daí, todos aqueles que viessem a nascer com problemas físicos se voltariam para o culto de *Ọ̀ṣàlá*.

Depois de tudo isso, todas as coisas do reino de *Ṣàngó* voltaram à normalidade. As chuvas chegaram, a colheita cresceu e as enfermidades desapareceram de *Ọ̀yọ́*.

Ọ̀ṣàlá, já restabelecido do esforço a que foi obrigado, decidiu retornar a *Ifọ́n*, pois todos estavam preocupados com a sua longa ausência. Pelas dificuldades que *Ọ̀ṣàlá* apresentava devido às agressões, *Ṣàngó* pede que *Aira Ìntilẹ̀* o acompanhe, dizendo: "*Aira* vos acompanhará para sempre, será suas pernas e o eco de vossa boca. Todos os acontecimentos aqui passados serão relembrados pelas gerações futuras, no mais profundo silêncio da vergonha e do respeito, carregando um vaso com água para lavar os seus sofrimentos. Respeitarão suas proibições e seus filhos não poderão mais montar a cavalo ou usar qualquer objeto feito com o couro desse animal."

Mas, antes, *Ọ̀ṣàlá* resolve passar pela cidade de *Ẹ̀jìgbò*, reino de *Ọ̀ṣàgiyán*, por ter tomado conhecimento de que ele tinha feito inúmeras buscas em todas as regiões do reino yorubá, à sua procura. Ao recebê-lo, *Ọ̀ṣàgiyán* promove uma grande festa pelo seu retorno, com muita fartura de comida branca, entre elas o *Iyán*, o inhame amassado no pilão.

Ni won nba njó, wọn nyọ̀	Eles estão dançando e se regozijando
Wọn nyìn àwọn awo	Eles estão louvando os adivinhos
Àwọn awo nyìn Òrìṣà	Os adivinhos estão louvando *Ọ̀ṣàlá*

OS PREPARATIVOS PARA A CERIMÔNIA

O relato da odisseia de *Ọṣàlá* serve de base para a cerimônia que tomou o nome de Águas de *Ọ̀ṣàlá* – *Àwọn Omi Ọ̀ṣàlá* – nos candomblés de ritos kétu, em especial o que o *Àṣẹ Ọ̀pó Àfọ̀njá* realiza, e que serve de modelo para a nossa narrativa, por motivos anteriormente explicados. Inicia-se na madrugada da última quinta para sexta-feira de setembro e toma os três domingos seguintes, num total de 23 dias.

Nesse período, todas as obrigações com o uso do azeite de dendê são suspensas. Os ritos de *Àmàlà*, se tiverem que ser feitos, o serão usando azeite doce. Não se toma café. Todo o terreiro sofre uma transformação visível. Nada de lixo ou sujeira. Todo o terreiro é repintado e limpo. Todos usam roupas brancas nas tarefas a serem feitas. Um clima de silêncio paira sobre todos, não se fala alto e pouco se conversa. O jogo vai determinar o que será feito no tocante às oferendas. Se *Ọ̀ṣàlá* não comer bicho de quatro patas, nenhum outro *Ọ̀rìṣà* comerá, pois é ele quem abre o *Ọdún*, o calendário anual.

Do lado de fora do barracão é armada uma palhoça revestida com folhas de pindoba.* O local é denominado de *Baluwẹ̀*, literalmente, "casa de banho", pois é ali que *Ọ̀ṣàlá* será instalado durante sete dias, correspondendo aos sete anos de prisão. E ali será banhado por três vezes em

* *Attalea compta*, um tipo de palmeira de desenvolvimento rápido, que produz coquinhos que podem ser comidos.

sucessivas procissões formadas por todos os membros do candomblé. Logo depois do encerramento das Águas, o local deverá ser imediatamente desmanchado, para não haver tristes lembranças.

Todo o roteiro será por nós analisado, tendo suas atividades devidamente enumeradas, para uma compreensão detalhada do que será realizado, em conformidade com a narrativa que o mito determina.

ÚLTIMA QUINTA-FEIRA DE SETEMBRO

1. A tarde é destinada ao culto aos ancestrais do candomblé – *Ilé Ìbọ Akú* –, cujo *Ọ̀sẹ̀* pode ser de comida seca ou não. São os primeiros a comer. Se for somente comida seca, serão oferecidos, num tabuleiro forrado com um pano branco, pratos com *Àkàrà*, *Àkàsà*, *Èkuru*, *Abara*, vela, dinheiro e um tipo de mingau de creme de arroz bem ralo só com mel. O culto aos ancestrais é realizado somente pelo grupo masculino. O culto é vedado às mulheres. No quarto, cuja porta de entrada é dividida ao meio no seu sentido horizontal, revela-se a separação entre a vida e a morte. Dentro, tecidos brancos, louças brancas; os ancestrais são saudados e seus nomes iniciáticos são lembrados e reverenciados pelo trabalho em prol do culto. São os *Ésà*, aqueles que virão a ser reverenciados, mais tarde, no ritual do *Ìpàdé*. Após a entrega das oferendas, todos irão tomar bênção à *Iyálóriṣà*.

2. À noite, obrigatoriamente, todos deverão tomar um banho, primeiro com *Ọṣẹ Dudu*, sabão da costa, e depois com o sumo de ervas, *Wè Gbo'wẹ́*, previamente preparado, e que pode ser de folhas de colônia, saião e manjericão. Com a roupa branca, aguardarão o ritual de *Bọri* para poder participar da procissão das Águas. É uma forma de *Bọri* em sua primeira etapa, mais simples, por não haver oferendas ou animais, cânticos ou danças. Por isso é definido como dar um *Obì* com água à ca-

beça, mas extremamente necessário.* Pelo número de pessoas presentes, serão as pessoas mais velhas que darão o *Bọri* nas mais novas, auxiliando a *Iyálórìṣà* na tarefa, que tomará o tempo até aproximadamente o início da madrugada de sexta-feira. Trata-se de um *Bọri* específico para essa cerimônia, onde não há os cânticos tradicionais, com exceção de quando se levanta da esteira, num ambiente triste e silencioso, e que pode ser assim descrito: cada pessoa tem a sua quartinha com água, *Ọtùn Omi*; a sua vela, *Fitíla*; o pano de cabeça, *Ọ̀jà Ori*; um tecido para colocar nas costas, *Ọ̀jà Ẹ̀hìn*; dois pratos brancos emborcados contendo um *Obì* ou a *Alùbọ́sà*; uma cebola-branca; e um valor mínimo em dinheiro, para o carrego. Todos esses objetos são de uso individual das pessoas e sempre os acompanharão nas obrigações futuras.

A pessoa é encaminhada para a esteira – *Ẹní* – forrada com um lençol branco. De pé, faz menção de se sentar por duas vezes. Na terceira vez se senta, estica as pernas e coloca as mãos sobre os joelhos. O oficiante sacode o *Ọ̀jà* e o coloca nas costas da pessoa; a seguir, a vela é acesa. São ditas algumas palavras sobre a razão do *Bọri*: que ele se destina a carregar as águas referentes aos *Ọdún*. Derramam-se três pingos de água no chão, dizendo:

Omi tún	Águas novas
Ọ̀na tún	Novos caminhos
Pẹ̀lẹ̀ tún	Calma novamente

Invocação e pedido de licença aos ancestrais da pessoa – *Òkú Ọrun*:

Àgo mo jùbà	Licença e respeito
Àgbagba	aos antigos
Kolobo ṣe're	desejamos boa sorte
Awa ba ṣe're	boas realizações
Awa fu're o.	

* Ver em *Ọ̀run-Àiyé* (Bertrand Brasil, 1997), deste autor, um relato das diferentes sequências do *Bọri*, pp. 148 a 162.

Apresentação à cabeça: na mão direita, a quartinha com água; na mão esquerda, os pratos com o *Obì*. O oficiante encosta nos quatro pontos da cabeça, no coração e nas costas. Depois dá para a própria pessoa encostar os pratos e a quartinha na fronte, morada da alma guardiã ancestral. A saudação em todos os momentos é *Orí o!* ou *Orí a pe're*, que significa um pedido de boa sorte e bênçãos.

Em seguida o oficiante se senta no banquinho em frente à esteira, sem fechar inteiramente a mão esquerda, e com a mão direita toca nos pingos de água no chão, bate na mão esquerda e em seguida toca na testa da pessoa. O mesmo gesto é repetido, tocando a fronte, a nuca, o pescoço e as mãos. Se a pessoa tiver pai morto, tocará no dedão do pé direito; se tiver mãe morta, tocará no dedão do pé esquerdo. Se tiver os pais vivos, não fará esse ato.

O próximo passo é destampar o prato, pegar o *Obì*, molhar na água da quartinha e ir tocando na testa, na fronte, na nuca, nos braços e no coração, dizendo *Obì Orí*, *Obì Apá* e *Obì Ọkan*. O *Obì* será aberto com uma faca, em quatro partes, e é feito o jogo no prato para estabelecer um diálogo com a cabeça e saber a forma como o *Obì* lhe será oferecido. É feita a saudação ao *Orí*. O oficiante faz os seguintes gestos a serem seguidos pela pessoa sentada na esteira: junta as mãos à altura do peito e, afastando-as por três vezes, diz *Bọri Ọmọ*; com as mãos juntas, toca no ombro direito três vezes dizendo *Orí Owó*; no ombro esquerdo, dizendo *Ori Ajé*; toca o peito, dizendo *Orí Emi*; e, abrindo os braços, diz *Ori Àlàáfíà*.

Depois de feito o jogo, pegam-se os gomos do *Obì* e, pedindo licença à cabeça, tira-se o vinco (fiapo) de cada gomo para colocá-los dentro da quartinha com água, dizendo:

Obì kò makú nada de morte
Obì kò marun nada de doenças
Obì kò maṣèjọ́ nada de brigas
Obì kò maṣòfo nada de perdas
Àarín dede wa entre todos nós

Pegam-se três pedacinhos de *Obì* cortados com a faca e mastigam-se, e outros três são dados à pessoa para ela comer. Se o jogo for feito com a cebola-branca, nada se come. O restante do *Obì* é colocado na cabeça com os gomos para cima, em forma de cruz. O *Obì* mastigado pelo oficiante é colocado diretamente na cabeça com a própria saliva. Pinga-se três vezes a água da quartinha na cabeça, dizendo três vezes *Omi Orí*. Em seguida, amarra-se o *Ọ̀jà* na cabeça, e é dada à pessoa a quartinha com água para que ela tome três goles. Um pouco de água é colocado na mão em concha para ser aspergida em volta da pessoa.

Sequência final: o oficiante, de pé, em frente à esteira, chama a pessoa já borizada, pelo nome, três vezes. Na terceira chamada, a pessoa fica de pé rapidamente em cima da esteira, e, com os braços estendidos para a frente, com as palmas das mãos para cima, os dois cantam:

Agbéso'kè	Levamos para o alto
Orí bé'ra o	o nosso pedido
Agbéso'kè	de paz,
Orí ajé	saúde e riqueza

O *Ọ̀jà* é retirado e sacudido, tornando a ser recolocado sobre os ombros. Retira-se com calma a pessoa da esteira, e a ela são entregues a quartinha com água e a vela. A partir daí, silêncio absoluto. Não se fala mais. Tudo é silêncio. Após certo tempo, a água é derramada ao pé de uma árvore e o *Obì* também é deixado no mesmo lugar. A vela será entregue para ser acesa ao *Òrìṣà* da pessoa.

A última pessoa a dar o *Bọri* apagará as luzes do terreiro. A partir daí tudo será feito sem nenhuma iluminação. É a madrugada de sexta-feira.

A PROCISSÃO PARA COLHER AS ÁGUAS DA FONTE

No quarto de *Òṣàlá*, está posicionado o andor carregado por quatro *Ogans*, e que levará os assentamentos do *Òrìṣà*. É a viagem que *Òṣàlá* fará para ser preso depois no *Baluwẹ̀*. Atrás, os participantes que deram o *Bọri* formam uma fila, indo à frente as pessoas mais velhas. Cada um carrega um pote de barro, já devidamente lavado, para carregar as águas. Um *Ogan* se dirige à fonte de água natural com uma vasilha para colher as águas e colocá-las nos potes.

A *Ìyálórìṣà*, com um *Àjà* na mão, a sineta dupla, dá três voltas pelo terreiro, sozinha. Na terceira, o andor de *Òṣàlá* a segue, saindo pela porta da frente com todos atrás batendo palmas ao ritmo do *Ìgbìn*, o ritmo de *Òṣàlá*. É uma procissão silenciosa e triste que se dirige para o *Baluwẹ̀*. Os assentamentos são colocados em seu interior, com o *Òṣàlá* mais velho ficando em destaque, em cima de um banquinho que, por sua vez, fica dentro de uma grande bacia. Os demais ficam em volta, no chão. Depois, todos vão em fila apanhar a água na fonte. De volta, ao entregar o pote com água à *Ìyálórìṣà*, ela fica ajoelhada fazendo o *Pawọ́*, batendo palmas, enquanto a água é derramada por sobre todos os assentamentos. Representa aí o banho que *Òṣàlá* teve de tomar quando ficou sujo com os óleos e o pó de carvão.

Na terceira ida à fonte, o Sol já está nascendo* e os potes retornam com uma folha de *Pèrègun* e uma flor branca. Essa água não é derramada. Os potes ficam no *Baluwẹ̀* para serem utilizados mais tarde, lembrando o banho tomado no palácio de *Ṣàngó*. Nesse momento são colocadas as esteiras no chão, e todos prestam reverência fazendo o *Dòbálẹ̀*, as pessoas que possuem *Òrìṣà* masculino, e o *Yinká*, as de *Òrìṣà* feminino. Em seguida, todos se ajoelham na mais profunda reverência para fazerem o ritual do *Pawọ́* três vezes. Então, entoam as rezas e os cânticos do *Òrìṣà*.

Bàbá Epà o	Pai! [Exclamação de surpresa]
Bàbá Epà o	Pai!
O kú ewu're o	O saudamos diante deste perigo
Ara yín fún a díẹ̀	O Senhor está sob nossos cuidados
Epà o	
Bàbá Epà o	Pai!
Orò ẹ ko nwa ṣe'ke	Este ritual nos junta e faz chorar
A ṣe'ke ko mu Bàbá	Ficamos tristes pelo Senhor *Fún o*
Bàbá Ésà ré wa	O Pai ancestral foi embora
Ẹ wa bawá o	Está numa situação difícil
Ó dá rírà wúre agu'tán	Está silencioso e só
Ésà ré wa bawá o	Pedimos para tudo terminar
Ẹ ru òrìṣà	Foi levado com tristeza
Ni bàbá l'egi yán.	Mas caminhando com dignidade
Òrìṣà tẹnú bọ	*Òrìṣà* de boa paz e calma
Tẹnú bọ	Quer libertar-se
Tẹnú bọ fún wa	Com muita paz para todos nós
Òrìṣà tẹnú bọ	
Tẹnú bọ	
Tẹnú bọ fún wa	

* *Òṣàlá* passa a reger o dia a partir do nascimento do Sol. Antes, a regência pertencia às *Ìyámi*. O quarto de *Òṣàlá*, geralmente, não utiliza a luz elétrica.

É feito o jogo do *Obì*, e *Òṣàlá* se manifesta. Novos cânticos:

E Indako mo da gemare
Òlúfọ́n, Indako
Indako mo da gemare
*Indako.**

Ìjà ìjà mọ́ dùn o	A luta é limpa e cordial
Bàbá pè're Indako.	O pai convida *Indako*

Os cânticos seguintes relembram os momentos da odisseia de *Òṣàlá*:

Aṣọ dúdu gọ́ ya pi	A roupa ficou suja e ele ficou confuso
Aṣọ dúdu Òrìṣàlá	Rasgou-a imediatamente
A e a já lé o	Ele seguiu viagem
Aṣọ dúdu Òrìṣàlá.	

A letra revela o momento em que a roupa de *Òṣàlá* ficou suja de azeite e pó de carvão. Um refrão, cantado em sequência, substitui "*Aṣọ dúdu*" por "*Àlà tutù*", que diz exatamente que a roupa ficou fria, molhada, sem vida, e por isso foi feito o *Ẹbọ* da roupa velha e o despacho. E segue:

O fururu l'oréré o
Àilalá bàbá o
Ke nyẹyẹ l'Éjìgbò

Ilé Ifọ́n mo ti wa bábá
Èjìgbò rere mo ti gba o
Olúwa yé ẹwa wọrọ́

---

* *Indako* ou *Dankò* é uma qualidade de *Òṣàlá* assentado num bambuzal. É confundido com *Òṣóòsì*, por ocasião de um jogo, por usar o *Polvari* no peito, que é um cartucho para guardar flechas, por ser ele um caçador.

Ẹ ma wọrọ́ wa léṣe

Ẹ wa wọrọ́ lẹ́ṣẹ̀kan
Ẹ wa wọrọ́ wa léṣe

Ẹ wa wọrọ́ lójúkan bàbá
Ẹ wa wọrọ́ wa léṣe

Ẹ wa wọrọ́ lapákan
Ẹ wa wọrọ́ wa léṣe

E e o nkọ́ o wọrọ́ wọrọ́
Ọwọ́ lọ́rọ́ wa léṣe

Nitani abuké ṣekeṣekan
O nkọ́ ọwọ́ lọ́rọ́
Ọwọ́ lọ́rọ́ wa léṣe

Esse cântico lembra que, antes de *Ọ̀ṣàlá* seguir para *Èjìgbò*, o reino de *Ọ̀ṣàgiyán*, os soldados que o agrediram ficaram marcados por defeitos físicos: "*Wọrọ́ wọrọ́ lójúkan*", "eles caminharam silenciosamente e ficaram com um só olho"; "*lapákan*", "com um só braço"; "*léṣẹ̀kan*", "uma só perna"; e "*abuké*", "corcundas".*

Todo esse ritual é feito do lado de fora, em frente ao *Baluwẹ̀*. A partir daí, todos os *Ọ̀ṣàlá* são conduzidos para o interior do terreiro, onde é feito um *Ṣiré*, com cânticos diversos finalizados com o toque de *Ìgbìn*. Já com o dia claro, uma cortina branca fecha o *Baluwẹ̀* encerrando essa primeira parte. A partir desse momento, todos farão uma curta refeição.

* Ver "Apontamentos à 6ª parte", item 1.

SÁBADO: OS RITOS DE SACRIFÍCIO

Os ritos de sacrifício se iniciam com o oferecimento a *Èṣù*. Bem cedo, as pessoas se dirigem ao seu quarto. É feito o ritual da quartinha com água: pingam-se três pontos de água no chão da mesma forma como foi explicado no ritual do *Bọri*, com a diferença de que, para *Èṣù*, se bate com as costas da mão, dizendo:

Èṣù mo pè	Eu chamo *Èṣù*
mo pè	[Dizer o nome do *Èṣù* homenageado]

As palavras iniciais se diferenciam da forma como é feito para os demais *Òrìṣà*, com exceção do primeiro verso, sempre destinado a homenagear *Ògún*, o dono da faca, como já foi relatado anteriormente:

Ògún ṣ'orò ṣ'orò
Ẹ̀jẹ̀ ba'lẹ̀ k'ara rọ̀
Ògún àyò
Ẹ̀jẹ̀ ba'lé kára rọ̀

Èṣù le a bale
A Èṣù àgba
Tani pè mọ̀mọ̀ ṣ'orò
A Èṣù àgba

Èṣù ta mi lọ́rẹ
Mo jù gangan lódó
Èṣù ta mi lọ́rẹ
Mo jù gangan lódó

Em frente ao *Baluwẹ̀* serão feitos os sacrifícios para *Òṣàlá* de uma cabra (*Ewúrẹ́*), galinhas (*Adìẹ*), galinha-d'angola (*Ẹtù*), pombo (*Ẹiyẹlé*) e um caramujo (*Ìgbín*). Algumas providências são observadas:

1. O responsável pelos sacrifícios é o *Àṣògún* e seus auxiliares, *Òtún* e *Òsì*.
2. Os oferecimentos seguem a ordem dos animais acima relacionados.
3. Todos os bichos são fêmeas e de cor branca ou clara.
4. Às pessoas que desejarem dar uma galinha, ou seja, tomar *Àṣẹ*, elas serão oferecidas junto com as galinhas do *Ìbọ̀ṣẹ̀*.
5. Nesse caso, essas pessoas não poderão sair do terreiro, permanecendo até o término dos trabalhos.
6. Conforme alguns critérios, as pessoas de *Òṣàlá* que não estão presentes, seus assentamentos não comerão, por cautela, em virtude de se ignorar o que estejam fazendo naquele momento.
7. Os assentamentos de *Òṣàgiyán* ficam no fundo do *Baluwẹ̀*, pois durante o ritual só se comerá do pilão e o jogo será feito com o inhame.
8. Não há vela acesa, a luz é a natural.
9. Não são usados os temperos de *Iyọ̀* (sal) e do *Epo* (dendê) nos sacrifícios feitos, por serem *kizila* de *Òṣàlá*. Somente *Oyin* (mel) e *Epo Didùn* (azeite doce).

No *Baluwẹ̀*, os assentamentos de *Ọ̀ṣàlá* estão colocados em destaque, em cima de um banquinho, e os demais – *Ọṣàfuru, Lejúgbẹ̀, Olúfọ́n, Àjàlé, Okó, Ọ̀ṣàìgbò* – ficam à sua volta. Do lado de fora do *Baluwè* está uma terrina com um pouco d'água com três *Àkàsà*, que a *Àyaba* terá a incumbência de mexer à medida que o *Ẹ̀jẹ̀* da cabra for caindo. Com uma cabaça, a mistura será colocada em cima dos assentamentos, pois o *Ẹ̀jẹ̀* do animal não vai direto para os assentamentos, ao contrário dos bichos de pena. Toda a sequência do ritual é acompanhada de cânticos que interpretam e determinam o que está sendo feito e o que se pretende.

A cabra é devidamente limpa e até vestida com um pano branco. É trazida por quem a oferece, presa a uma forte corda amarrada em seu pescoço – a mesma que será enrolada em seu focinho – e acompanhada pelos filhos de *Ọ̀ṣàlá*, num autêntico cortejo. Canta-se para apresentar o bicho ao tempo:

Mo rúbọ̀	Eu ofereço o sacrifício
Mo rúbọ̀ ṣẹ́	Eu ofereço o sacrifício em troca
Mo rúbọ̀	Eu ofereço o sacrifício

A seguir, são dadas ao animal folhas de aroeira – *Ewé Àjọ́bi* –, pois nenhum animal pode ser sacrificado com fome.

Ẹran Òrìṣà	O animal do *Òrìṣà*
Lo gbe 'wé o	Faz uso das folhas
Ẹran Òrìṣà	O animal do *Òrìṣà*

Com as folhas na boca, é amarrada a corda no focinho do animal, para não permitir que ele grite, o que inviabilizaria o sacrifício.

O dì gangan	A corda amarra
O dì gan o	firmemente

Posteriormente, após o ritual preliminar, a corda será retirada e cortada em partes iguais, para ir no carrego.

Kò sí ni didẹ	A corda está solta
Ò tún Alágbè	Pelo *Alágbè*
Kò sí ni didẹ	Ela não está mais presa
Okún	no focinho
Didẹ kọ sa le ni	
Dahomẹ	
Kò sí didẹ okùn o	Não está mais amarrada no focinho

Diante do animal, todos se ajoelham para saudá-lo. É o ritual de troca: ele morre em troca da vida das pessoas. Saudação ombro a ombro e tocam a cabeça na testa do animal, fazendo um curto pedido. Isso tem de ser feito rapidamente, a fim de que o animal não desfaleça asfixiado. Se isso acontecer, outro animal deverá substituí-lo. Canta-se:

Àgo bó ni jẹ	Pedimos licença
Alá foríkàn	Batemos cabeça
Alá foríkàn	Batemos cabeça
Gbogbo o	Todos nós
Àgo bó ni jẹ	Pedimos licença
Alá foríkàn	Batemos cabeça
Alá foríkàn àiyé.	Para o mundo

Em seguida, o animal é sacrificado, e *Ògún* é devidamente reverenciado:

Ògún sórò ṣ'orò	*Ògún* faz a cerimônia
Ẹ̀jẹ̀ ba'lẹ̀ k'ara rọ̀	O sangue cai e acalma o corpo
Ògún àyò	*Ògún* é o mais importante
Ẹ̀jẹ̀ ba'lẹ̀ k'ara rọ̀	O sangue acalma a terra

A lâmina da faca colhe as primeiras gotas do sangue que pingam no chão em reverência aos Senhores da Terra. Então, é colocado no alguidar, com a *Àyaba* mexendo para não coagular. Outra pessoa, com uma cabaça, vai tirando a fusão dos líquidos e derrama sobre todos os assentamentos. E as cantigas vão se sucedendo:

Ẹ̀ jẹ̀ ṣ'oró'ro Ògún pa o
Ẹ̀ jẹ̀ ṣ orò'ro a pa rire

Bi ewé jẹ pa la'la rẹ
Ògún a pe're pa
Bí ewé jẹ pa la'la rẹ
Ògún lópa

Bí ewé jẹ pa'ra lá ida
E a e e...
Bi ewé jẹ pa'ra lá ida
Ina kò mọ̀ ra jẹ

Para o momento em que a cabeça é separada do corpo, entoa-se:

Orí a bòdí	A cabeça é dividida
Ọgẹ̀gẹ́ máa ni yí o	Exatamente
Orí a bòdí	Ela é dividida
Ọgẹ̀gẹ́ aje	

No momento em que a cabeça recebe o corte final de separação do corpo, é dito "*Ọgẹ̀gẹ́ ta fà o*", que significa "ser puxada e separada". Esse último cântico é sempre repetido quando for a vez das aves, cujo *Ẹ̀ jẹ̀* não é colocado no alguidar, mas vai diretamente nos assentamentos.

A cabeça, já devidamente desamarrada, será colocada em cima do assentamento.

Ma dédé	Firmemente
Ma dé ki'ri mọ	Cobrimos o assentamento
Ma dédé	Firmemente
Ma dé ki'ri mọ	Com a cabeça
Orí ò dì	A cabeça não está mais amarrada
Ma dédé	Firmemente
Ma dé ki'ri mọ	Cobrimos o assentamento

Posteriormente, a cabeça será levada ao fogo para queimar os pelos e raspá-los. Na sequência, ocorrem os oferecimentos dos bichos de pena. As pessoas que vão tomar *Àṣẹ* seguram suas aves para, depois, entregá-las ao *Àṣògún*. Para o sacrifício da galinha-d'angola, a folha da mamona leva azeite doce e mel, e o cântico é o seguinte:

O kẹnkẹn a
Ara bia bia ẹtù
O kẹnkẹn a
Ara bia bia ẹtù.

Para o oferecimento do pombo, não é usada a faca.

Ẹ'lé nja adiẹ o
Olówo ojú mọ́ mọ́
Mo juba àlà aja orò
Ojú mọ́mọ́
Àgò àlà Ọlọ́run bàntẹ́
Olówo ojú mọ́ mọ́

Depois do *Ẹ̀jẹ̀* (sangue), são colocados *Oyin* (mel) e *Òri* (limo da costa). São tiradas algumas penas das aves, das asas e do peito, para colocar nos assentamentos, em forma de coroa. Só se pode tirar as penas se a ave estiver realmente morta, e não se usam as penas "chupão". Canta-se:

Olù kó kó bò a...	Juntamos e cobrimos
Igbà gbogbo	Todo o *igbá*
Bò iyẹ ẹiyẹ	com as penas da ave
Olù kó kó bò a o	Juntamos e cobrimos
Igbà gbogbo	Todo o *igbá*
Bò iyẹ ẹiyẹ	com as penas da ave*

A primeira frase é substituída à medida que o ato é feito.

Kó kó l'owó...	Juntamos as penas como se fossem dinheiro...
Kó kó bò simi...	Juntamos com tranquilidade...

O ato lembra a forma de proteção que as aves dão a seus filhotes, cobrindo--os com suas asas, conforme a expressão "*Àyà ni adìẹ fi mbọ̀ ọmọ*", "o peito da galinha é usado para proteger os pintinhos".

Quando for a vez do *Ìgbín*, o caramujo, os primeiros líquidos são para todos tomarem *Àṣẹ*. O seu valor é equivalente ao oferecimento de um boi. Seu cântico possui algumas variantes:

*Ẹ̀rọ̀ ìrókò iso ẹ̀rọ̀***
Ai rokò isi'lé.

Bàbá ìgbín
Ìgbín ta ni rere.

Todos os animais são arrumados, com as aves embaixo das patas do animal para o *Àṣògún* passar a faca, simbolicamente, em cima deles, os pés passam por cima dos animais, e depois todos são recolhidos num grande cesto de palha para serem entregues às responsáveis por destrinchá-los.

* Verger assinala este cântico da seguinte forma: "*Igbá gbogbo bò iyẹ ẹiyẹ*", "Toda a cabaça é coberta com as penas da ave".
** *Òkotó* é outra denominação do *Ìgbín*.

O restante do alguidar é despejado ao pé de uma árvore. Depois de tudo feito, todos vão bater cabeça.*

Depois de o animal de quatro patas ser destrinchado, todas as suas partes retornam para serem mostradas num ritual denominado de *Ṣorò jinjin ṣorò*. O couro é estendido no chão e as partes do animal vão sendo apresentadas, menos a cabeça, que ficou em cima do assentamento. A pelica branca, *Aṣọ rere*, cobre tudo. Tudo é presenciado, obrigatoriamente, pelas pessoas que ajudaram, e que mostram as mãos, a faca, dizendo que ninguém se cortou e que todos estão da mesma forma como iniciaram.

Tudo é devidamente cozinhado e, à noite, com tudo pronto, as oferendas são levadas para *Òṣàlá*, no *Baluwẹ̀*.

---

* Toda vez que há sacrifício de animal, tiram-se os dois ossinhos do maxilar inferior da cabeça, prendendo-os em forma de cruz, e colocando-os ao lado dos assentamentos.

PRIMEIRO DOMINGO DAS ÁGUAS DE ÒṢÀLÁ

À tarde é realizado o *Ìpàdé*,* antecedendo a festa do *Òrìṣà*. A palavra significa "reunião", pois aí estarão reunidas as divindades, *Èṣù* e os demais *Òrìṣà*, *Iyámi*, os *Egúngún*, os ancestrais e membros atuantes do candomblé. Não deve ser confundido com o ritual simples denominado "despacho da quartinha", que abre o candomblé, e que é feito quando não há sacrifício de animal de quatro patas para *Èṣù*. Nesse caso, é colocada no centro da roda das *Ìyàwó* uma quartinha com água e, ao lado, é posto um prato com farofa amarela. Depois de ser reverenciado, tudo é levado para o lado de fora para ser despachado com este cântico:

Bara j'a bọ́ tán	*Èṣù* terminou de comer
Bara ba nlo	*Èṣù* vai embora
Bara j'a bọ́ tán	Ele terminou de comer
Bara ilé	Vai para casa

Após o ato, o *Ṣiré* segue com cânticos a *Ògún* e demais *Òrìṣà*.

---

* A palavra segue a regra da linguagem yorubá, que forma a maioria dos substantivos mediante a prefixação de uma vogal ao verbo: *Ìpàdé*, "reunião", "encontro" vem de *pàdé*, "reunir", "encontrar". Essa é a forma mais usada no candomblé.

RITUAL DO IPÀDÉ

O *Ìpàdé* é feito nos três domingos das Águas, e algumas observações podem ser feitas:

1. O *Ìpàdé* é sempre realizado à tarde, entre 14 e 16 horas, e com as luzes apagadas, no mesmo dia em que é celebrada a festa noturna ao *Òrìṣà*.
2. Só é feito à noite por ocasião do ritual fúnebre do *Àṣèṣè*, e realizado com uma vela acesa. Nesse caso, haverá referência a *Ìkú*, a morte, e a cuia do *Ìpàdé* será quebrada e irá no carrego.
3. Trata-se de uma obrigação essencialmente feminina, onde homem não dança, e que tem o comando das *Ìyámi*, sendo *Òṣòrọ̀ngà* a principal entre elas. A participação masculina é restrita aos atabaques e à participação de um *Ogan* na apresentação do ritual.
4. Todos devem ter a cabeça coberta – mulheres com o torso (*Gèlè*); e homens com o boné ou gorro (*Fìlà*). Exceção para as duas que dançam, a *Ìyádagan* e a *Ìyámórò*.
5. Em um lado do terreiro são estendidas esteiras, onde as *Ìyàwó* se ajoelham com o corpo curvado e a cabeça apoiada sobre os punhos fechados. As *Ẹ̀gbọ́nmi* devem ficar na mesma posição,

porém apoiadas sobre um banquinho. *Ìyálòrìṣà* e *Ogans* ficam sentados em cadeiras. No lado oposto, os atabaques com os tocadores.

6. No centro do terreiro ficam duas pessoas atuantes: a *Ìyádagan*, ajoelhada sobre uma esteira e apoiada num banquinho, é a encarregada de servir as oferendas. À sua frente, de pé e de costas para ela, fica a *Ìyámórò*, responsável pela dança e condução da cuia com as oferendas. Ambas podem vir a ser substituídas pela *Àjímúdà*.

7. Entre uma e outra estão, no chão, os elementos do ritual: *Omi* – quartinha com água que acalma e fertiliza; *Ìyẹ̀fun* – um prato com farinha de mesa crua, que simboliza a fecundidade; *Ọtí* – garrafinha com aguardente; *Àkàsà* – pudim de milho branco, enrolado em folha de bananeira e que representa o corpo de todos; *Òri* ou limo da costa, a pasta branca que, nesse ritual das Águas, substitui o azeite de dendê; *Igbá* – a cuia do *Ìpàdé*, onde serão depositadas as oferendas, e que representa a cabeça de todos; à parte, é colocada uma vasilha com água na porta que dá acesso à rua, e que será usada no cântico às *Ìyámi*.

8. A cuia representa a cabeça de todos os participantes, por isso, a cada volta a cuia passa por todas as cabeças; o *Àkàsà* representa o corpo. Devido a isso, a *Ìyámórò* traz a cuia junto ao seu corpo, protegendo-a. Ela nunca dá as costas: quando sai, faz isso de frente; quando volta, entra de costas. Ao dançar, não roda em torno do próprio eixo.

9. Todos que assistem devem ficar balançando ligeiramente o corpo de um lado para o outro, numa demonstração de que estão atravessando vivos todas as fases da obrigação.

SEQUÊNCIA DOS CÂNTICOS DO IPÀDÉ

Inicialmente, o *Áṣógbá* ou um *Ogan* diz algumas palavras sobre as razões do *Ìpàdé* e cita a data. Em seguida, derrama um pouco da água da quartinha no chão em três pontos separados; todos fazem o *Pawọ́*. Depois, toca com os dedos os três pontos da água derramada, e bate três vezes sobre o punho fechado, dizendo "*Omi tún, Pẹ̀lẹ́ tún*" e "*Ọ̀na tún*".

A *Ìyádagan* e a *Iyámórò* se posicionam, e têm início os cânticos:

Iná mo júbà e	*Èṣù Iná*, meus respeitos
Iná, Iná mo júbà àiyé	Os respeitos do mundo
Iná mo juba	*Èṣù Iná*, meus respeitos
Iná, Iná mo juba àiyé	Os respeitos do mundo
Iná mo juba	Meus respeitos
Iná, kò rò kà àiyé	Não tenha maus pensamentos para o mundo
Iná, kó o wá gbà àiyé	Venha socorrer o mundo

Nesse cântico, a *Ìyádagan* mistura, na cuia, um pouco de água, farinha e limo da costa. A *Ìyámórò* apanha a cuia sem se virar para trás e, dançando, dá uma volta em torno da *Ìyádagan* e se dirige para o lado de fora para depositar a oferenda aos pés de uma árvore ou arbusto, e depois retorna, repetindo o ato por três vezes. O cântico seguinte exalta a qualidade de *Èṣù* como mensageiro transportador das oferendas e realizador:

Òjiṣẹ́ pa'lé fun wa o	*Èṣù* tome conta da casa para nós
Òdàrà pa'lé s'ọba	Seja o guia e protetor
Òjiṣẹ́ pa'le fun wa o	Tome conta da casa para nós
Ọ̀dàrà pa'lé s'ọba	Seja o guia e protetor
Bá'iṣà Bá'iṣà	*Òrìṣà*, Pai
Àlémàsá	O imutável
Bá'isà Bá'iṣà	*Òrìṣà*, Pai
Àlémàsá	O imutável
Bá'iṣà Ọlọ́pá ogun	Senhor da insígnia do poder
Ọlọ́pá ogun	Dono do poderoso cetro
Bá'iṣá Ọlọ́pá ogun	Senhor da insígnia do poder
Ọlọ́pá ogun	Dono do poderoso cetro
Bá'iṣá Egígún Roko	Senhor ancestral da floresta
Egígún Roko	Ancestral da floresta
Bá'iṣá Egígún Roko	Pai *Òrìṣà*, ancestral da floresta
Egígún Roko	Ancestral da floresta*

Na cuia são colocadas água e aguardente, por três vezes, para ser levada para o lado de fora. A *Ìyámórò* nunca fica estática enquanto aguarda ser servida. Ela espera na posição inicial, dançando com movimentos suaves dos ombros e das mãos, sem sair do lugar. Esta é a última vez em que a cuia será usada, pois as oferendas de preparo já foram oferecidas na mistura feita na cuia. Agora só restam a aguardente e o *Àkàsà*. Os cânticos seguem, então, com a saudação aos *Ésà*:

Wá'lé Bàbá o	Pai, venha à nossa casa
Oní Bàbá ìjà	O Senhor da luta
Wá'lé oníjà	Venha, Senhor das disputas
Wà'lé Bàbá o	Venha à nossa casa

* *Egígún* é outra forma da palavra *Egúngún*.

Aa é è è	
Wà'lé oníjà	Venha, Senhor das lutas
E Onísà áró'lé	*Ésà*, herdeiros do *Àṣẹ*
Iná sìn mi gbá	*Iná*, acompanhe-me para que
O ni e	Eles aceitem
Bàbá Ésà k'ẹ́ran	Ancestrais, aceitem a oferenda
Ọlọmọ mi sìn mi gbà	Progenitores, acompanhem-me
B'ó dé'lé	Que eles cheguem à nossa casa.
Ó ni e e	Ele diz:
Onísà k'ẹ́ran	Ancestrais, aceitem a oferenda
Aráiyé	Dos seres do mundo
Bàba Ésà Asika	Pai Ancestral *Asika*
Onísà k'ẹ́ran	Senhor Ancestral, aceite a oferenda
Aráiyé	Dos seres do mundo
Lo bi wú e	Que a fizeram, para fazê-lo crescer

Nessa sequência de cânticos, a *Ìyádagan* e a *Ìyámórò* permanecem na posição inicial. Nada se serve ou é conduzido. *Ésà* são os ancestrais fundadores dos primeiros candomblés ou que ajudaram as antigas mães. Sete deles são lembrados como representantes de toda a ancestralidade, alternadamente, em substituição a *Bàbá Asika*, que são: *Obitiko*, *Oburo*, *Akésan*, *Adiro*, *Ajadi*, *Akayode*.* Quando são citados, as pessoas saúdam tocando com os dedos no chão e depois na fronte, em sinal de respeito.

Ọtí nì sá k'o mọ̀	Esta é a aguardente que você conhece
Sáyọ̀ bẹ́ẹ̀ bẹ́ẹ̀	Assim, fique satisfeito
Ó ni sáyò bẹ́ẹ̀ bẹ́ẹ̀	Ele diz: assim, fique satisfeito
Ọtí nì sá k'o mọ̀	Com esta aguardente que você conhece

* *Obitiko* é também conhecido pelo título de *Bámgbósé*; *Oburo* é o mesmo que *Ọba Sàniy*à, sendo que no *Àṣẹ Òpó Àfọ̀njá* possui o *Oyé* de *Olùgbémi*.

Sáyọ̀ bẹ́ẹ̀ bẹ́ẹ̀	Assim, fique satisfeito
Ó ni sáyọ̀ bẹ́ẹ̀ bẹ́ẹ̀	Ele diz: assim, fique satisfeito

A *Ìyámórò* recebe agora a garrafinha com aguardente, que levará para fora e colocará no lugar das oferendas anteriores, retornando em seguida. Agora serão reverenciados os *Òrìṣà*, nomeados pelos seus títulos, iniciando por *Ẹ̀ṣù*:

Égún o	O ancestral guiará
Ẹ̀ni ṣolórò	As pessoas que celebram o ritual
Ẹ̀san fólórò	Digam que continuem o ritual
Atórò ṣe	Que venham repetir o ritual
Ẹ̀ṣù Agbó	*Ẹ̀ṣù Agbó*
Olórò	Senhor do ritual
Ẹ̀san fólórò	Digam que continuem o ritual
Atórò ṣe	Que repitam o ritual

São nomeados dez *Òrìṣà*, cabendo variações, segundo tradições específicas. São citados alternadamente em substituição a *Ẹ̀ṣù Agbó*:

Ẹ̀ṣù Agbó	*Ọya Jẹbẹ*
Ògún Àkòrò	*Yemọjá Àòyò*
Ọdẹ Àrólé	*Ọba Àfọ̀njá*
Ọmọlu Arawe	*Bàbá Àjàlé*
Ọ̀ṣun Èwùjí	*Jàgún Ẹlẹ́mọ̀ṣọ*
Apáki yẹyẹ 'ṣòrọ̀ngà	Mãe das asas plumadas
Apáki yẹyẹ 'ṣòrọ̀ngà	Mãe das asas plumadas
Ìyá mo ki ọ má mà pani	Eu a cumprimento, não me aflija
Ìyá mo ki ọ má mà sorò	Não me cause tristeza
Bá a bá dé wájú wá	Se você está diante de nós
Ni bò mi o	Proteja-nos

Essa é a invocação à *Ìyá mi** e é cantada três vezes. A cada vez que o nome dela é citado, todos passam o dedo no chão em forma de cruz, uma atitude que se toma em tudo que representa perigo, conforme a expressão: "*Bi a ba pè ri akọni, á fi ọwọ́ lalẹ̀*", "se fazemos menção a uma pessoa de caráter violento, arrastamos o dedo no chão". Na sequência será entregue a última oferenda.

Ìyá mi lá gbà wa o	Minha Mãe nos ajudará
Ìyá mi ṣorò	Mãe fará a obrigação
Lá gbà wa o yẹyẹ	E nos ajudará

O ritmo agora é mais ligeiro para esta última oferenda, o *Àkàsà*, que é entregue à *Ìyámórò*. Enquanto dá uma volta ao redor da *Ìyádagan*, um *Ogan*, rapidamente, apanha a vasilha com água e vai espargindo-a pelo chão, no caminho pelo qual a *Ìyámórò* levará o *Àkàsà*, para "esfriar o chão", tomando-o fresco. O *Àkàsà* é depositado no local das oferendas anteriores, enquanto a *Iyádagan* recolhe a esteira, a cuia e o banquinho, liberando o local para a chegada da *Iyámórò*. A cuia é logo guardada para não ficar rolando de um lado para o outro, a fim de que as cabeças de todos não rolem também.

As duas participantes do *Ìpàdé* agora são homenageadas por todos, que se põem de pé, com as mãos estendidas, e as duas dançam graciosamente, saudando, por sua vez, os atabaques e todos os presentes.

É à é è òkè o	Somos fortes como a montanha
Àila lo la fo npa o	Sem limites
Àilọmọ ke wa po	
Afofo lo la po niṣe	
Orí ọmọ ke wa po	

* Os pássaros mensageiros das feiticeiras, que têm a forma de voar com as asas espalmadas, quase que planando de um lado para o outro.

Ìyámórò dódó	Ela conhece a verdade
Ìyámórò dodó Ìyámórò	Ela conhece a justiça
(Ìbísí) e ló bí wa	O crescimento do *Àṣẹ̀*
Ìyámórò dodó Ìyámórò	dá existência a todos
Àjímúdà ko re le ya	*Àjímúdà*
Àgbà ìjẹ̀nà	A guardiã dos caminhos
Àjímúdà 'muda kọ	Ela nos saúda
Àgbà ìjènà	A guardiã dos caminhos
Àjímúdà sáré wa	Ela anda e vai
Àjímúdà	*Àjímúdà*

A RODA DE ODÙDÚWÀ

Ao final é efetuado o toque de *Ọ̀ṣàlá*, o *Ìgbín*, e todos dançam e trocam bênçãos. Mais tarde, com todos de roupa trocada, é feito o *Ṣiré* de *Ọ̀ṣàlá*, com cânticos diversos, destacando a roda de *Odùdúwà*:

Odùdúwà àiyé o
Ere mu eléjo
Odùdúwà àiyé o
Ere mu eléjo
Odùdúwa e

Ọ̀gánlá
A wa níṣẹ́ fereje
Odùdúwà gbe jí
Orò wo
A wa níṣẹ́ fereje

Adé kú tè ilé
O mo jú ere se
Adé kú te ilé
Gbẹ ri ọ̀run
O mo jú ere se
Bàbá ẹ̀wà

A wa ọmọ lu ọjọ
Bàbá
A wa ọmọ lu ọjọ
Bàbá
Bàbá duran duran
Bàbá
Bàbá d'adé owó
Bàbá
Máa máa jẹ ẹ k'o iwà
Bàbá
Máa máa jẹ k'o iwà
Bàbá
Máa máa jẹ k'o iwà
Bàbá

Kẹrẹrẹ nkẹrẹ
Olùkode
Kẹrẹrẹ nkẹrẹ
Olùkode

A kan sẹ o
A kan sẹ bàbá
Bàbá Igbó
A kan sẹ o.

Odùdúwà é um *Òrìṣà* que não se manifesta, visto por alguns como uma divindade feminina, e por outros como um ancestral divinizado, emérito legislador yorubá e primeiro *Ọ́ọ̀ni Ifè*.

SEGUNDO DOMINGO: A PROCISSÃO DO ÀLÀ

No dia anterior, os assentamentos retornam para o quarto de *Òṣàlá*, numa travessa coberta com um pano branco. No *Baluwẹ̀* fica somente o *Ojúbọ*. É ele quem vai no andor durante a procissão de volta. Tudo é preparado e limpo para recebê-lo. Não há ritos de sacrifício. O objetivo é a preparação da procissão, apoteótica e plena de alegria, ao contrário da primeira, que foi triste e silenciosa. É o retorno de *Òṣàlá* ao seu reino, conforme relato do mito que sustenta todo o ritual.

Após a realização do *Ìpàdé*, às 17 horas, antes de o sol se pôr, têm início os momentos iniciais da procissão. As luzes são apagadas. No *Baluwẹ̀*, já está o andor organizado para trazer de volta *Òṣàlá*. Em frente são estendidas esteiras para todos se ajoelharem e fazerem o *Pawọ́* e, em sequência, são feitas as rezas e entoados os cânticos alusivos ao momento. Um grande *Àlà* é suspenso para cobrir tudo e a todos os presentes, medindo aproximadamente 15 metros de comprimento, em tecido comum, sem rendas, franjas ou qualquer enfeite. A reza por excelência de *Òṣàlá* é feita novamente, da mesma forma como foi feita quando da entrada de *Òṣàlá* no *Baluwẹ̀*:

Bàbá Epà o	Pai! [Exclamação de surpresa]
Bàbá Epà o	Pai!
O kú ewu're o	O saudamos diante deste perigo

Ara yin fún a díẹ̀	Você está sob os nossos cuidados
Epà o	
Bàbá Epà o	Pai!
Orò ẹ ko nwa ṣe'ke	Seu ritual nos junta e faz chorar
A ṣe'ke ko mu Bàbá	Ficamos tristes pelo Senhor
Fún o	
Tóri ọmọ a e	Os filhos vêm buscá-lo
Ṣálà	Para sair com segurança
Tórí ọmọ dìde	Levante-se
Ṣálà	E saia com segurança

Para levantar *Ọ̀ṣàlá*, canta-se:

Dìde dìde	Levante-se
Dìde náà	Levante-se agora
Dìde dìde	Levante-se
Dìde náà	Agora
Bàbá buru kan wa jó	O pai estava doente e perturbado
Dìde náà	E irá dançar [pelo seu retorno]
Dìde dìde	Levante-se
*Dìde náà**	Levante-se agora

Para *Ọ̀ṣàlá* entrar debaixo do *Àlà*:

Àgo àlà àlà ó ṣú	Com licença ao *Àlà*
Ó ṣú kékeré ilé	Estava escuro na pequena casa [prisão]
Àgo àlà àlà ó ṣú	Com licença ao *Àlà*
Bàbá dúrodè	Pai, permaneça de pé

* Esse cântico também é utilizado para a *Ìyàwó* se levantar do *Apere*, na iniciação.

É iniciada a procissão para levar *Ọ̀ṣàlá* de volta para o seu reino. O grande *Àlà* cobre todos os que participam – visitantes, simpatizantes e membros da comunidade. Ele é seguro por todos, cobrindo o cortejo, com cânticos alegres em regozijo pela volta de *Ọ̀ṣàlá*.

O d'wúre	Que isto se transforme em bênçãos
Àilalà	Sem limites
Ẹ mọ́mọ́ jó	Você nos ilumina
Ọ̀ṣàgiyán	*Ọ̀ṣàgiyán*
Ẹ mọ́mọ́ jó	Você nos ilumina
Ọ̀ṣàlúfọ́n	*Ọ̀ṣàlúfọ́n*
Ó fi 'là là e o	Ele usa o *Àlà* e está livre
Lé l'ẹ̀wà	Ele é poderoso e tem beleza

Ao se aproximar do terreiro, cantam avisando da sua chegada ao reino:

Àgo àgo l'ọ́na	Com licença no caminho
Dìde máa d'aago o	Levantem-se, ele está chegando
Àgo àgo l'ọ́na	Na hora de costume
Ẹ dìde máa 'yọ	Levantem-se com alegria habitual
K'orò wa nìṣẹ o	Nosso ritual foi trabalhoso [de ajudar-nos e proteger-nos]

A procissão entra pela porta da frente e o andor dá três voltas dentro do barracão, com uma corridinha no final para entrar no quarto de *Ọ̀ṣàlá*. Ele é entronizado e todos fazem o ritual do *Pawọ́*. É feito o jogo do *Obì*, e todos cantam para que as luzes sejam acesas:

Taná sí'lé	Acendemos as luzes da casa
Taná sọ́na	Acendemos as luzes dos caminhos
Iná ilé	Luzes das bênçãos e da sorte
Lọ̀ọta	Iluminando tudo

Taná sí'lé o	Acendemos as luzes da casa
Taná sọ́na	As luzes do caminho
Iná ilé	Que tragam boa sorte e bênçãos
Lọọta o	Iluminando a todos nós

Todos os *Òrìṣà* são lembrados nessa homenagem, alternando seus nomes na primeira frase, "*Ògún taná sí'lé, Ọdẹ taná si'lé*", e assim por diante. A partir daí todos se concentram no salão, num *Ṣiré* alegre:

Àjalé mo ri yọ
Foríkàn
Àjàlé mo rí yọ
Foríkàn
E a jọ̀ọ́ fírìri

O pè re kete
O pè re kete iwà
Ibi wa l'ado ijẹna
O pè re kete bàbá

Epo ke te o
Àlà ke te o

Bàbá bo
Bàbá bo mo kàn
Bàbá bo
Bàbá bo mo kàb
Àjàlé
Bàbá bo mo kàn
Karelé

Bàbá o ṣe o
Ẹrù rẹ
Bàbá o ṣe o

Ẹrù rẹ
Olówo
Gun ni gun ni
Bàbá o ṣe o
Ba'wa o

Todos os demais *Òrìṣà* começam a chegar e são conduzidos para a troca de roupa e para usarem seus paramentos. Retornam com este cântico, vestidos com roupas brancas em respeito a *Òṣàlá*:

Ẹ wá mbọ̀	Vocês vêm retornando
K'ẹ wá jó	Para dançar
O dúró de	Permaneçam de pé
Ẹ 'wá l'ọ́nà e	Vocês são belos e perfeitos

Com uma sequência de cânticos, todos os *Òrìṣà* são devidamente homenageados com um cântico final, encerrando-se essa parte para ter a sequência final no domingo seguinte.

Aṣọ ire	Com sua roupa sagrada
Bàbá nlọ	Ele está indo
Ọmọde ko le	Os filhos permanecerão
Indako	*Indako*

OS RITUAIS PARA ÒṢÀGIYÁN

No sábado, antecedendo ao último domingo, é realizado sacrifício a *Òṣàgiyán*. São oferecidos os mesmos animais que *Òṣàlá* recebeu, além de uma pata – como sempre, animais fêmeas.

Bantẹ tẹ pẹ́pẹ́iyẹ
Bantẹ tẹ ka rode

É feito o jogo do inhame, nos mesmos moldes do jogo do *Orógbó*. Cortam-se as duas pontas que são jogadas. Na posição que caírem, permanecem. A parte central do inhame é cortada ao meio no sentido de seu comprimento, e o jogo é completado. Posteriormente, o inhame fará parte das comidas oferecidas. Essa maneira de jogar ainda é feita por ocasião das colheitas dos inhames em terras africanas, conforme vimos anteriormente, para saber os desejos dos *Onílẹ̀*, os Senhores Donos da Terra. Novos cânticos são entoados:

Ajàgúnà gbà wa o	*Ajàgúnà*, ajude-nos
Ajàgúnà	Glorioso guerreiro
Ẹlẹ́mọ̀ṣọ́	O Senhor dos ricos ornamentos
Bàbá ' lórogún	Pai da batalha, das lutas
Ajàgúnà gbà wa o	Ajude-nos

Ajàgúnà	Poderoso guerreiro
Òrìṣà bàbá	Pai dos *Òrìṣà*
Òrìṣà bẹ̀ mi o	Peça, rogue por mim
Òrìṣà bàbá	Pai dos *Òrìṣà*
Olúwa mi	Meu Senhor
Òrìṣà bẹ̀ mi o	Peça, rogue por mim.

TERCEIRO DOMINGO: FESTA DO PILÃO DE ÒṢÀGIYÁN

À tarde realiza-se o *Ìpàdé*, conforme os domingos anteriores. À noite será a festa do pilão – *Ọjọ́ Odó*. Os três domingos são entendidos como uma sequência de ritos interligados.

Entram as filhas da casa trazendo bancos, panelas, o pilão, balaios com as comidas votivas do *Òrìṣà*, compostas de *Ẹ̀ko*, *Ègbo*, *Iyán*, galinha cozida, tudo sem sal e com um feixe de *Àtòrì*, pequenas varetas de 70 centímetros. Posicionam-se num canto do salão para a distribuição das comidas a todos os presentes.

Assim, são colocadas cadeiras especiais no meio do salão, para que os diferentes filhos de *Òṣàlá* possam ali se sentar. Atrás de cada um, de pé, estão os guardiões de cada *Òrìṣà* que se manifestará, destacando *Ìyá Síhà*, obrigatoriamente uma filha de *Yánsàn*, empunhando um estandarte branco. A *Ìyálórìṣà*, agitando o *Àjà* e com um *Àtòrì*, toca o ombro dos filhos que estão sentados. Todos se manifestam com seus *Òrìṣà* – *Òṣàlúfọ́n*, *Òṣàgiyán*, *Òṣàfuru*, *Lejúgbè*, *Indako* e demais pertencentes à família dos *Òrìṣà Funfun*.

RITUAL DO ÀTÒRÌ: ENCERRAMENTO

Cada um dos *Òṣàlá* recebe um *Àtòrì*, e os demais filhos graduados também recebem os seus. É formada uma procissão com os filhos mais velhos à frente, que passam semicurvados em frente aos *Òṣàlá* para serem tocados pelos *Àtòrì* em cada lado do ombro. Logo em seguida, todos vão repetindo o gesto em todas as pessoas da casa e em todos os presentes, sob o cântico:

Awa ṣ'orò	Nós fazemos o ritual
Awa ṣ'órò nilé	Fazemos o ritual na casa
Tàánú àpèwó	Tenham compaixão
Awa ṣ'orò	Nós fazemos o ritual
Awa ṣ'orò ọdún	Fazemos o ritual anual
Tàánú àpèwó	Nos ajudem nesta festa

Verger revela que esse ato pode estar relacionado a uma passagem histórica do povo yorubá: *Akínjole*, que viria a ser conhecido como *Òṣàgiyán*, e seu amigo *Awoléjé*, vieram de *Tápà* e corriam o mundo. Chegam a um local e *Awoléjé* lhe diz o que fazer para transformar a região numa grande cidade. Ele o orienta sobre como organizar tudo, tornando-a produtiva. Depois da devida orientação, se retirou e a cidade cresceu, a ponto de *Akínjole* vir a ser intitulado *Ọba Èjìgbò*, o rei da cidade. Tempos depois,

Awoléjé retornou e perguntou com certa intimidade pelo companheiro, o que foi visto como um insulto. Foi imediatamente agredido e preso, por não ter sido reconhecido pelos guardas do palácio. Como era um *Bàbáláwo*, fez um *Ẹbọ* e tudo começou a entrar em declínio no reino. *Òṣàgiyán*, ao tomar conhecimento do que ocorrera, o soltou e pediu perdão a *Awoléjé*, que não aceitou. Depois de muita insistência, concordou, com a condição de que anualmente fosse simulada uma luta, no dia da festa de *Òṣàgiyán*, entre todos os habitantes de *Èjìgbò*, com golpes de varas durante várias horas.*

Ao final desse ritual, são servidas as comidas. Antigamente, era o próprio *Òrìṣà* que servia as pessoas, apanhando o *Ègbo* com a mão e dando para cada um comer. São tradições esquecidas por força de uma atualização necessária de costumes. Atualmente, tudo é servido pelas pessoas do *Àṣẹ*. O inhame pilado em forma de bola, pedaços de galinha, canjica branca e *Aluá*, um tipo de bebida. Os cânticos seguem para acompanhar, num ambiente de festa que relembra a recepção que *Òṣàgiyán* fez no retorno de *Òṣàlá*. Após todos serem servidos, outro cântico avisa que devem ser retirados todos os utensílios usados na distribuição das comidas, a fim de liberar o terreiro para o ato final. É um cântico sempre utilizado para recolher os utensílios quando usados no barracão, num dia de festa – por exemplo, para serem recolhidos os utensílios na festa do *Ìpẹ̀tẹ̀*:

Ṣẹn ṣẹn [Som do ruído das louças recolhidas]
Ṣẹn ṣẹn
Nílé o
Ṣẹn ṣẹn

A seguir um *Ṣiré* é realizado, finalizando com a roda de *Òṣàlá*. As pessoas ficam à sua volta, levantando ligeiramente a barra de sua roupa, com

* Verger, Pierre. *Orixás*. Salvador: Corrupio, 1992a, p. 257.

profundo respeito, para evitar que ele tropece em seu caminhar. Todos os *Òrìṣà* dançam embaixo de um grande *Àlà*, juntamente com todo o público, num ato de confraternização geral.

Àlà àlà orò àlà	O ritual do *Àlà*

Òṣàlá entra por último e a festa é encerrada. No candomblé do *Àṣẹ Òpó Àfọ̀njá*, a roda de *Odùdúwà* geralmente encerra a festa seguida do hino do *Àṣẹ*.

Òpó Àfọ̀njá wa l'ẹ́wa	Nós temos beleza
Òpó Àfọ̀njá wa l'ẹ́wa	Nós temos beleza
Ẹ kalọ si Òpó Àfọ̀njá	Vamos para o *Òpó* Àfọ̀njá
Kajabo kajatọ	(Temos muito alimento a oferecer)
Àṣẹ Ìya Omi Ìyá l'ẹ́wa	
Àṣẹ Ìyá Omi Ìyá l'ẹ́wa	
A kalọ si Àṣẹ Ìyá Omi	
Kajabo kajatọ.	

Outro cântico também é entoado:*

Ọpẹ́ ire	Agradecemos as bênçãos
Ọpẹ́ ire	Agradecemos a boa sorte
Ọpẹ́ ire	Agradecemos tudo de bom
Ka s'ọpẹ́ lọ́wọ́ rẹ	Que venham de suas mãos
Ọpẹ́	Os agradecimentos

Todos os *Òrìṣà* manifestados passam pelo ato de serem desvirados, havendo alguns que desejam deixar alguma mensagem. Sendo assim,

* Outra versão deste cântico é: "*O fẹ́ ire, o fẹ́ ire, o fẹ́ ire, iyọ ṣ'ọpẹ́ ọlọ́rẹ, o fẹ́*" [Queremos tudo de bom, felicidades, gratidão aos amigos].

a pessoa é chamada para ouvir o que ele tem a dizer. Caso contrário, se retiram mediante alguma reza ou cântico para cada um.

Fẹ̀rẹ̀ rẹ́ nlọ	Alegremente ele vai embora
Fẹ̀rẹ̀ rẹ́	Satisfeito ele vai

Ou com estas palavras:

*Òrìṣà nlọ ẹ wá kébá**	O *Òrìṣà* vai embora e nos deixa sua proteção

* *Kébá* significa dar assistência a alguém.

APONTAMENTOS À 6ª PARTE

1. Cantigas de *Òṣàlá* cantadas no Candomblé do Engenho Velho:

    A ri la'la
    Ba mi lọ l'okun
    Kere lu
    Ki pàdé ṣiré
    Bàbá Epà
    O ṣiré o rere

    Ẹ nu are o
    A ta ko ri ko
    Bàbá Epà

    Bàbá duro de
    Bàbá duro̩ de
    Àjàlé

2. No *Àṣẹ Òpó Àfọ̀njá*, a bandeira branca pertence a *Òṣàlá* e é substituída todos os anos por ocasião do ritual das Águas.
3. Ervas utilizadas nos rituais para *Òṣàlá*:

Ewérè – alecrim
Ọ̀dúndún – saião ou folha-da-costa
Òwú – algodão
Ewé bàbá – boldo
Ewé tábà – folha do fumo
Éfínrín – manjericão
Ewé bala – taioba

4. *Ìyá mi Ọ̀ṣọ̀rọ̀ngà* – seu culto se reporta aos primórdios do mundo nagô, como a única mulher do grupo de divindades primordiais, e denominada *Odù Logboje*. É a representação da mãe ancestral proprietária do poder dos pássaros. Algumas de suas denominações: *Ìyá mi*, minha mãe; *Ìyá nlá*, a grande mãe; e *Ìyá Wọn*, a mãe de todos. Os mitos a revelam com várias disputas com *Ọ̀ṣàlá* pelo poder do mando.
5. O assentamento de *Ọ̀ṣàlá* pode se compor de *Òkúta*, pedras claras e dezesseis búzios abertos, numa sopeira branca. Na África é usado o marfim.
6. *Akajapriku* pertence à nação Grunci e tem fundamento com *Ọ̀ṣàlá* e *Ṣàngó*.
7. O estanho é o metal consagrado a *Ọ̀ṣàlá*, embora em alguns textos seja citado pelo nome de *òjé*, chumbo.

COMPLEMENTO

CANDOMBLÉ JEJE

O termo jeje se refere a determinados grupos do antigo reino do Dahomé, atual República do Benin, na África, e tem possível origem na expressão *Ajeji*, que significa estrangeiro, maneira de os antigos yorubás se referirem pejorativamente aos invasores *Fọns* vindos do leste. Em contraposição, estes chamavam os yorubás de nagô ou *anago*, "aqueles que são sujos e piolhentos". Eram vizinhos próximos, e, nos mapas atuais, podemos verificar um traçado vertical que veio a delimitar os dois países a partir de 1885, através de um tratado político. Essa separação fez com que parte da nação Yorubá, destacando-se a cidade de Kétu, ficasse em território do que é hoje o Benin, e a outra com a República da Nigéria.

Essa vizinhança dos povos nagôs e jejes permitiu um sincretismo cultural-religioso entre os dois através do seguinte processo:

a) a vizinhança territorial já definida;
b) convivência devido a guerras e capturas de escravizados;
c) o casamento com as mulheres prisioneiras.

Esse processo aculturativo se acentuou, passando a ser conhecido pela expressão nagô-vodun, uma fusão de todo esse processo.

Aqui no Brasil, essa expressão veio a definir uma forma de candomblé com tradições misturadas desses dois grupos, pela dificuldade do culto jeje, em toda a sua essência, por determinados dirigentes, como veremos mais adiante. Assim, as religiões tradicionais dos yorubás e dos jejes passaram a ter traços comuns, o que se explica pelo fato de eles formarem, no período colonial, uma única região sociocultural, cujo núcleo religioso e ideológico mais antigo era a cidade yorubá de Ifẹ̀.

É interessante ressaltar que a convivência entre os dois povos obrigou a aceitação do idioma yorubá, porém, segundo algumas regras:

1º – a vogal inicial das palavras yorubás é omitida;
2º – a letra *R* é substituída pela letra *L*;
3º – O *Ṣ* yorubá, cujo som é da letra *X* ou *CH*, é um som que os fons não possuem, por isso é substituído pela letra *S*.

Diante disso, algumas palavras sofreram modificações ao serem aceitas pelos povos jejes, como por exemplo:

YORUBÁ	JEJE
Odù	*Dù* – o signo de *Ifá*
Òrìṣà	*Lisa* – divindade jeje da criação
Ògún	*Gu* – divindade do ferro
Ìrókò	*Loko* – nome da árvore onde essa divindade habita
Ifá	*Fa* – sistema divinatório
Ọ̀pẹ̀lẹ̀	*Pẹlẹ* – rosário de *Ifá*

CRENÇA RELIGIOSA

Em sua obra *The Town of Dahomey*,* W. J. Argyle sustenta a teoria de que a religião tradicional do Dahomé inclui vários sistemas de crenças, cada um dos quais com seus próprios cultos e costumes, chegados ao país em

* Argyle, W. J. *The Town of Dahomey*. Londres: Oxford, 1966.

diferentes épocas e lugares, sem que, no entanto, se tivesse formado até então um sistema único, apesar de existirem muitos tratados comuns e tendências sincréticas.

O termo Dahomé, usado para definir a região habitada pelos povos jejes, possui uma explicação histórica que pode ser assim resumida: ocorreu um conflito entre um chefe local chamado Dan, impaciente, com um outro chefe, chamado Aho. Diante de sucessivos ataques, Dan lhe teria dito certo dia: "Mas, enfim, em breve construirás um reino em cima de meu ventre." Algum tempo depois, Dan era morto e enterrado nos alicerces de uma casa de Aho. Daí o nome Dahomé, ou seja, "no ventre de Dan".

Vodun, na crença dos fons, é sinônimo de *Òrìṣà* entre os yorubás. Alguns com semelhanças extraordinárias, como *Mawu* e *Lisa*, que seriam variantes de *Odùdúwà* ou *Nàná* e *Ọbàtálá*. Em Abomey, Benin, as pessoas do templo de *Lisa* e *Mawu* costumavam dizer que *Mawu* tinha o nome de *Nàná Bùlùkú* entre os nagôs. Essa tradição relaciona o seu aparecimento e sua divulgação no Dahomé, durante o reinado do rei Tegbesu e sua mãe, Na Wangele. Uma narrativa diz que antes de tomar posse do trono, Tegbesu passou muitos anos como refém real de Ọ̀yọ́. Ao entronizar-se, começou a introduzir energicamente no país hábitos e costumes praticados nas cortes da maior nação Yorubá de sua esposa. Verger informa que essa tarefa coube à mãe dele.*

Mawu é o princípio feminino, a terra, o oeste, a noite, a fertilidade e a maternidade. *Lisa* é o princípio masculino, o céu, o leste, o sol, o dia, o poder, o espírito de combate, a firmeza. Tomados como um todo, personificam a unidade do mundo e são representados como duas metades de uma cabaça, que simboliza a união do Céu com a Terra. *Aido Wedo* é visto sob a forma de uma serpente gigantesca, dando voltas em torno da Terra, provocando a rotação dos corpos celestes. Pode apresentar-se sob a forma do arco-íris.

Outra citação revela que *Mawu* vem da raiz *Wu*, que quer dizer "estender-se sobre", "cobrir com". Seria, literalmente, a abóbada celeste.

---

* Verger, Pierre. *Orixás*. Salvador: Corrupio, 1992a, p. 241.

Entre os nativos africanos, sua sombra, *Wu*, significa "superior", "o que ultrapassa". Assim, *Mawu* seria "aquele que é maior que os homens".

O CULTO JEJE NO BRASIL: HISTÓRICO

As guerras constantes entre nagôs e jejes deram margem a que as pessoas capturadas de ambos os lados fossem vendidas como escravizados para as Américas. Entre os que chegavam dessa maneira, havia os mahi,* que trouxeram para a Bahia o culto a *Sapata*, chamado de *Azoani* no Brasil, *Nàná*, e *Dan* ou *Ọ̀ṣùmàrè*; os mundubi ou modunbi, que vieram com *Hevioso*, *Sogbo* e *Badẹ*. Outra considerável parte de *Vodun* veio por intermédio da clandestinidade escrava. Os *Vodun* pertencentes à família real de Abomey chegaram a São Luís do Maranhão, onde foram instalados por Na Agontimé, a mãe do rei Ghezo, que fora vendida como escravizada por Adandozan, antigo rei e meio-irmão de Ghezo, no tempo em que ele detinha o poder no século 19.

No Brasil existem três ramos do culto jeje que foram criados pelos negros escravizados e aqui diferenciados pelas denominações oriundas das cidades de origem, como Jeje Mahi, Jeje Dahomé, Jeje Modunbi, Jeje Savalu e Mina Jeje, todos instalados em regiões distintas:

a) A Casa das Minas, em São Luís do Maranhão, em fins do século 18;
b) *Zoogodo Bogun Male Rundo*, em Salvador, Bahia, início do século 19;
c) *Seja Unde*, em Cachoeira de São Félix, Bahia, organizado em 1811;
d) *Podaba*, no Rio de Janeiro, organizado em 1874.

Excluindo o primeiro, muito bem estudado por Nunes Pereira, em *Casa das minas*,** os demais possuem semelhanças, porém, com formas de culto distintas em alguns momentos de seus rituais.

---

* A gente do candomblé costuma pronunciar *marrin* ou *marruino*.

** Pereira, Nunes. *Casa das minas*. Petrópolis: Vozes, 1979.

DIAGRAMA DOS CANDOMBLÉS JEJES DA BAHIA

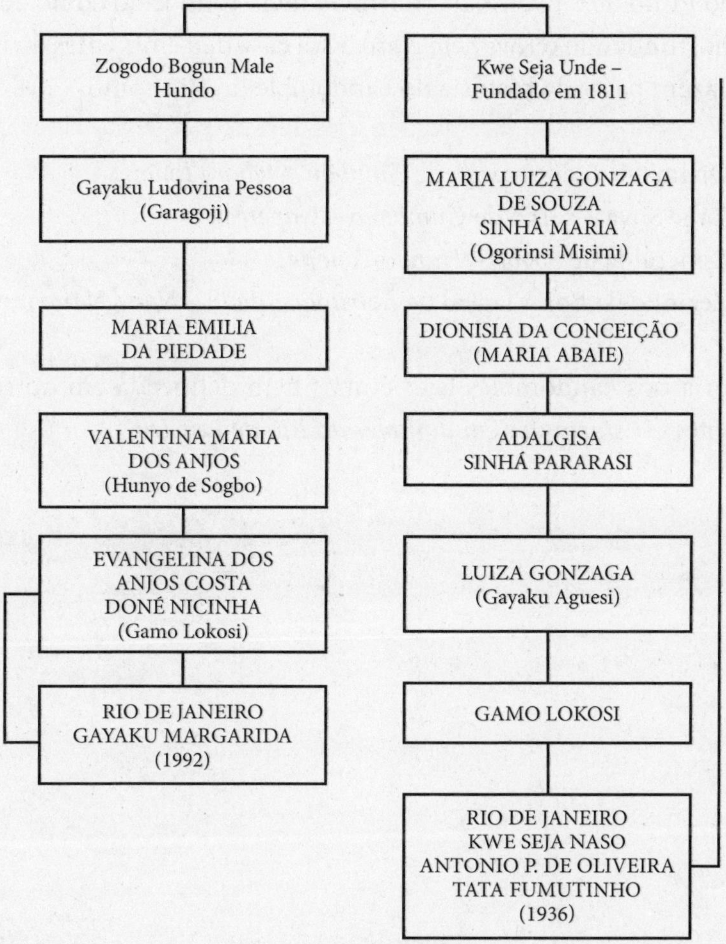

Outros nomes além dos relacionados no diagrama foram importantes no desenvolvimento do culto jeje. Ver mais adiante, em “Apontamentos”, transcrições de alguns depoimentos que revelam melhor os fatos.

Esses terreiros, como não poderia deixar de ser, deram margem à abertura de outros, que sempre procuraram seguir os princípios da casa matriz. O da Bahia, o *Seja Unde*, é também conhecido como o *Pozehen*, ou Roça do Ventura, nome do proprietário do terreno. Roça de Cima de *Ajunsun* e, no Alto da Levada, o *Humpame Huntoloji** de *Gayaku* Luiza de *Yánsàn*. Para o Rio de Janeiro, veio trazendo o jeje de Cachoeira,** Antonio Pinto de Oliveira, de *Aziritola*, mais conhecido como Tata Fumutinho, fundando o *Kwe Seja Naso*. Essa casa deu eminentes dirigentes que já fazem parte da história do candomblé do Rio como:

Djalma de Lalu – cargo de *Gumbon* – *Igbara lọnan*
Jorge Silva – cargo de *Gumbono* – *Iyapeteci*
Esmeralda de *Sogbo* – *Hunyọ Tonade*
Zezinho da Boa Viagem de *Aziritola* e *Bądẹ* – *Naite Naitobosi*

A história dos candomblés jejes é mais bem delineada em outra obra deste autor: *História dos candomblés do Rio de Janeiro*.

* A letra *H* entre os jejes e os yorubás não é muda. Deve ser lida com o som de RR. *Humpame* (pronuncia-se Rumpame). Essa partícula *Hun* é bastante utilizada na linguagem jeje.
** As cidades de Cachoeira e São Félix ficam localizadas às margens do rio Paraguaçu e tornaram-se importantes na vida econômica do país em 1531, quando Martim Afonso de Souza aqui chegou com a tarefa de estimular a cultura da cana-de-açúcar.

DIAGRAMA DOS CANDOMBLÉS JEJES FUNDADOS NO RIO DE JANEIRO

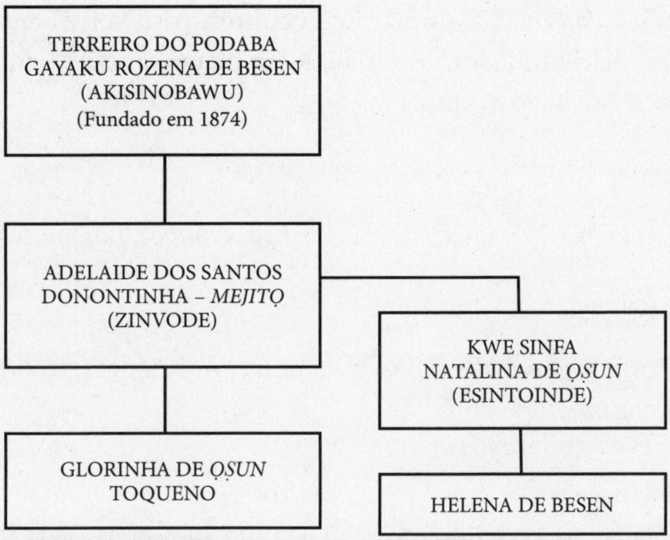

Assim como os nagôs, os jejes pertencem ao grupo sudanês, tendo sua origem num mesmo agrupamento étnico que, subdividindo-se, atingiu vários estágios de evolução cultural. A noção de candomblé no Brasil ficou restrita à cultura yorubá, em detrimento das demais, originárias de outros povos africanos, que também contribuíram maciçamente para o surgimento de uma manifestação religiosa exclusivamente brasileira. O candomblé kétu, mais especificamente, influenciou profundamente os ritos de outras nações.

Neste curto trabalho, que é um resumo de nossas observações, procuramos retratar as tradições dos candomblés que acabamos de relacionar e que nos revelaram, em muitos aspectos, diferenças profundas em seus ritos. O que é feito nos candomblés de Cachoeira nem sempre é o mesmo que se faz no candomblé do Bogun e no candomblé do Rio. Por sua vez, os remanescentes dessas casas, e filhos com candomblés abertos, não possuem uniformidade em suas atividades, chegando a fazer mudanças e até abolição de rituais por força da alta complexidade de suas realizações.

A FAMÍLIA DOS VODUN E A FORMA DE TRATAMENTO

O culto jeje é dividido em clãs ou famílias de divindades genericamente denominadas *Vodun*. A assimilação da cultura yorubá fez com que um novo grupo de divindades, os *Òrìṣà*, fosse incorporado ao culto sob a denominação de nagô-vodun.

FAMÍLIA DE DAN

Besẹn, Akotokuen, Dokuen, Gede, Akasu, Inse, Dangbe, Bafono, Kaforidan.

FAMÍLIA DE KAVIUNO

Hevioso, Posu, Sogbo, Loko, Bade, Akorombe, Agbetaoyo, Azonodo, Averekete, Jakolotino.

NAGÔ-VODUN

Agẹ, *Ọdẹ*, *Ọya*, *Ọṣun*, *Ṣàngó*, *Ògún*, e demais divindades yorubás.

Essa divisão em famílias é importante para que se compreendam os significados dos títulos atribuídos aos dirigentes, pois a sua denominação será restrita aos *Vodun* que seus filhos forem iniciados. É diferente dos candomblés kétu e angola, cuja denominação é sempre a mesma para qualquer *Òrìṣà* que seus filhos forem iniciados.

TÍTULOS POSSÍVEIS DE UMA DIRIGENTE DO CANDOMBLÉ JEJE

Donẹ – denominação que recebe dos filhos dos *Vodun Kaviuno*. Ao pedir a bênção, deve-se dizer: *Donẹ aọ*, e a resposta será *Aọtín*;

Mejitọ – denominação que recebe dos filhos dos *Vodun* de *Dan*. Ao pedir a bênção, deve-se dizer: *Benoi* (pronuncia-se "Benôi"), e a resposta será *Benoi*;

Gayaku – denominação que recebe dos filhos das divindades nagô-voduns. Ao pedir a bênção, deve dizer: *Kolọnfẹ* e a resposta será *Kolọnsi* ou *Kolofẹ 'lọ́run*.

A complexidade se estende para os irmãos de santo:

> De *Kaviuno* para *Kaviuno*: *Nogremu aọ*, resposta: *Aọtin*;
> De *Dan* para *Dan*: *Adunsi ẹ benoi*, resposta: *Ẹ benoi*;
> De *Kaviuno* para nagô-vodun ou *Dan*: *Dabosi aọ*.

Todos os três cargos, *Donẹ*, *Mejitọ* e *Gayaku*, possuem a mesma graduação hierárquica. Uma dirigente do jeje pode ter essas três denominações. Basta fazer a iniciação de filhos pertencentes às três famílias relacionadas. O que deve ser observado é que só terá o direito de usar tais títulos se tiver filhos devidamente iniciados. Essa é que é a característica, pois não basta ter, apenas, a casa aberta.

O candomblé jeje, em seu início, era um matriarcado total. Iniciação masculina só na categoria de *Ogan*. Com a entrada de homens na condição de *Vodunsi*, tomou a denominação de *Dotẹ* para os cargos de direção.

CONSIDERAÇÃO SOBRE ALGUNS VODUN

Os *Vodun* criados por *Mawu* não são exatamente seus intermediários, mas sim seus agentes independentes. Entre os jejes na África, são consideradas formas de *Vodun*:

> *Tovodun* – é o *Vodun* de toda a região e de seus habitantes;
> *Akovodun* – ancestral fundador de povos;
> *Hevioso* – é o primeiro do grupo das divindades do trovão, da ação justiceira e que provoca a morte e destruição pelo raio. É interpretado como *Khe*, "pássaro"; *Bi*, "que projeta a luz"; e *So*, "fogo". É o bater de suas asas que provoca o ruído dos trovões;

Sogbo – divindade dos raios, um equivalente de *Ṣàngó*. De *So*, "fogo"; e *Agbo*, "o que fura as nuvens", numa alusão à velocidade do carneiro. *Hunyọ* é o título que a pessoa deste *Vodun* recebe;

Akorombẹ – rege a temperatura da Terra, fazendo os rios transbordarem e cair granizo;

Sogboadan – um *Dan* especial de *Sogbo*, pois no Dahomé todos os *Vodun* possuem uma;

Dangbé – símbolo da continuidade, formando um círculo fechado. É a força vital que dá movimento a tudo. O movimento é a característica principal da vida. Vem de *Dan*, "serpente", e *Gbi* ou *Gbe*, contração de *Agbi*, "vida", ou seja, "a serpente que dá a vida";

Aizan – são os ancestrais, sendo também vistos como protetores dos mercados, dos lugares públicos e das portas das casas.

OS RITUAIS

No candomblé jeje não são realizados rituais como *Pana*, *Ìpàdé*, Águas de *Òṣàlá*, *Ìpẹ̀tẹ̀*, *Lórògún*, *Olúbajẹ* e *Òṣu*. Alguns chegam a ser semelhantes, e outros são próprios do candomblé jeje.

Azeri ou *Zeri* – é a denominação do ritual fúnebre. A palavra é uma corruptela de *Zeli*, que significa o pote com que se toca com o abano dobrado para dar um som abafado. *Sihun*, outra palavra, é uma corruptela de *Sin*, "água", e *Hun*, "tambor", em uma referência ao alguidar com água, que contém meia cabaça emborcada, onde são feitos os toques com as varetas. Nas casas de kétu, o ritual fúnebre é denominado de *Àṣèṣè* e é tocado com uma cabaça inteira presa nos joelhos ou colocada no chão e firmada com os dois pés.

Boita – é festa de *Besẹn*, feita no mês de janeiro, em ritmo de procissão; na mesma ocasião realiza-se o *Kuhan*, um conjunto de rezas (a palavra *Kuhan* significa "lamento", "reza").

Hungbe – é a reunião de todas as obrigações pelas quais passa o iniciado, entre elas o *Gra*, *Kan*, *Kuhan*, *Sanjẹbẹ*, que equivale ao juramento da *Vodunsi*.

Zandro – realizado num sábado após o culto a *Ayizan*, antecedendo os ritos de sacrifício e o candomblé do dia seguinte, com um conjunto de cânticos e rezas.

Gra – é uma forma de espírito que se manifesta no iniciado e que lhe tira a consciência, ficando três ou sete dias solto no mato. Lá ele cata folhas, colhe suas pedras e traz sempre algum animal: cobra, lagarto etc. Ele não fala, somente grunhe. Antecede os ritos posteriores da iniciação. Não deixa de ser um estágio de prova, para verificar suas condições de ser iniciado. É mantido num cômodo para depois ir embora e não voltar mais.

Pole – uma obrigação feita nas águas.

Sapokan – é um ritual interno em que a pessoa, paramentada com fibras da folha do dendezeiro, deixa de ser um *Abíyán* e assume condições para o próximo ritual do *Gra*.

Tọ – é o rio. A pessoa vai ao rio durante a iniciação tomar banho e vira com o *Vodun*, quando colhe pedras etc. No jeje, a iniciada não usa nada por baixo, na altura do busto. Amarra-se o *Sange*, equivalente ao *Ọjà*, e por cima *o Atakan*.

OS CARGOS

Vodunsi – são todas as pessoas iniciadas.

Etemi ou *Iyatemi* – são as pessoas com mais de sete anos de iniciação, no ritual nagô-vodun.

Hunbono – primeira pessoa feita no candomblé.

Dẹrẹ – equivalente a mãe-pequena.

Hunsọ – um posto no candomblé.

Hurete – postulante à iniciação, equivalente a *Abíyán*.

Vodun Nayọ – pessoa que não vira com o *Vodun*.

Gonzengan – é um cargo equivalente ao de *Ekedi*. Uma auxiliar que cuida das quartinhas (a palavra vem de *Gonzen*, "quartinha", e *Gan*, "ferro").

Os cargos equivalentes aos de *Ogan* tomam diferentes denominações de acordo com as funções que serão exercidas:

Pejigan	*Abajigan*	*Gaimpe*
Alágbe	*Hundevi*	*Huntọ*
Ogan Sojalin	*Ogan Senevi*	*Ogan Hondeva*

CARACTERÍSTICAS DO TERREIRO

A organização começa pela área a ser ocupada, que deverá ter árvores, rio e fonte de água natural.

Humpame – significa "roça", "terra grande", e denomina alguns candomblés.

Kwe – outra denominação, e que significa "casa".

Atinsa – é a denominação das árvores que são posicionadas na mata, e onde são feitos os assentamentos dos *Vodun*. Cada *Vodun* tem a sua árvore. É ali que ele se manifesta e permanece.

Ògún Ṣoróke – é assentado do lado direito da entrada. Não há feitura para essa divindade.

Aizan – é assentado do lado esquerdo.

Sabaji – antessala para diferentes atividades, entre elas paramentar os *Vodun*.

Hundeme – o mesmo que o *Hunkọ*. Esse é o local do recolhimento e onde a *Vodunsi* fica recolhida, fuma e bebe.

Dande – é o local onde está *Dan* ou *Besen*.

Hunyi – é o nome e corresponde ao *Orúkọ* do ritual kétu.

PEQUENO VOCABULÁRIO

Aban petite – prato
Aban – prato
Abantoye – prato grande
Adonun – comida
Agujẹ – garfo
Agunukẹ – caneca
Aizan – morte
Amakro – café
Aman – folhas
Analewi – banho
Aọ – bênção
Aọtin – abençoando
Areekun – feijão
Asakuwẹ – galinha-d'angola
Aṣanan – fósforo
Atikinikan – café
Atinsa – árvore
Avalu – licença
Avó – roupa
Avun – cachorro
Azokran – carvão
Azokre – cachimbo
Badekun – milho
Dajada – banheiro
Dekuwevi – peixe
Devu – roupa
Efọ – pés
Ekanun – unha

Esan	– bênção
Esin	– água
Frevin	– quiabo
Gan	– ferro
Girise	– penas
Gondeme	– bebida
Gondemiaruan	– bêbado
Gonzen	– quartinha
Gralha	– saia
Gumbono	– pai
Humgbe	– fundamento
Humpami	– terreno grande
Hunyi	– nome
Ibadi	– nádegas
Itanko	– coxa
Kokoroezin	– ovo
Kotutó	– *egun*
Konlofé	– bênção
Konlosi	– abençoando
Krede	– raspar
Kroko asi	– galinha
Kuhan	– lamento, reza
Kwe	– casa
Mavé	– *akasa*
Mere	– mulher
Mojẹruwa	– agradecer a comida
Novixeme	– meu irmão
Nukun	– olhos
Pami	– terreno pequeno
Sanjebé	– juramento

Sivọ	– azeite de dendê
Su	– homem
Taki	– pimenta-da-costa
Tatarajan	– falar
Zan	– esteira
Zepere	– sal
Zeriko	– açúcar

APONTAMENTOS SOBRE O CANDOMBLÉ JEJE

1. Depoimento do Gumbono Jorge de Yemanjá, Malungo, julho de 1995:

Com a vinda do axé de Baconodavice, no início do século 19, chega à Cachoeira de São Felix, Agotimé, uma das esposas de Agongolo, rei do Dahomé. Com a morte de Agongolo, o trono foi usurpado por um de seus filhos, Adandosan, em detrimento de Ghezo, herdeiro legítimo. Adandosan não só o prendeu, como vendeu sua mãe como escrava para o Brasil. Ghezo, porém, contando com a ajuda do traficante brasileiro Félix de Souza, o Xaxá de Ajuda, recuperou o trono. Já no poder, Ghezo enviou seis embaixadas ao Brasil à procura de sua mãe; contudo, se não obteve sucesso é porque, a essa altura, ela já se encontrava no Maranhão, depois de ter fundado o *Kwe Seja Unde*, hoje conhecido por Terreiro do Ventura e cujo primeiro barco saiu em 1813. Após a partida de Agontimé para São Luís, o *Kwe Seja Unde* somente veio a realizar feitura de Iaô em 25 de dezembro de 1912, barco tirado por *Gayaku* Angorense de Obaluaie e composto por oito *Vodunsis* e dois *Ogans*, entre os quais Antonio Pinto de Oliveira, Fomotinho de Oxum Dei. Este, chegado ao Rio de Janeiro em 1930, após ter tirado seu primeiro Iaô (Sebastião Prata – Ajale Ofan Dejá, conhecido por Baba Beija-Flor), na rua do Bispo, na Casa de

Marcilio de Xangô e Josefa, veio a fundar o seu próprio axé, o Kwe Seja Nasso, na Estrada do Portela, 606 [no bairro de] Oswaldo Cruz, a 16 de janeiro de 1936. Já no seu terreiro, do primeiro barco fizeram parte Marcionilio de Yansan e Olegário de Oxóssi e foi confirmado o *Ogan* Rungebê, Agostinho. Em seguida, em 1937, Almerinda de Oxóssi[;] em 1940, Djalma de Lalu[;] em 1949, Antonio Cabeludo[;] em 1950, Jorge de Oxóssi, Esmeralda de Xangô e Leandro de Ogun. Quanto à origem da denominação de Tata Fumutinho, deveu-se a seu íntimo contato com Manoel Bernardino de Yansan, do Bate-Folha; Manoel Ciríaco de Xangô, do Tumba Junsara e Manoel de Oxossi, Manasandaió, todos da nação de Angola. Tata Fumutinho faleceu em 26 de junho de 1966, e o Zerin foi oficiado por *Ebomi* Dila na Casa de Djalma de Lalu.

2. Algumas considerações deste autor: Na Agontimé nasceu em 1770, sendo mãe do rei Ghezo (1818-1858). Ela foi deportada como escravizada para o Brasil por Adandozan, rei sanguinário e meio-irmão do rei Ghezo. O último, quando atingiu a maioridade, depôs o primeiro e, para riscá-lo da memória do país, enviou seu trono e outros objetos para o Brasil ao tempo de D. João VI. O trono encontrava-se no Museu Nacional do Rio de Janeiro.

3. Depoimento de Glorinha Toqueno, *Orunmila*, sem data:

Eu, filha de santo de *Mejitó*, que por sua vez foi feita por Gaiaku Rosena, do axé Podaba, o primeiro axé do jeje no Rio de Janeiro. A exemplo de Gaiaku Rosena, fez poucos filhos de santo, a saber: Joana da Cruz, de *Ọmọlu*, que, por sinal, após a morte de *Mejitó* foi mãe--pequena de Djalma de Lalu, que, por sua vez, prestava-lhe muitos serviços, como catar folhas etc.; D. Isaura de *Ọmọlu*, D. Amância de Xangô, mais especificamente de Acorombé, eu, de Aziri, e Natalina de Oxum. Afora isso ela confirmou vários *Ogans* e *Ẹkẹdis* como: Luiz, *Ogan* de *Vodunjọ*, pai carnal de Natalina; Maria Adamastor, *Ekedi* de

Ogunde, uma irmã de santo de *Mejitó*; Mariquinha que era Runsó da casa; Bento de Sogbo, *Ogan* Acendino e seu filho Roberto, ambos de Gu (Ogum); Marcelino, se não me engano, de Olissá; e minha tia Teresa que é Rozengan da casa, uma função dedicada ao cuidado das quartinhas, ou seja, dos Gonzen e dos Gra também. Existem três axés grandes: o Pózerren e o Póeji da Bahia, e o Pódaba aqui no Rio. Eu fui feita no Pódaba, onde havia este Oro; antes do Santo, vem o Gra. O Gra é como se fosse a parte selvagem. Eles iam com *Mejitó* e se embrenhavam no mato para buscar folhas e seus bichos. Tinha alguns que voltavam até com cobra. Não falavam, comunicavam-se por sons. Eram mantidos num cômodo... avisavam quando vinha alguém... somente *Mejitó* e Tia Teresa lidavam com eles... o Gra é antes de fazer o Santo... é chamado após um determinado tempo, mandado embora para que a pessoa possa receber o seu *Vodun*. Uma vez que foi, não volta nunca mais.

4. Depoimento de Constância de Avimaje, Salvador, Bahia, *Painel Cultural*, fevereiro de 1996:

Atualmente os praticantes da ritualística jeje são oriundos de dois núcleos, ambos com sede no estado da Bahia; o *Seja Unde*, em Cachoeira, e o Bogun, em Salvador. Foi a africana Ludovina Pessoa quem fundou o Zô Godô Bogun Male Rundô, em Salvador, Bahia, dando origem, então, ao denominado candomblé jeje. Após a solidificação do Bogun, Ludovina fundou, em Cachoeira, cidade próxima de Salvador, o *Seja Unde*, empossando ali Maria Luiza Gonzaga de Souza, conhecida como Sinhá Maria Ogorinsi Misimi. Durante anos, as duas casas funcionaram em uníssono, com o Bogun servindo como matriz. Depois da morte de Maria Ogorinsi, o *Seja Unde* permaneceu fechado por muito tempo, embora o cargo maior da casa já tivesse sido outorgado pela própria Ogorinsi a Dionísia da Conceição, ou Maria Bale, que somente muito tempo depois viria a assumir suas funções. Na época, Maria Bale, que fazia parte do Jeje Modunbi na roça de Zé de Brechió, quando assumiu o *Seja Unde* plantou a casa de Kututó (Egun), introduzindo assim na Casa Mahi fundamentos de outra ramificação jeje. Como no Jeje Mahi não é permitido casa de Kututó, a roça começou a decair. Maria Bale recolheu, durante todo o tempo em que ali esteve, três barcos, sendo que uma das componentes do primeiro barco, Adalgisa, conhecida como Sinhá Pararasi, seria a escolhida para substituí-la por ocasião de seu falecimento. Já no comando da casa, Pararasi recolheu alguns barcos... a maioria dos iniciados daquela época já faleceu, o que dificulta qualquer tentativa de aprofundamento nas pesquisas por nós elaboradas. Ainda na gestão de Pararasi, a roça conhece uma nova fase de abandono e decadência e, para que não acabasse e fosse transformada em pasto para gado, Besen ordenou que *Gayaku* Aguési assumisse o comando da casa, com orientação de proceder a todas as obrigações anuais que, já havia algum tempo, vinham sendo negligenciadas, contando para tanto com o auxílio de Augusta Lokôsi e da própria Pararasi. Segundo as tradições do jeje, não se recolhe barco com número par de iniciandos, e *Gayaku* Aguési, desprezando esse fundamento, recolheu um barco de dois – Oxum e Azansum –, pelo que pagaria um preço alto. A partir de então a casa decaiu vertiginosamente. Em 1962, Zezinho da Boa Viagem, filho de Tata Fumutinho, neto de Maria Ogorinsi, visitando sua raiz de origem que na época estava entregue aos cuidados do *Ogan* Caboclo de Cachoeira, que viria a falecer pouco depois, sendo substituído por *Ogan* Babosa, constatou a situação da casa. Uma forte amizade se estabeleceu entre os dois, tendo Zezinho prestado substancial ajuda financeira à casa, recebendo em troca fundamentos até então guardados a sete chaves e inacessíveis aos cariocas. *Gayaku* Aguési foi trazida para o Rio de Janeiro e homenageada, quando algumas inverdades foram divulgadas como a afirmativa de que tinha na época 120 anos de idade, quando, na verdade, não tinha completado ainda 83 anos. Disseram que possuía mais de cem filhos de santo, mas, na realidade, somente dois, e mesmo assim não poderiam ser feitos, pois, segundo as Rungã do Mahi, quem é de Águe não pode iniciar nenhuma pessoa do culto, embora possa ser a detentora do poder.

5. Depoimento de José Gomes de Lima – Zezinho da Boa Viagem, Congresso Afro-Indígena, 1994:

   Quem trouxe os mahi para Cachoeira de São Félix foram os tios. Eles se dividiram em Cachoeira, porque junto com eles, em outra levada, vieram Tixarene, Zé do Brexó e outras pessoas mais, que fundaram suas roças. Vovô Ventura e *Gayaku* Ludovina Pessoa fundaram a roça do *Kwe Seja Unde*, que é a roça de baixo; Tixarene fundou a roça de cima, quer dizer, duas nações jejes a vinte metros uma da outra… quando morre uma mãe de santo, nosso pai que descende de Komadavite, então é ele quem aponta a pessoa que vai ficar no trono. A minha primeira zeladora foi Iya Fortunata, Baiana do Pina, filha de Oxum e Oia. Fui iniciado pelas mãos de Tata Fumutinho em São João de Meriti, Rio de Janeiro.

6. Luiza Franquelina da Rocha nasceu em 1909, e ficou mais conhecida como *Gayaku* Luiza do *Humpame Huntoloji*, no Alto da Levada em Cachoeira. Filha carnal do *Pejigan* do *Seja Unde*, inicialmente foi feita no ritual kétu, sendo mais tarde refeita essa iniciação no ritual jeje, por *Gayaku Posusi Rumaninha* (Maria Romana Moreira) no Candomblé do Bogun em 1945, na qualidade de *Rumbono*. *Gayaku Rumaninha* não tinha um terreiro fixo, por ser muito conceituada, e tinha acesso a todos, tendo sido *Dẹrẹ*, mãe-pequena do Bate-Folha, advindo daí, talvez, a influência de ritos jejes no ritual de angola. Faleceu em 1956 com 115 anos.
7. Tata Fumutinho foi o primeiro homem feito no *Seja Unde*, em 25 de dezembro de 1912. Veio para o Rio em 1930, abrindo sua casa mais tarde, em 1936.
8. Alguns nomes dados por ocasião da iniciação de filhos de Tata Fumutinho eram em idioma yorubá, como *Ọdẹ Wale*, *Osum Deyi* etc. Mais

tarde, pelo visto, foram substituídos por expressões coerentes com a nação Jeje.

9. Os avós maternos de Dila de *Obaluwayie* tinham cargo no candomblé de Rozena de *Besen*: *Afonsekoloanu* de *Ṣàngó* foi o primeiro *Pejigan*, e *Adapan Noeji* foi feita de *Òṣùmàrè*. Quando Aninha morreu, Dila tirou a mão com *Mejitọ*, que lhe abriu a casa.
10. *Mejitọ*, Adelaide do Espírito Santo, também conhecida como Donontinha, foi iniciada com 7 anos em 1891, pois era costume fazer a iniciação quando criança. Era de *Vodunjọ* (*Yánsàn*) e o nome dado foi *Zinvode*. Mudou o candomblé do bairro de Cavalcante para a R. Cecília, em Coelho da Rocha, próximo à atual sede do *Àṣẹ Òpó Àfọ̀njá*, com quem mantinha boas relações com a dirigente da época, Agripina de Souza. Tirou apenas dois barcos com seis pessoas, vindo a falecer em 1956.
11. *Kwe Sinfa* – Casa das águas de *Ifá*.
12. O carneiro é a principal *kizila* dos candomblés jejes, devido a um mito em que *Sogbo* foi tomado de tanta fúria que se transformou num carneiro. *So*, "fogo"; e *Agbo*, "carneiro".
13. O *Hunjebe*, ou *Hunjeve*, é um colar de contas característico dessa nação e que não se transfere para outra pessoa. Quando o seu dono morre, o colar é enterrado junto com ele.
14. Outra casa de jeje na Bahia foi o Àṣẹ Poeji, na Cacunda de Yaya, com ritual Savalu, e fundada por *Gayaku* Satu de Cachoeira.

OS CANDOMBLÉS ANGOLA E CONGO E SUAS TRANSFORMAÇÕES

Pertencentes aos grupos bantos, e já definidos como praticantes de candomblé angola ou congo, mantêm práticas inteiramente diferenciadas de suas tradições africanas, que tinham no culto à ancestralidade o elemento principal com a manifestação de seus ascendentes carnais, aqui substituídos por divindades equivalentes aos *Òrìṣà* nagôs. Essas divindades, nos candomblés congo e angola, são definidas como *Nkise* ou *Inkise*, com funções correlatas com as dos *Òrìṣà* nagôs, o que não é uma tradição desses povos, que tinham em seus ancestrais o elemento intermediário para transmitir os desejos do plano divino aos seres humanos. E mais: os nomes de todos os *Nkise* cultuados nos candomblés de angola e congo dificilmente são mencionados em literaturas ou nas lembranças desses povos. Quando há alguma referência, como *Matamba*, *Mutacalombo*, *Mutanjiji*, *Kaiango*, *Kiximbi* e *Ndanda*, as funções não se chocam com as das divindades aqui cultuadas, fazendo crer que sejam os mesmos *Òrìṣà* nagôs com outros nomes, pois têm os mesmos modelos de assentamentos, e, quando se manifestam, utilizam os mesmos paramentos dos *Òrìṣà*, cuja simbologia está ligada a tradições africanas.

Essa interpretação tem como sustentação a ausência de divindades intermediárias entre Deus e os homens, na cultura bantu, da mesma forma como são os *Òrìṣà* entre os povos yorubás. Sobre o assunto,

Verger assim define: "Os nagô-iorubás foram imitados pelos outros. Eles eram como mestres para os outros grupos, que nem sabiam o nome dos deuses nas línguas deles e imitavam os nagôs." (Reportagem do jornal *O Globo*, 22 dez. 1996.)

Outra evidência é a prática do ritual do *Bọri*, cerimônia de reverenciar a cabeça. Seu conceito é totalmente yorubá, mas foi aceito e praticado, talvez pela identificação de culto direto à ancestralidade através das oferendas feitas à cabeça. Outros ritos também poderão ser comparados:

CANDOMBLÉ KÉTU

1. *Orúkọ Ìyàwó* – cerimônia de dar o novo nome à pessoa que está se iniciando;
2. *Pana* – quebra das proibições pós-iniciação;
3. Águas de *Òṣàlá* – cerimônia que se compõe de três etapas: saída, procissão de volta e festa do inhame;
4. *Olúbajẹ* – cerimônia de *Ọmọlu* com a festa comunitária;
5. *Àmàlà* de *Ṣàngó* – comida votiva oferecida às quartas-feiras.

CANDOMBLÉ DE ANGOLA

1. *Dijina Muzenza* – cerimônia de dar o nome à pessoa que está se iniciando;
2. *Kitanda* – quebra das proibições pós-iniciação;
3. *Kitumda Lembá* – cerimônia que se compõe de três etapas: *Kitunda*, "saída"; *Dilonga*, "bacia"; e *Dibilu*, "procissão de volta";
4. *Kukuana hia Nsumbu* – cerimônia equivalente ao *Olúbajẹ*;
5. *Edibangulangu Nzazi* – oferecimento de comida votiva idêntica ao *Àmàlà*.

CARGOS	FUNÇÃO
Tata hia Nkise	Dirigente masculino
Mametu hia Nkise	Dirigente feminino
Kota	Iniciado com mais de sete anos
Kota Sororó/Mametu Ndengue	Mãe-pequena
Hangoro Matono	A que faz a pintura de *Ìyàwó*
Kota Rifula/Kifumbera	Responsável pela cozinha
Kota Ambelai	Mãe-criadeira
Cambono Nsaba/Kinsaba	Colhedor de folhas
Makota	Auxiliar
Kixigaramgombe/Kivonda	Responsável pelos sacrifícios
Monankise/Munanzenza	Iniciada, iniciado
Ndumbe/Monaxikola	Iniciante
Tata Cambono	Tocador

Na cultura das principais nações afro-bantas, há unanimidade para a denominação de Deus: *Zambi Mpumgu*. Com pequenas variações na pronúncia, não tem representação de imagem ou figura. É o criador de tudo que existe. Criou o homem (*Muntu*) e a alma que o anima (*Ilunri*). Com a morte (*Lufua*), é dado destino ao corpo (*Mvumbi*), ficando a alma separada do corpo, junto aos antepassados, podendo, então, contactar os vivos. Nesse estado é denominada *Bakulu*, em seu sentido coletivo.

Esses antepassados, agora já sem o corpo físico, são invocados por seus descendentes, que se tornam seus intermediários e portadores de suas mensagens. Esse procedimento aproximou esses negros bantos (cabinda, angola, congo, kioko, lunda, rebolo, caçanje e outros), localizados no Rio de Janeiro, ao espiritismo, cujo surgimento no Brasil se deu em fins do século 19. Vieram daí os cultos cabula, omoloko e, posteriormente, a umbanda, com a expressão Bacuro de Pemba, para intitular os espíritos de africanos que se manifestavam nos terreiros. Essa foi a diferença entre os grupos bantos do Rio de Janeiro para os de Salvador. Os do Rio seguiram suas tradições, embora envolvidos em outras práticas paralelas, porém coerentes. Os de Salvador assumiram um sincretismo internacional: kétu-angola-jeje.

A família é entendida, assim, como um conjunto de vivos e mortos, com a função de assegurarem a continuidade do clã, gerando muitos filhos, cumprindo fielmente as tradições recebidas – *Bifu bi Bakulu*, "Tradição dos Antepassados". E complementam com a expressão "*U sina, li kanda*", "A verdadeira riqueza é a família".

Deve ser destacado que, embora houvesse o sincretismo entre os diferentes negros aqui chegados, ou simples assimilações, esses angolas e congos mantiveram suas formas de linguagem para definir tudo o que faziam. Era uma mistura de dialetos diversos, pelas razões já explicadas, sendo difícil identificar e traduzir muitas de suas palavras nos dias atuais, quando cantadas. Isso quer dizer que não é só o kimbundo o idioma falado nesses candomblés, mas sim outros mais, como o ambundo, kikongo, bunda, kioko, que se misturaram no hábito de falar, criando um idioma próprio, mas difícil de ser interpretado.

Esse problema não ocorreu com a língua yorubá, que conseguiu se preservar por ser o idioma do último contingente de escravizados a vir para o Brasil, quando grande parte das riquezas naturais já haviam sido exploradas. É dessa época o grande número de negros alforriados em razão da descoberta das minas de ouro e de diamantes no Brasil e, consequentemente, de seu garimpo, pois os negros podiam fazê-lo em suas horas de folga. Conseguiam, assim, reunir valores para a compra de sua liberdade. Com a queda da mineração, tornou-se onerosa a manutenção de escravizados, e a alforria era facilitada. Com sua liberdade, esses negros tentaram o seu "embranquecimento", mais por imitação, na busca de prestígio, e, por conseguinte, o esquecimento de suas raízes. Esse assunto é mais bem desenvolvido na obra *História dos candomblés do Rio de Janeiro.*

Essa sucessão de ocorrências possibilitou o surgimento do que ficou denominado cultura afro-brasileira. Esses negros, já tendo seus descendentes brasileiros, construíram tradições folclóricas, algumas criadas e outras adaptadas das terras de origem e passadas através de uma forma de falar característica. Era um português crioulo, muito bem aceito por ter sido fácil sua adaptação à linguagem popular.

Njila modificada para *jira* – rumo, caminho
Bakulu modificada para *bacuro* – ancestral
Kuzuela modificada para *zuelar* – falar
Kijila modificada para *quizila* – tabu, coisa proibida

Outra forma foi definida como dialeto das senzalas.

Zifio	– filho
Zirimão	– irmão
Suncê	– você

Os bantos, por terem sido os primeiros a aqui aportarem durante o período do tráfico de escravizados, deixaram no vocabulário de palavras utilizadas no Brasil uma variedade muito maior do que os yorubás. A própria palavra candomblé, aceita por todos os grupos religiosos de raízes africanistas, é de origem banta, segundo Yeda P. de Castro, do Centro de Estudos Afro-Orientais (CEAO) da Universidade Federal da Bahia (UFBA), uma variante de *kàn-ndómb-idé*, que significa "pedir pela intercessão de...". Logo, candomblé é igual a culto, louvor, invocação, sendo o grupo consonantal "bl" uma forma brasileira, de vez que não existe essa forma nos diferentes dialetos desse grupo africano.

Outros ritos de angola e congo foram influenciados pelos candomblés jejes, como o *Sihun*, a cerimônia fúnebre equivalente ao *Àṣẹ̀ṣẹ̀*, dos kétu, que teve sua elaboração influenciada pelo *Zeri*, com sua forma de percussão feita com varetas em vez das mãos, conforme tradição dos angolas e congos. O fato talvez possa ser explicado pela participação de nomes expressivos da nação Jeje nos candomblés de angola, e que assim poderiam ter deixado algumas influências dos ritos jejes.*

Independentemente do conceito exposto, outros ritos e crenças praticados foram recriados e reorganizados por povos diversos do reino do

* *Gayaku Rumaninha Posusi* do *Kwe Seja Unde* chegou a ser *Dẹrẹ́* do Bate-Folha; Tata Fumutinho do *Seja Unde* justificou a origem da denominação de Tata em seu nome pela participação no Bate-Folha. Esses são fatos que podem revelar influências.

Congo, formado por outros reinos menores. O que se fala no candomblé é um misto de termos das línguas kimbundo, kikongo, ambundo e outras, conforme vimos. Isso é que faz o candomblé se diferenciar dos demais, juntamente com algumas lembranças inseridas em seus rituais. Foi uma forma extremamente importante de manter o seu histórico religioso, ainda merecedor de muito estudo pela gama de valores que possui, e não muito bem conhecida, o que incentiva muitos a entrar no terreno perigoso das suposições.

O IDIOMA YORUBÁ

O idioma yorubá pertence à família de línguas do Sudão, tendo sido registrado por escrito pela primeira vez no século 19, por missionários cristãos, e falado nas diferentes regiões da atual Nigéria. Era um idioma estritamente oral, tendo sido utilizados os fonemas latinos para dar uma forma escrita aos sons das palavras ouvidas. Chegou até nós no período da escravatura, tendo se tornado a língua geral falada nas comunidades negras. Seu último refúgio foi nas comunidades de candomblé, nas modalidades *Kétu*, *Ẹ̀fọ̀n*, *Ìjẹ̀ṣà* e demais que se utilizam de elementos culturais nagôs. Tem sido mantida através de cânticos, rezas e expressões diversas, estando aí um dos fortes motivos para a manutenção de tradições seculares. O seu conhecimento deveria estar no mesmo nível de interesse do conhecimento de atos religiosos, o que não vem ocorrendo. Por esse motivo, é utilizado mais pelo hábito de ouvir e repetir palavras, sem o conhecimento necessário de sua articulação e aprendizado de suas regras básicas de conversação.

Como os demais idiomas, é um instrumento para a comunicação entre as pessoas numa sociedade em que tudo o que se faz tem o apoio de rezas, cânticos e declamações nesse idioma. Dependendo do grau de instrução que se tenha ou do cuidado com que se fala, pode-se usar a língua correta ou incorretamente. Quando usada corretamente, consagra as normas do culto. Mas se usada incorretamente, dá origem aos "vícios de linguagem" que, a longo prazo, conforme já foi demonstrado, desfiguram o idioma e, sem que se dê conta, acabam contribuindo para difundir os erros e até mesmo incorporá-los ao idioma. Como confirmação, basta verificar como são diferentes as formas de expressar as palavras de muitos cânticos, rezas e conversações simples, de terreiro para terreiro. Essa é uma das razões da dificuldade encontrada na tradução, para se saber o que se canta e o que se reza.

A perda do som original de muitas palavras e os vícios já creditados como corretos impedem a interpretação de certas palavras, que, ao serem traduzidas, não condizem com o que se desejaria expressar no momento. Essa situação vem dando margem a que pessoas, no afã de traduzir, substituam essas palavras por outras que mais lhes convenham, provocando mudança total no sentido daquilo que se pretendia dizer. Em outros casos, a tradução fica destituída de significado, passando a não ter nenhuma relação com o ato que está sendo realizado naquele momento. São pessoas predispostas a exibir conhecimentos para os quais não foram qualificadas, por falta de probidade acadêmica, pelo fato de que o que foi apresentado poder vir a ser aceito como autêntico, criando novos vícios para uma religião já plena de problemas a serem solucionados.

A linguagem é a chave cultural de um povo. Sem rever seus aspectos, sua origem e suas formas, não podemos nos constituir em religião, pois, na maioria das vezes, não se sabe o que se canta e o que se reza. O aprendizado do idioma será a resposta para muitas dúvidas que existem na religião. Mas isso não deve consistir somente em saber interpretar os cânticos e as rezas como forma de curiosidade, mas sim no fato de poder sentir mais intimamente, através do seu conhecimento, o alto grau de religiosidade que existe nas mensagens. E a sua utilização terá uma extensão maior ao ser empregada também na literatura humana e de uso corrente. Este trabalho visa dar uma orientação no emprego do yorubá em uma possível conversação.

O YORUBÁ COMO LÍNGUA TONAL

Em consequência de ser uma língua tonal, utiliza-se de três sons: alto, médio e baixo (ou grave), representados por acentos superiores nas vogais: acento agudo, som alto; acento grave, som baixo; e sem acento, indicando o som médio ou a voz normal. Um ponto colocado embaixo das vogais E e O lhes dá um som aberto; caso não o tenham, terão um som fechado. As vogais são sete – *A, E, Ẹ, I, O, Ọ, U.* Quando seguidas da letra *N*, terão um som nasal. A letra *S* com um ponto embaixo tem o som de *X* ou *CH*; caso não tenha, terá o som natural da letra *S*.

As vogais nasais *AN* e *ỌN* têm pronúncia quase idêntica – ÔN, porém com uso diferenciado: *N* é usada depois das consoantes B, F, GB, M, P e W. A vogal *AN* é usada depois das demais consoantes. Quando antecedida por M ou N, ela perde o N nasal, mas o som permanece. Observe os exemplos abaixo:

Nàná – divindade, pronunciar *Nànán*
Ọnà – caminho, pronunciar *Ọnàn*
Ọmọ – filho, filha, pronunciar *Ọmọ*

A estrutura silábica da língua yorubá consiste em qualquer vogal ou uma consoante seguida de uma vogal. Como consequência de o yorubá ser uma língua tonal, a mesma consoante, combinada com diferentes vogais, poderá formar diferentes palavras com diferentes tons. Por exemplo:

Bọ – no tom médio, significa "adorar", "idolatrar";
Bọ́ – no tom agudo ou alto, significa "cair", "alimentar", "remover";
Bọ̀ – no tom grave, significa "retornar", "vir".

Ra – no tom médio, significa "raspar";
Rá – no tom agudo ou alto, "rastejar";
Rà – no tom grave, significa "comprar", "amarrar".

Wa – no tom médio, significa "nós", "nosso", "nossa", "nos", "conosco";
Wá – no tom agudo, significa "procurar", "vir", "dirigir", "dividir";
Wà – no tom grave, significa "ser", "existir", "haver".

Por esses dois exemplos, pode-se observar que as mesmas palavras em tons diferentes, ou até com os mesmos tons, podem formar significados diversos. Neste último caso, o significado da palavra só será conhecido no contexto de uma frase.

Ó **wá** *aṣọ Òrìṣà rẹ̀*	Ele **procurou** a roupa de santo dele.
Ó **wá** *si orò Ìyàwó*	Ela **veio** para a obrigação da *Ìyàwó*.
Mo mọ̀ **wá** *mọ́tọ̀*	Eu sei **dirigir** automóvel.

Algumas regras podem facilitar o entendimento. Por exemplo, todos os verbos começam com uma consoante e são monossílabos, com exceção dos verbos compostos:

Dín – fritar	*Fọ̀ṣọ* – lavar roupa
Bò – cobrir	*Dúpẹ́* – agradecer
Jó – dançar	*Jáwe* – colher folhas

Os verbos não flexionam em todos os tempos e pessoas, sendo necessária, assim, a utilização dos pronomes para saber quem fala, partículas indicativas de tempo passado, presente e futuro, além de verbos auxiliares e advérbios de tempo:*

Ti – para o tempo passado

Mo **ti** *jẹun lóní, adúpẹ́.*	Eu **já comi** hoje, obrigado.

* Os verbos que indicam ação são sempre lidos no tempo passado se não tiverem a partícula indicativa de tempo. Os demais podem ser lidos tanto no tempo passado como no presente. O contexto do diálogo indicará a forma como deve ser lido.

Máa – para uma ação habitual

Ọgá **máa** *kọrin dára púpọ̀.*	O *Ogan* **costuma** cantar muito bem.

N – para uma ação contínua*

Ìyálóriṣà ngbọ́n àjà.	A *Ìyálóriṣà* **está agitando** a sineta.

Kò ou *Ò* – forma negativa

Tábà **kò** *rere sí ìlera.*	O cigarro **não** é bom para a saúde.

Yio – tempo futuro

Nígbàwo ni iwọ́ **yio** *ṣe orò rẹ?*	Quando você **fará** sua obrigação?

Ìbá – auxiliar do tempo condicional

Bi emi ba lówó **ìbá** *ṣe orò.*	**Se** eu tivesse dinheiro, teria feito.

Por outro lado, todos os substantivos começam com vogais. Acrescentando-se uma vogal ao verbo, ele se transforma num substantivo. Isso quer dizer que nenhum substantivo possui apenas uma sílaba:

Fẹ́ – amar, *Ìfẹ́* – amor	*Ru* – carregar, *Ẹrù* – carga, bagagem
Jẹ – comer, *Ìjẹ* – comida	*Wé* – embrulhar, *Ewé* – folha, planta
Dẹ – *caçar*, *Ọdẹ* – caçador	*Ta* – queimar, *Ata* – pimenta
Lù – bater, *Ìlù* – tambor	*Kọ́* – ensinar, *Olúkọ* – professora

* Essa forma progressiva usa um N no início do verbo para dar o sentido de estar fazendo alguma coisa naquele momento. Pronuncia-se *UM*. Assim, a expressão *Òjò nrọ̀* "está chovendo", deve ser pronunciada: "*Odjo unró.*"

As exceções são os nomes próprios, que são formados por diversas palavras que revelam algum acontecimento:

Bámgbálá – Ba mi gbé ọlá	Eu trago [ou carrego] a honra comigo
Motiléwá – Mo ti ilé wá	Eu voltei para casa
Farínde – Ifá rín dé	*Ifá* chegou sorrindo

AMPLIAÇÃO DO VOCABULÁRIO

O vocabulário yorubá tem sido ampliado através de diversos procedimentos. Entre as palavras criadas, muitas foram resultantes da utilização das partes do corpo humano como analogia. A cabeça, como a parte mais alta do corpo humano, é utilizada para definir as coisas altas e destacadas; as mãos, as coisas que dão segurança; os pés, para uma firmeza; os olhos, como a parte principal de alguma coisa; as nádegas, como a base do corpo. Desse modo, podemos relacionar assim algumas palavras:

Orí – cabeça, *Òkè* – montanha	*Orí òkè* – topo da montanha
Orí – cabeça, *Igi* – árvore	*Orí igi* – topo da árvore
Ojú – rosto, *Ìbọ* – adoração	*Ojúbọ* – local de culto
Ojú – olhos, *Orùn* – Sol	*Ojúorùn* – disco solar
Ìdí – nádegas, *Ilé* – casa	*Ìdílé* – família, a base da casa
Etí – orelha, *Ilé* – casa	*Etilé* – periferia, vizinhança
Apá – braço, *Ọ̀tún* – direito	*Apá ọ̀tún* – lado direito
Inú – estômago, *Bajẹ́*	*Inúbàjẹ́* – aborrecido, estragado

A linguagem se utiliza bastante da técnica de figura da fala na construção de seu vocabulário. A extensão figurativa do uso da palavra para abranger outros significados é mais usada entre os yorubás do que em muitos outros idiomas. Seguem alguns exemplos de frases que, se não forem bem compreendidas, poderão dar origem a outras interpretações, como vem ocorrendo na interpretação de cânticos:

1 – *Ọmọ l'aṣọ àiyé.*

Crianças são as roupas do mundo.

(Uma alusão para o que representam as crianças na continuidade do mundo.)

2 – *Ẹni dà omi síwájú, yio tẹ̀ ilẹ̀ tútù.*

A pessoa que derramou água à sua frente andará sobre a terra úmida.

(Isso significa que ele colherá o que plantou.)

3 – *Inú mi dùn láti mo ri ẹ.*

Meu interior se tornou agradável por lhe ver.

(Equivale dizer que a pessoa é um "doce".)

4 – *Òní bàbá ọ̀la.*

Hoje é o pai de amanhã.

(Significa que o futuro será o resultado dos nossos atos anteriores.)

5 – *Ọrọ̀ nàà yà mi lẹ́un, ẹ̀dọ̀ mi férè yọ.*

O assunto surpreendeu-me a ponto de os meus pulmões se dissolverem.

(Uma forma de exagero a fim de dar ênfase.)

6 – *Ìkú wọ̀ inú ahoro ṣákálá.*

A morte entra numa ruína de casa em vão.

(Uma ideia de que não se deve perder tempo.)

O yorubá raramente inventa uma palavra nova. Procura combinar a semelhança do novo objeto para que ele pareça com um outro objeto já familiar. A composição é então formada para designar o novo objeto. Quando o trem, o avião, o navio foram introduzidos na sua cultura, eles foram colocados na mesma classe dos meios de transporte. A palavra-chave é *Ọkọ̀*, barco.

Ọkọ̀ okun (mar) – navio
Ọkọ̀ òfurufú (ar) – avião
Ọkọ̀ irin (ferro) – trem
Ọkọ̀ abẹ ilẹ̀ (terra) – metrô

Muitas palavras oriundas de outros povos através do contato cultural foram adaptadas ao idioma yorubá, entre elas o hauça e o árabe. Relacionamos algumas da língua inglesa:

Ball	*Bọ́ọ̀lù*	Bola
Bread	*Búrẹ́dì*	Pão
Motor	*Mọ́tọ̀*	Motor, carro
Telephone	*Tẹlifonu*	Telefone
Television	*Tẹlìfíṣọ̀n*	Televisão
Cigarette	*Sìgá*	Cigarro
Beer	*Ọti bìá*	Cerveja
Yellow	*Yẹ́lò*	Amarelo
Doctor	*Dọkítà*	Médico
Mister	*Sà*	Senhor
Mother	*Mà*	Mãe
Table	*Tábílì*	Mesa
Computer	*Kọ̀npútà*	Computador

ELISÃO

É a supressão de vogais que ocorre na junção de palavras. Na fala yorubá, isso é muito comum no encontro de duas palavras: uma que sempre termina com uma vogal e a outra quando começa com uma vogal. No yorubá escrito, a elisão não precisa ser considerada, mas, se o for, poderá ser marcada com um apóstrofo ou não. Note que, na elisão, a palavra *NI* (ser, ter, dizer, em, no, na, que) antes das vogais *A*, *E*, *Ẹ*, *O*, *Ọ* se transforma em *L*.

Ṣé o fẹ́ **jẹ àmàlà***?*	*Ṣé o fẹ́* **j'àmàlà***?*	Você quer comer *amalà*?
Kíni orúkọ *rẹ?*	**Kí l'orúkọ** *rẹ?*	Qual é o seu nome?
Níbo **ni o** *ngbé?*	*Níbo* **ló** *ngbé?*	Onde você mora?

ELISÃO NOS VERBOS COMPOSTOS

É difícil formular regras rígidas para definir qual a vogal a ser suprimida. Geralmente é a vogal mais forte que permanece, e a vogal *I* (fraca) do verbo ou substantivo é quase sempre suprimida.

Mu – beber, *Omi* – água	= *Mumi* – beber água
Wọ̀ – vestir, *Aṣọ* – roupa	= *Wọ̀ṣọ* – vestir uma roupa
Bọ́ – tirar, *Aṣọ* – roupa	= *Bọ́ṣọ* – despir-se
Fọ̀ – lavar, *Ọwọ́* – mãos	= *Fọwọ́* – lavar as mãos
Sọ – falar, *Òótọ́* – verdade	= *Sọ̀ọ́tọ́* – falar a verdade, confessar
Gbé – levantar, *Odó* – pilão	= *Gbódó* – carregar o pilão
Rà – comprar, *Ẹjá* – peixe	= *Rẹjá* – comprar um peixe
Dà – consultar, *Ifá* – jogo	= *Difá* – consultar o jogo
Ka – ler, *Ìwé* – livro	= *Kàwé* – ler um livro, ou uma carta

Quando dois verbos estão juntos, não há condição de elisão, porque o segundo sempre começará por consoante. Nesses casos, a vogal do primeiro é alongada para indicar a sua relação com o verbo que o segue.

Fẹ́ – querer	*Mo* **fẹ́ẹ́** *jẹun*	– Eu quero comer algo
Fẹ́ – querer	*Mo* **fẹ́ẹ́** *lọ sílé*	– Eu quero ir para casa
Lọ – ir	*Mo* **lọọ** *wẹ odò*	– Eu fui tomar banho no rio

Há casos em que, na contração de vogais, as duas são suprimidas, fazendo surgir uma terceira:

Dà – aceitar, *Ọpẹ́* – gratidão = *Dúpẹ́* – agradecer
Ibi – lugar, *Ìsùn* – dormir = *Ìbúsùn* – leito, cama
Ibi – lugar, *Ìsọ* – tenda = *Ìbusọ* – local de descanso

ALONGAMENTO DE VOGAIS

Em alguns casos, as vogais deverão ser pronunciadas de forma prolongada, com um som deslizante entre elas, quando um substantivo é seguido por um possessivo.

Ìyá mi – minha mãe pronuncia-se: *Ìyáà mi*
Aṣọ mi – minha roupa pronuncia-se: *Aṣọọ mi*

Todas as palavras em yorubá deverão ter a tonicidade na última sílaba, bem como todas as letras deverão ser pronunciadas, pois não há letras mudas.

ÀWỌ – AS CORES

As cores são denominadas por palavras específicas ou de acordo com as cores de certos objetos.

Àwọ ojú ọ̀run – A cor do céu – Azul
Àwọ pupa bi ẹ̀jẹ̀ – Tinto como o sangue – Vermelho
Àwọ eléerú – A cor das cinzas do carvão – Cinza
Àwọ ẹlẹ́sẹ̀ àlùkò – Da cor das patas do pássaro *Àlùkò* – Roxo
Àwọ ewé – A cor das folhas – Verde

O yorubá, como a maioria de outras línguas do Sudão, tem como duas de suas principais características a falta de gênero gramatical e a falta de flexão. Exceto poucas palavras em que os dois sexos têm indicações separadas, o gênero do substantivo ou pronome não tem uma regra expressa. As palavras para masculino e feminino são usadas como qualificativos.

Ẹ̀gbọ́n Òrìṣà **ọkùnrin** –	irmão mais velho de santo
Ẹ̀gbọ́n Òrìṣà **obìnrin** –	irmã mais velha de santo

De modo semelhante, os substantivos não flexionam para expressar o número. É colocada a palavra *Àwọn* antes do substantivo, ou utilizando um numeral.

Orò – obrigação	*Àwọn orò* – obrigações
Orò – obrigação	*Orò ọdún méje* – obrigação de sete anos
Owó ẹyo – búzio	*Owó ẹyọ mẹ́rin* – quatro búzios
Ojú – olhos	*Ojú l'ẹwa* – olhos bonitos
Ìka – dedos	*Ìka eegun* – ossos dos dedos

Esses últimos dois exemplos revelam que não é seguida a regra para as partes do corpo em que a natureza criou em dobro ou em multiplicidade.

SITUAÇÕES DIFERENTES USANDO A MESMA PALAVRA

Na língua portuguesa, um mesmo verbo é utilizado para diferentes situações. Por exemplo: o verbo "pegar" pode servir para pegar a bola, o carro, uma doença; e "cair" se aplicar a cair a chuva, cair no chão ou cair morto. Na língua yorubá, geralmente, para cada caso há uma palavra diferente.

Bater atabaque	*Lù ìlù*
Bater num animal	*Na ẹran*
Bater a porta	*Kàn ìlẹ̀kùn*
Quebrar um prato	*Fọ́ àwo*
Quebrar o dente	*Kán ehín*

Cair uma pessoa	*Ṣubú*
Cair a chuva	*Rọ̀*
Cair sem querer	*Bọ́*
Cair os cabelos	*Re*
Olhar gravuras	*Wò*
Olhar pessoas	*Rí*

SAUDAÇÕES E CUMPRIMENTOS

A forma de saudação tem uma característica bem particular do povo yorubá pela forma *Ẹ kú*, uma contração de *Ẹ ò a kú*, "que você não morra", e que expressa o desejo de vida longa na posição em que a pessoa esteja no momento. A partícula *O* no final é um advérbio que serve para dar ênfase ao que está sendo dito.

Ẹ kú orí're o	Que você tenha sempre uma boa sorte
Ẹ kú ìkun'ra o	Cumprimento pelo esforço da gravidez
Ẹ kú ọdún o	Feliz ano-novo
Ẹ kú ewu o	Cumprimento pelo perigo que passou
Ẹ kú ìyẹ̀dun o	Congratulações pelo aniversário
Ẹ kú ina'wó o	Grato pela hospitalidade [pelos gastos despendidos]
Ẹ kú iṣẹ́ o	Desejo de vida longa no seu trabalho
Ẹ kú iwájú o	Cumprimento as que chegaram antes de mim
Ẹ kú orò'rìṣá o	Parabéns pela sua obrigação de santo

A resposta para todos os cumprimentos é "*Òo...*", a não ser que outra resposta seja estabelecida. Ao iniciar a frase com *Ẹ*, está indicando uma forma de respeito ou está saudando várias pessoas. Se começar com *O*, a forma reduzida de *Iwọ*, "você", o cumprimento é dirigido a uma pessoa igual ou de posição inferior. A forma com *Ẹ* é mais usada. As saudações de acordo com o andamento do dia podem ser feitas de duas formas, de acordo com a regra específica para o verbo *Kú*.

Ẹ kú àárọ̀	ou	*Ẹ káàárò*	Bom dia
Ẹ kú alẹ́	ou	*Ẹ káalẹ́*	Boa noite
Ẹ kú ọ̀sán	ou	*Ẹ káàsán*	Boa tarde
Ẹ kú ábọ̀	ou	*Ẹ káàbọ̀*	Seja bem-vindo
O di ọ̀la	ou	*O dọ̀la*	Até amanhã

Outra forma clássica de saudação, e que só pode ser dita por uma pessoa mais velha para uma mais nova, é:

Ṣé àlàáfíà ni?	Como vai você?
Àlàáfíà ni, a dúpẹ́	Bem, obrigado

A resposta não comporta outra forma. A palavra *Àlàáfíà* é de origem árabe e remete à saúde do corpo, da mente e que tudo está bem. Por esse motivo se diz *Adúpẹ́*, que significa "nós agradecemos", e geralmente é usada na primeira pessoa do plural, pelo fato de ser um agradecimento duplo: a quem pergunta e se preocupa por nós, e agradecer a Deus por permitir que estejamos bem.

Uma maneira informal de cumprimentar é:

Ṣé dáda ni?	Tudo bem?
Dáda ni, adúpẹ́	Tudo bem, obrigado
Kò buru	Mais ou menos

"PARABÉNS PRA VOCÊ", NO IDIOMA YORUBÁ

Adaptando expressões em yorubá à conhecida música, ela pode ser usada nos festejos de aniversário.

Ayọ̀ púpọ̀ lọ́jọ́ ìbí rẹ	Muitas felicidades neste dia
Ayọ̀ púpọ̀ lọ́ọ́jọ́ ìbí rẹ	No dia de seu nascimento
Àṣè yí ṣ'àmódún	Que este fato ocorra nos anos vindouros
Ayò púpọ̀ lọ́jó ìbí re	Com a presença de todos

EMOÇÕES – SENSAÇÕES – AFLIÇÕES

A maneira de expressá-las difere da nossa língua, já que em yorubá a pessoa é geralmente o objeto gramatical e não o sujeito do verbo da frase. Por exemplo, o termo yorubá para "Eu sinto frio" é *Òtútù mu mi*, literalmente, "O frio me pegou". Podemos mostrar uma variedade de expressões, com seus significados e a tradução literal, para mostrar as variações que ocorrem.

Ẹ̀rù ba mi

Eu estou com medo   O medo caiu sobre mim

Ẹnu yà mi

Eu fiquei surpreso   Minha boca se separou

Oorù mu mi

Eu sinto calor   O calor me pegou

Orí nfọ́ mi

Estou com dor de cabeça   A cabeça está me quebrando

Inú mi bàjẹ́

Estou aborrecido   Meu interior está estragado

OS NUMERAIS

Há um bem definido e produzido sistema de numeração, provavelmente resultado da utilização da moeda africana, que era o búzio, denominada *Owó*. Embora os búzios tenham desaparecido de circulação e tenham sido substituídos por moedas de metal, a denominação permaneceu e determinou a forma de contar números e fazer contas. Por exemplo, o algarismo 1 é denominado de *Oókan*, e consiste em uma contração da expressão *Owó kan*, que significa "um dinheiro", sendo essa a razão para a dupla vogal devidamente acentuada. Os demais números seguem a mesma forma, porém com a alteração da vogal: *Eéjì*, dois; *Ẹẹ́tà*, três; e assim por diante. Essa é a forma dos números para se fazer cálculos. Como forma de contar, a primeira vogal é suprimida:

Eéjì *àti* **eéjì** *jé* **ẹẹ́rin** **2 + 2 = 4**

Eéjì *kúrò nínú* **aárún** *jẹ́* **ẹẹ́tà** **5 - 2 = 3**

Existem diferentes maneiras de utilizar os numerais que, embora formados pelas mesmas palavras de origem, distinguem-se uns dos outros pelo mecanismo com que as palavras são formadas. Significa dizer que algumas letras ou alguns prefixos são juntados aos números para terem utilizações específicas.

Numerais básicos	Cardinais	Ordinais
1 Ení, Ọ̀kan	*Ọ̀kan,* Kan*	*Èkíní*
2 Éjì	*Méjì*	*Èkéjì*
3 Ẹ́tà	*Mẹ́tà*	*Ẹ̀kẹ́tà*
4 Ẹ́rin	*Mẹ́rin*	*Ẹ̀kẹ́rin*
5 Árún	*Márún*	*Ẹ̀kárún*

* *Ọ̀kan* e *Ení* são utilizados quando o assunto (objeto) ao qual se refere não é expresso: "*Ọ̀kan ṣọṣọ ti mo ni*", "É só um que eu tenho". *Kan* é concreto e usado quando o assunto (objeto) é definido: "*Mo ní bata kan*", "Eu tenho um par de sapatos".

6 *Ẹ́fà*	*Mẹ́fà*	*Ẹ̀kéfà*
7 *Éje*	*Méje*	*Èkéje*
8 *Ẹ́jọ*	*Mẹ́jo*	*Ẹ̀kẹ́jọ*
9 *Ẹ́sàán*	*Mẹ́sàán*	*Ẹ̀kẹ́sàán*
10 *Ẹ́wàá*	*Mẹ́wàá*	*Ẹ̀kẹ́wàá*

A partir do número 10 até o 14, a contagem se processa somando-se mais um ao número 10; de 15 ao 19, diminui-se um do número 20. Do número 20 ao 24, a contagem será feita somando 20 mais 1, mais dois e assim por diante. A partir de 25, deve-se diminuir 1 de 30, e assim sucessivamente. Exemplificando:

16 – *Ẹ́rindílógún* (*Ẹ́rin*, 4; *dín*, menos; *(l) ogún*, 20)
22 – *Éjìlélógún* (*Éjì*, 2; *lé*, mais; *(l) ogún*, 20)

Essa regra se inicia com o número 16 em diante, pois os números 11 até 15, assim como o número 25, embora possuam o mesmo sistema de formação, têm denominações específicas:

11 – *Ọ́kànlá*, 12 – *Éjìlá*, 13, *Ẹ́tàlá*, 14 – *Ẹ́rìnlá*, 15 – *Ẹ́dógún*, 25 – *Ẹ́dọ̀gbọ̀n**

Utilizando-se de prefixos, os numerais são usados de diferentes formas:

Ẹran ẹlẹ́sẹ̀ **mẹ́rìn**.	Animal de **quatro** patas
Aago **mọ́kànlá** *alẹ́*.	São **onze** horas da noite
Ìjade **kẹ́tà** *orò ìyàwó*	**Terceira** saída da *Ìyàwó*
Wọn wá ni **méjìméjì**	Eles vieram **dois de cada vez**

* *Ọ̀kànlá* = *Ọ̀kan* – um; *l (lé)* – mais; *ẹ́wá* – dez.
Ẹ́dógún = *Ẹ́d* – mais cinco; *ogún* – vinte.

Mo lọ lọ́jọ́ **méje-méje**	Eu fui **todos os sete** dias
Ó dè **ìjẹ́ta**	Ele chegou **três** dias atrás

Os numerais inteiros a partir do número 20 não mudam e são posicionados antes dos substantivos.

Ọdún méje – sete anos *Ogún ọdún* – vinte anos

METAS GERAIS

O objetivo primário deste texto sobre o idioma yorubá é mostrar como se torna relevante o seu estudo, pela complexidade de sua utilização, e que não pode ser feita da forma de "achar que deve ser assim", sob pena de alterar todo o sentido daquilo que pretende transmitir. É um fato que um idioma não pode ser aprendido fora da cultura de seu meio. Por isso, cultura e idioma devem ser integrantes do estudo de um modo sistemático, a fim de ajudar a todos a não alcançar somente a competência linguística, mas também a consciência cultural. Devido a isso é que inserimos o capítulo sobre o tema "O legado ético yorubá: conceito *Ọmọlúwabi*" na primeira parte desta obra. Essa exposição aplicada a situações concretas da vida é a oportunidade para comparar culturas e entender por que algumas coisas são feitas dentro de um candomblé e, igualmente, por que outras não são feitas.

O texto também pretende que os participantes se envolvam em atividades que requeiram o uso comunicativo de todas as quatro habilidades de um idioma: escutar, falar, ler e escrever. Precisamos mudar a cultura do candomblé, mais precisamente, a cultura da omissão, utilizando os mecanismos mais modernos de participação como religião, e não "brincar de religião".

AUTORES CONSULTADOS

AMARAL, José A. do. *Resumo cronológico e noticioso da Província da Bahia desde o seu descobrimento em 1500.* 2ª ed. Salvador: Imprensa Oficial do Estado, 1922.

AMARAL, Rita de Cassia; SILVA, Vagner Gonçalves. "Cantar para subir: um estudo antropológico da música ritual no candomblé paulista". *Religião e Sociedade*, nº 16, Rio de Janeiro: ISER, 1992.

ARGYLE, W. J. *The Town of Dahomey.* Londres: Oxford University Press, 1966.

AUGRAS, Monique; SANTOS, João Batista dos. "Uma casa de Xangô no Rio de Janeiro". In: *Dédalo*, São Paulo, v. 24, p. 43-62, 1985.

AWONIYI, Timothy A. *The Fundamental Basic of Yoruba: Education in Yoruba Oral Tradition.* Ifè: University of Ilé-Ifè (Obafemi Awolowo University), 1975.

BARROS, José Flavio Pessoa de; NAPOLEÃO, Eduardo. *Ewé Òrìṣà.* Rio de Janeiro: Bertrand Brasil, 1998.

BASCOM, William. *Sixteen Cowries: Yoruba Divination from Africa to the New World.* Indiana: Indiana University Press, 1980.

BASTIDE, Roger. *Imagens do Nordeste místico em branco e preto.* Rio de Janeiro: *O Cruzeiro*, 1945.

BENISTE, José. *História dos candomblés do Rio de Janeiro.* Rio de Janeiro: Civilização Brasileira, 2025.

BENISTE, José. *Ọrun-Àiyé: o encontro de dois mundos.* Rio de Janeiro: Bertrand Brasil, 1997.

______. *Jogo de búzios: um encontro com o desconhecido.* Rio de Janeiro: Bertrand Brasil, 2000.

______. *Mitos yorubás: o outro lado do conhecimento.* 12ª. ed. Rio de Janeiro: Bertrand Brasil, 2006.

BIROU, Alain. *Vocabulaire Pratique des Sciences Sociales.* Paris: Ed. Ouvrières, 1966.

CABRERA, Lydia. *El monte.* Havana: Ediciones La Habana, 1954.

CANNECATIM, Fr. Bernardo Maria de. *Diccionário da Língua Bunda.* Lisboa: Impressão Régia,1804.

CORTEZ, Julio García. *El Santo: secretos de la religión Lucumí.* Nova York: Black Mind Inc., 1971.

FADIPE, N. A. *The Sociology of the Yoruba.* Ibadan: Ibadan University Press, 1970.

GLEASON, Judith. *Ọya: um louvor à deusa africana.* Rio de Janeiro: Bertrand Brasil, 1999.

HERSKOVITS, Melville J. *Pesquisas etnológicas na Bahia.* Tradução de José Valladares. Publicações do Museu da Bahia, n. 3. Salvador: Secretaria de Educação e Saúde, 1943.

IDOWU, E. Bolaji. *Olódùmarè, God in Yoruba Belief.* Londres: Longmans, 1962.

JOHNSON, Samuel. *The History of the Yorubas.* Londres: Lowe & Bydone, 1969.

KARASCH, Mary C. *A vida dos escravos no Rio de Janeiro.* Rio de Janeiro: Companhia das Letras, 1987.

LANDES, Ruth. *A cidade das mulheres.* Rio de Janeiro: Civilização Brasileira, 1967.

LEWIS, I. M. *Êxtase religioso: um estudo antropológico da possessão por espírito e do xamanismo.* São Paulo: Perspectiva, 1971.

MAIA, Vasconcelos. *ABC do candomblé.* São Paulo: GRD, 1979.

MARTI, Palau. *Le Roi-Dieu au Benin.* Paris: Éditions Berger-Levrault, Paris, 1964.

MATTA, J. D. Cordeiro da. *Diccionario Kimbundu–Portugues.* Lisboa: [s.n.], 1893.

MÉTRAUX, Alfred. La comédie rituelle dans la possession. *Diogéne*, n° 11, jul. 1995, p. 26-49.

ÒGÚNBỌ̀WÁLÉ, P. O. *Irún Walẹ̀ Kẹ̀* Yoruba. Nigéria: Ibadan, 1962.

_______. *The Essentials of the Yoruba Language*. Londres: David McKay Co., 1970.

OLIVEIRA, Waldir Freitas de; LIMA, Vivaldo da Costa (orgs.). *Cartas de Édison Carneiro a Arthur Ramos*. Salvador: Corrupio, 1987.

PEREIRA, Nunes. *Casa das Minas*. Petrópolis: Vozes, 1979.

RIO, João do. *As religiões do Rio*. Rio de Janeiro: H. Garnier, 1906.

RODRIGUES, Nina. *Os africanos no Brasil*. São Paulo: Editora Nacional, 1908.

_______. *Animismo fetichista dos negros bahianos*. Rio de Janeiro: Civilização Brasileira, 1935.

SANTOS, Deoscoredes M. *Axé Opô Afonjá*. Rio de Janeiro: Instituto Brasileiro de Estudos Afro-Asiáticos, 1962.

SANTOS, Maria Stella de Azevedo. *Meu tempo é agora*. São Paulo: Oduduwa, 1993.

SELJAN, Zora. *Festa do Bomfim*. Rio de Janeiro: Livraria São José, 1958.

SMITH, Robert S. *Kingdoms of the Yoruba*. Londres: Methuen & Co. Ltd., 1969.

VERGER, Pierre. *Orixás*. Salvador: Corrupio, 1992a.

_______. *Os libertos: sete caminhos na liberdade de escravos da Bahia no século XIX*. Salvador: Corrupio, 1992b.

_______. *Notas sobre o culto aos Orixás e Voduns*. São Paulo: Edusp, 2000.

ZERBO, Joseph. *A história da África negra I*. Lisboa: Europa-América, 2009.

ENTREVISTAS

Ogan Luis Bamgbala, pela citação de cânticos de *Olubajẹ*, *Ipetẹ* e *Oye de Ogam*.

Ìyáláṣẹ Dita de *Ọbalúwáiyé*.

Doné Nicinha (Evangelina dos Anjos Costas, também conhecida como Mãe Gamo Lokossi), do terreiro do Bogun, em Salvador.

Este livro foi composto na tipografia Minion Pro,
em corpo 11,5/16, e impresso em papel off-white
na gráfica Plena Print.